TABLES

DES CÔNES TRONQUÉS

Paris. — Imprimé par E. THUNOT et Cᵉ, rue Racine, 26

TABLES

DES

CÔNES TRONQUÉS

POUR

LE CUBAGE DES BOIS

PAR

Philibert LE DUC

INSPECTEUR DES FORÊTS

La tige d'un arbre n'est pas cylindrique, mais on doit la considérer
comme un cône tronqué à la nais-
sance des premières branches.

VARENNE DE FENILLE.

PARIS

DUNOD, ÉDITEUR

SUCCESSEUR DE V^{or} DALMONT

Précédemment Carilian-Gœury et V^{or} Dalmont

LIBRAIRE DES CORPS IMPÉRIAUX DES PONTS ET CHAUSSÉES ET DES MINES

Quai des Augustins, 49

—

1865

(Droits de traduction et de reproduction réservés.)

A MONSIEUR HENRI VICAIRE [1]

DIRECTEUR GÉNÉRAL DE L'ADMINISTRATION DES FORÊTS

COMMANDEUR DE LA LÉGION D'HONNEUR

MONSIEUR LE DIRECTEUR GÉNÉRAL,

Vous avez bien voulu prendre connaissance du manuscrit de cet ouvrage et en accepter la dédicace. Je suis heureux, Monsieur le Directeur général, que vous me permettiez d'inscrire ici le nom qui sera glorieusement attaché au reboisement des montagnes. C'est une faveur à laquelle je suis d'autant plus sensible que vous l'avez accompagnée de l'appréciation suivante :

« Votre ouvrage, Monsieur l'Inspecteur, remplit une lacune
« dont les marchands de bois et les agents forestiers s'étaient
« préoccupés. L'idée en est assurément très-bonne; l'exécution
« paraît ne rien laisser à désirer. L'administration en verra donc
« la publication avec intérêt. »

---

(1) M. Vicaire est mort le 16 janvier 1865. Cette dédicace lui fut présentée au mois d'août précédent. Nous la conservons comme un hommage à sa mémoire.

Quelle que soit la part de la bienveillance, ces lignes, écrites au sommet de la hiérarchie forestière, ne laisseront pas que d'éveiller l'attention des estimateurs de bois. S'ils reconnaissent l'utilité de mes tables, je le devrai à votre haute recommandation. Aussi l'expression de ma gratitude ne saurait être contenue que par le profond respect avec lequel je suis,

Monsieur le Directeur général,

Votre très-humble et très-obéissant serviteur,

PH. LE DUC.

Belley, Août 1864.

PRÉFACE.

—

Il existe une infinité de tables de cubage ingénieusement disposées. Aucune, que nous sachions, n'est fondée sur le calcul tronconique. Elles donnent tantôt les volumes coniques, tantôt les volumes cylindriques et les équarrissages dérivés du cylindre.

Les nôtres donnent simultanément le cône et le cylindre, et de plus les volumes intermédiaires ou cônes tronqués. Elles diffèrent donc essentiellement des tarifs publiés jusqu'à ce jour. Les deux premières sont à la fois coniques, cylindriques et tronconiques ; mais elles sont principalement tronconiques, puisque la suite progressive des troncs de cône, — intercalée pour chaque diamètre à la base entre le cône qui ouvre la marche et le cylindre qui la ferme, — occupe la plus grande partie de nos colonnes ; et elles doivent principalement servir au cubage en tant que tronconiques, parce que les troncs de cône constituent, en raison de leur diversité de décroissance, les volumes-types les plus vrais, les plus utiles pour la mesure de la tige dépouillée de la cime et des branches.

Les tables spéciales des cônes et des cylindres et celles des équarrissages d'origine cylindrique sont d'un usage limité ou inexact.

Celles des cônes ne s'emploient guère que pour les arbres résineux, et encore, pour en extraire le cube seul du bois d'œuvre, faut-il retrancher de chaque volume le petit cône représentant l'extrémité supérieure de la tige.

Celles des cylindres s'appliquent, en général, aux arbres dont la forme, pour la partie propre au service, se rapproche plus du cylindre que du cône. Elles reposent toutes sur une fausse donnée : sur l'assimilation du corps de l'arbre ou cône tronqué à un cylindre de même hauteur et de diamètre égal au diamètre moyen du premier solide.

Les tables ordinaires des équarrissages ne sont pas moins fautives que celles des cylindres, puisqu'elles sont basées de même sur la supposition de la forme cylindrique dans les bois en grume.

Avec le système tronconique, plus d'application restreinte, plus de fausse assimilation !

Nos tables, en effet, conviennent à toutes les essences, puisqu'elles comportent le cube ou volume sous toutes les décroissances du diamètre depuis le cône pur jusqu'au cylindre parfait ; et, en attribuant à chaque solide son volume propre, elles offrent des résultats précis soit en grume (Tables I et II), soit en prévision d'équarrissages et pour les côtés d'équarrissages (Table II). Elles se prêtent donc mieux que toute autre, par leur triple nature, à l'estimation des bois sur pied, et elles permettent d'atteindre le degré possible de perfection pour le cubage des bois abattus dont les dimensions peuvent être facilement mesurées.

Afin de ne laisser aucun doute sur la supériorité du système tronconique, nous avons posé côte à côte, dans la première table, les volumes approximatifs et les volumes vrais, et nous avons précisé dans notre texte (chap. II) la cause et les limites de l'erreur du cubage cylindrique.

Cette erreur, notre *delenda Carthago*, est connue des agents forestiers. Quelques-uns l'évitent; la plupart la négligent comme peu importante. Il est vrai qu'elle fausse rarement les estimations au point de compromettre le succès des ventes; mais cela peut arriver pour les belles coupes de futaie. Elle expose d'ailleurs à des solutions injustes dans les questions de délivrance, de partage, d'échange, etc. Mieux vaudrait cuber juste en toute occasion. Avec nos tables, nos collègues arriveront sans peine à l'exactitude désirable.

Si le faux cubage est regrettable dans les coupes vendues sans garantie de volume, à plus forte raison est-il condamnable dans les transactions commerciales basées sur le métré des pièces. Le vendeur qui livre au mètre cube des bois ronds d'une certaine longueur, en les cubant à la manière du commerce, est toujours plus ou moins lésé au profit de l'acheteur, à moins qu'il ne se récupère sur un faux diamètre moyen, autre genre d'erreur que nous signalerons aussi et dont nous citons (chap. III) un exemple curieux et authentique.

Les bois d'œuvre ont acquis, de nos jours, une assez haute valeur pour que leur solidité réelle soit établie avec soin. Il est temps de proscrire les procédés vicieux et de les remplacer par la vraie dendrométrie. L'équité veut que l'on mette un terme aux évaluations trompeuses, qu'elles soient ou non préméditées. Nous serions heureux que nos tables donnassent le signal de la réforme; mais nous n'ignorons pas la force de résistance que présente un usage invétéré. *Consuetudinis magna vis est*, dit Cicéron.

Aussi n'avons-nous rien négligé pour faire accepter le système tronconique. Nous le produisons sans appareil scientifique (1) et avec de copieux auxiliaires. On trouvera :

Dans le texte : — Outre l'exposé des inconvénients de l'ancien système et des avantages du nouveau, — les notions préliminaires sur la mesure de la hauteur et du diamètre, une dissertation sur le choix du rapport de la circonférence au diamètre, la marche des calculs pour déterminer les volumes exceptionnels sans le secours des tarifs, divers facteurs et renseignements ;

Dans les tables : — Outre la grande table fondamentale, — une table de cinq cubatures graduée d'une manière commode pour les estimations de coupes de futaie, une table générale des côtés d'équarrissages, une autre pour le cubage tronconique de la tige et des branches des futaies sur taillis, la concordance des diamètres et des circonférences, les prix comparés du bois de service suivant les divers modes de cubage, etc.

En un mot, nous avons réuni dans ce volume tout ce qui peut rendre simple et facile l'art de cuber sans erreur.

---

(1) Nos explications paraîtront même trop élémentaires à nos confrères et à tous les lecteurs instruits. Qu'ils veuillent bien nous pardonner ! Nous écrivons aussi pour certains marchands de bois, pour certains propriétaires dont les connaissances théoriques laissent plus ou moins à désirer.

TABLES

DES CÔNES TRONQUÉS

POUR LE CUBAGE DES BOIS

CHAPITRE PREMIER.

PRÉLIMINAIRES.

**Mesure de la hauteur. — Mesure du diamètre.
Du diamètre moyen.**

La tige des arbres tient du cône et du cylindre sans être ni
l'un ni l'autre. Elle s'écarte plus ou moins de ces formes géo-
métriques selon l'essence, le sol, le climat, l'exposition, l'alti-
tude et mille circonstances locales ou accidentelles.

Aussi les aménagistes, qui calculent avec précision le volume
de leurs arbres d'expérience, qui mesurent minutieusement
chaque branche, qui pèsent ou immergent les ramilles, ne se
contentent pas du cubage usuel pour la tige. Ils la décomposent
en billes assez courtes (1 ou 2 mètres) pour qu'elles soient à peu
près de même diamètre aux deux extrémités; puis ils cubent
chaque bille comme cylindre, la cime comme cône, et addition-
nent les produits particls pour obtenir le cube total, duquel ils
concluent, pour tous les arbres crus dans les mêmes conditions,
la proportion du bois d'œuvre et du bois de feu, ainsi que le
rapport ou facteur du volume conique au volume réel.

Ce genre de cubage, difficilement applicable aux arbres sur
pied, exige trop de calculs pour entrer dans les habitudes du

commerce et des agents forestiers du service ordinaire. *Fervet opus* est la devise du siècle de la vapeur et de l'électricité.

Il faut donc en revenir à considérer chaque arbre comme un solide géométrique et à le cuber d'une seule pièce; procédé suffisamment exact lorsqu'on le pratique avec les tempéraments que nous indiquerons.

Les deux éléments essentiels pour toute espèce de cubage sont la hauteur et le diamètre.

I.

MESURE DE LA HAUTEUR.

Lorsque les arbres sont abattus, leur hauteur ou longueur se mesure sans peine; mais lorsqu'ils sont sur pied, il y a plusieurs moyens de la déterminer. On peut se servir de l'équerre de Duhamel, de la planchette ordinaire, de la planchette à carreaux, de la planchette à perpendicule, du dendromètre à base variable de M. Regneault, etc.

L'équerre de Duhamel, le plus simple de ces instruments, est

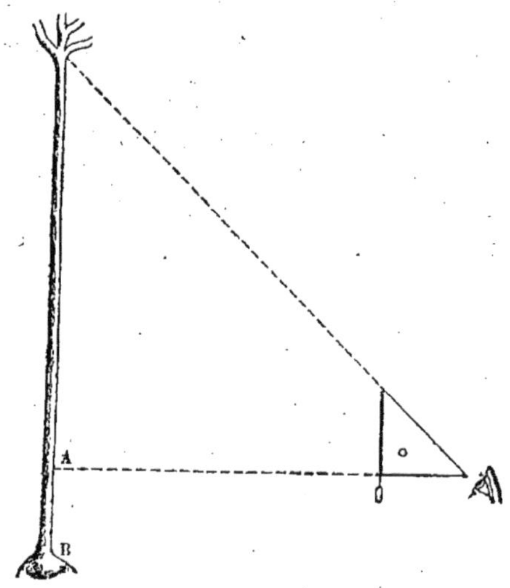

une équerre isocèle. L'un des deux côtés de l'angle droit est tenu dans la ligne verticale par un fil à plomb, l'autre est nécessairement horizontal. L'œil suit le côté de l'hypoténuse, et l'on s'éloigne du pied de l'arbre jusqu'à ce que l'œil rencontre au bout de l'hypoténuse le haut de la partie à cuber. Le prolongement de la ligne horizontale et de celle de l'hypoténuse forment avec le fût de l'arbre un grand triangle semblable à celui de l'équerre. Les deux côtés de l'angle droit étant égaux entre eux dans le grand triangle comme dans le petit, le fût de l'arbre égale en hauteur la distance qui sépare l'observateur du pied de l'arbre. On mesure cette distance, à laquelle on ajoute la hauteur AB qui n'a pas été observée.

Deux brins de bois de même longueur placés à angle droit, un carré de papier plié en diagonale, peuvent à la rigueur remplacer l'équerre.

On peut aussi appuyer contre l'arbre une grande perche dont la longueur est connue, et apprécier à l'œil combien de perches semblables seraient superposées dans la hauteur du fût.

Enfin on peut assimiler pour la hauteur les arbres sur pied à ceux gisants d'une coupe voisine, si les uns et les autres sont de même grosseur et de croissance identique.

Mais il ne faut pas se fier à de tels moyens pour la recherche de la précision. L'usage même de l'équerre et des instruments analogues n'est pas exempt de difficultés et de chances d'erreur.

Ce qui est plus sûr, c'est de faire prendre la hauteur par un grimpeur muni d'un cordeau.

Nous ne parlons pas d'un expédient, tout aussi efficace, qui consiste à faire abattre des arbres-types et à les mesurer par terre. L'auteur d'*Utiliter premor*, M. Marulaz, n'aime pas que des arbres soient ainsi sacrifiés. « Évidemment, dit-il, la méthode est barbare, puisqu'elle tue en partie ce qu'elle veut cultiver, et elle touche à la pétition de principe, puisqu'elle a dû choisir préalablement des victimes. »

II.

MESURE DU DIAMÈTRE.

Le diamètre correspondant à la circonférence dans le rapport approximatif 1 : 3.14 et leur relation étant établie dans des tables spéciales, sur des rubans métriques et sur la plupart des tarifs, on peut indifféremment désigner la grosseur des arbres par leur diamètre ou leur circonférence.

Lorsque les arbres sont debout, le diamètre se mesure à la

base, c'est-à-dire à 1 mètre ou 1ᵐ.33 du sol, pour éviter le renflement produit par les attaches des racines. On se sert tantôt
du compas forestier dit *bastringue*, qui n'est autre que le compas
de cordonnier beaucoup agrandi, tantôt de la chaîne ou du ruban métriques. La chaîne et le ruban, soulevés par les aspérités
de l'écorce ou déviant de la ligne horizontale, allongent la circonférence. Si l'arbre n'est pas parfaitement rond, le bastringue
exagère ou diminue le diamètre, suivant qu'il est présenté dans
le sens le plus large ou le plus étroit. Il est prudent de le pré-
senter deux fois au moins et de prendre la moyenne. Avec cette
précaution, le bastringue, qu'il est aisé de tenir horizontal, est
d'un usage plus sûr et plus commode que la chaîne ou le ruban.
On l'emploie généralement dans les estimations de futaie.

III.

DU DIAMÈTRE MOYEN.

Que l'on cube les arbres comme cônes, troncs de cône ou cylindres, soit par le calcul direct, soit avec les tarifs, le diamètre
de la base ne suffit jamais seul. Il donne un volume trop faible
pour l'arbre-cône et un volume trop fort pour l'arbre-cylindre,
en ne tenant pas compte de la tendance cylindrique du premier
et de la tendance conique du second. Enfin il faut le combiner
avec le diamètre de la section supérieure pour obtenir le volume
tronconique.

Ce n'est donc pas seulement le diamètre à la base qu'il importe de connaître, c'est aussi le diamètre moyen, même pour
le cubage des troncs de cône, comme nous le verrons dans un
instant.

Par diamètre moyen on ne doit pas entendre, comme les marchands de bois, le diamètre médian ou diamètre mesuré au milieu du fût, mais la moyenne des trois diamètres pris au milieu
et aux deux extrémités. Quand la décroissance est très-irrégu-
lière, il est même bon de prendre la moyenne de ces trois diamètres et de deux autres intermédiaires.

Le diamètre moyen substitue au solide irrégulier que figure
la tige de l'arbre un solide régulier fictif de volume équivalent.
Cette transformation préalable étant accomplie, le rôle prin-
cipal dans les divers calculs est encore dévolu au diamètre
moyen. Si le solide régulier fictif est cubé comme cône, le double du diamètre moyen produit le diamètre de base qui sert à

son cubage; s'il est cubé comme cylindre, le diamètre moyen entre naturellement dans le cubage; s'il est cubé comme tronc de cône, le diamètre de base, retranché du double du diamètre moyen, donne le diamètre de la section supérieure, lequel entre dans le cubage avec celui de la base.

Le diamètre moyen est facile à déterminer quand les arbres sont abattus; il n'en est pas de même quand ils sont sur pied. Des instruments compliqués font bien connaître la grosseur des tiges aux divers points de leur hauteur. Malheureusement l'emploi de ces instruments n'est guère applicable aux grandes opérations. Nous n'osons pas faire une exception en faveur du tube de Pressler (1).

On est donc obligé de recourir à l'observation des arbres coupés ou d'apprécier à vue d'œil la décroissance des tiges. On sait qu'elle est généralement de 10 à 11 pour 100 pour les essences feuillues (2) et de 20 à 40 pour les essences résineuses; en d'autres termes, que le diamètre moyen résulte d'une réduction de 10 à 11 et de 20 à 40 pour 100 sur le diamètre de la base. La réduction peut cependant être plus faible ou plus forte si la végétation est exceptionnelle, ou selon que le calcul porte sur une partie du tronc ou sur la tige entière. On trouvera dans la table II les diamètres moyens suivant les diverses réductions usitées.

---

(1) Le professeur allemand Pressler, qui a basé un système de cubage, spécial aux arbres de forme sensiblement conique, sur la formule

$$V = S \times \frac{2}{3} h,$$

S désignant la surface de la base et h la hauteur depuis le sol jusqu'au point où le diamètre égale la moitié du diamètre de la base, point qu'il nomme *rechtpunkt*, c'est-à-dire point normal, a imaginé pour trouver le *rechtpunkt* un petit instrument, décrit ainsi dans les *Annales forestières* de 1860, page 369 :

« M. Pressler propose d'adopter une sorte de cube de carton, ayant à l'une de ses extrémités un oculaire, à l'autre deux petites tiges placées suivant le même diamètre et dont on peut éloigner ou rapprocher à volonté les extrémités. Cet instrument, qui coûte à peine 1 fr., donne, selon lui, la situation du point normal avec une approximation très-suffisante. »

(2) M. Noirot-Bonnet dit 11 p. 100 dans la deuxième édition de son *Manuel*, 10 dans la première; l'Administration des Forêts 10 dans ses *Notions pratiques sur le choix des arbres de marine*, 1859, p. 14. Nous reviendrons, du reste, sur cette question de la décroissance au chapitre IX.

L'estimateur choisira celle qui lui semblera le plus en harmonie avec la décroissance générale des arbres sur lesquels il opère.

On voit que le diamètre de la base ne sert qu'à déduire le diamètre moyen. Quelquefois pourtant il entre directement dans le cubage conique. Alors on cube l'arbre comme cône pur et l'on arrive au volume réel en multipliant le volume conique par un facteur tel que 1.50, 1.60, 1.70, selon le degré de tendance cylindrique. Ce mode de cubage est même le plus exact que l'on puisse pratiquer avec les tables ordinaires, si le facteur est bien choisi ; car, en cubant ainsi, on évite l'erreur dont nous allons parler dans le chapitre suivant.

CHAPITRE II.

ERREUR DU CUBAGE CYLINDRIQUE.

Démonstration de l'erreur. — Limites de l'erreur.

Les arbres, considérés comme cylindres, sont soumis à diverses cubatures (en grume, au 1/4, au 1/6, au 1/5, etc.) que nous comprenons sous la dénomination collective de *cubage cylindrique*. En ce sens on peut dire que le cubage cylindrique est le plus usité. L'erreur qui lui est inhérente est donc très-répandue.

Généralement, dans l'estimation des coupes de futaie, la cime et les branches des arbres sont évaluées à vue d'œil en bois de chauffage et l'on ne cube que la partie de la tige propre au bois d'œuvre. Comme cette partie ressemble à peu près à un tronc de cône dont le calcul est compliqué (voir chap. X), au lieu de la cuber comme tronc de cône, on l'assimile à un cylindre qui aurait sa hauteur et son diamètre moyen, et on la cube comme cylindre. Le volume ainsi obtenu est toujours plus faible que le volume réel. Nous allons l'expliquer.

I.

DÉMONSTRATION DE L'ERREUR.

Pour plus de clarté, nous raisonnerons avec le prisme et la

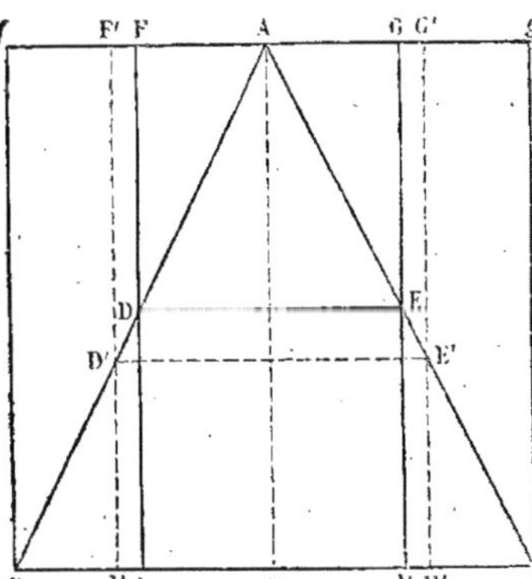

pyramide, qui sont en quelque sorte l'expression la plus simple du cylindre et du cône, lesquels peuvent être définis prisme et pyramide d'une infinité de côtés.

Soit *fg*CB la face antérieure d'un prisme droit, quadrangulaire, dont les six faces sont égales, ayant 1 mètre dans tous les sens. Ce sera le *cube* proprement dit, et son volume = 1 mètre cube.

Soit ABC la face antérieure

d'une pyramide de même base et de même hauteur. Dès lors son volume est nécessairement $= 0^{mc}.1/3$, c'est-à-dire :

base $= \overline{1^{m}}^{2} \times \dfrac{An}{3}$, ou, ce qui revient au même, un *tiers* de la surface de la base $= 0^{m}.1/3 \times An = 0^{mc}.1/3$.

Mais si l'on avait la fantaisie d'assimiler la cubature de la pyramide à celle d'un prisme établi sur le côté DE, comme on a voulu assimiler le tronc de cône à un cylindre établi sur le diamètre moyen du tronc, voici ce qui en résulterait : le côté BC $= 1$ mètre ; donc DE $= 0^{m}.50$, d'où il suit que cette prétendue assimilation aurait réduit le volume de la pyramide ou celui du prisme FGHI à $0^{mc}.1/4$. En effet,

$$\overline{DE}^{2} \ (\text{ou} \ \overline{FG}^{2} \ \text{ou} \ \overline{HI}^{2}) \times An = \overline{0^{m}.50}^{2} \times 1^{m} = 0.25 \times 1 = 0^{mc}.1/4.$$

Pourquoi cette diminution du volume de la pyramide ? C'est que son volume réel, comme nous venons de le voir, étant le *tiers* de la surface de sa base $(0^{m}.1/3 \times$ par la hauteur donnerait encore $0^{mc}.1/3)$, il faudrait pour le retrouver, ce tiers, que la base du prisme pris pour équivalent eût son côté égal à la racine carrée de $0^{m}.1/3$, c'est-à-dire $= 0^{m}.577350$, au lieu de DE $= 0^{m}.50$. Ce vrai côté de base $0^{m}.577350$ est D'E', et la face du prisme équivalant au volume réel de la pyramide est F'G'H'I'.

Ainsi l'on voit parfaitement le défaut de la première assimilation au prisme FGHI : celui-ci diminuait le volume de la pyramide, *proportionnément à ce qu'il était lui-même en écart du vrai*, ajoutant simplement au-dessus de DE ce qu'il enlevait au-dessous (en effet, AFD et AGE $=$ BID et CHE, c'est évident), tandis qu'il fallait que le prisme, qu'on voulait rendre égal à la pyramide, lui laissât son volume réel. Or c'est ce qui a lieu quand le prisme F'G'H'I' n'enlève que BI'D' et CH'E' au-dessous du diamètre régulateur D'E', en ajoutant AF'D' et AG'E' au-dessus.

II.

LIMITES DE L'ERREUR.

La démonstration qui précède implique le maximum de l'erreur d'assimilation ou de différence entre le cubage faux et le cubage vrai. L'erreur diminue graduellement, dès le moment où le solide, changeant de nature, commence à devenir tronc de pyramide (de la même hauteur que le prisme, ce qui est toujours sous-entendu), et elle se réduit à zéro quand la base supérieure du tronc devient égale à sa base inférieure. Par contre et par analogie, l'erreur grandit d'autant plus que le tronc de cône se rapproche davantage du cône entier.

Or le cône étant au cylindre qui lui est substitué sur son diamètre moyen comme 4 : 3 (1), la différence, qui est d'un quart quand le cône est entier, est nécessairement inférieure quand il est tronqué ; mais elle ne laisse pas que d'être importante, surtout si le diamètre supérieur n'est que le cinquième ou le septième du diamètre de la base, ce qui arrive souvent pour les résineux. L'erreur est de 13 pour 100 dans le premier cas et de 16 dans le second, en prenant le quantum sur le volume vrai ; elle serait de 15 et 18 si le quantum était pris sur le volume faux.

M. Lacordaire, notre collègue, a signalé le premier, dans les *Annales forestières* de 1846, page 71, l'erreur ordinaire du cubage cylindrique, et a proposé des facteurs de conversion pour ramener le cube faux au cube vrai. Ces facteurs varient suivant la décroissance des tiges, autrement dit, selon que le diamètre moyen est réduit aux 0.95, 0.90, 0.85..... du diamètre de la base. Les voici en regard des coefficients de réduction.

Coefficients.	Facteurs de conversion.
0.95.	1.0009
0.90.	1.0042
0.85.	1.0104
0.80.	1.0207
0.75.	1.0371
0.70.	1.0611
0.65.	1.0966
0.60.	1.1481
0.55.	1.2231
0.50 (cône).	1.33333

---

(1) A hauteurs égales, le cône étant le 1/3 du cylindre de même base, et un second cylindre, ayant le diamètre moyen du cône, étant le 1/4 du premier, si l'on représente par 12 la valeur du premier, on a :

pour le cône
$$V = \frac{12}{3} = 4,$$

pour le second cylindre
$$V = \frac{12}{4} = 3.$$

Donc le volume conique est au volume cylindrique :: 4 : 3.

Quand on a multiplié le diamètre de la base par le coefficient de réduction, le cube cylindrique, obtenu avec le diamètre réduit au diamètre moyen, doit être multiplié par le facteur de conversion correspondant, pour avoir le volume du tronc de cône ou volume réel.

Nous considérons la publication de ces facteurs comme un service rendu à la science dendrométrique. Nos tables tronconiques ne sont que le développement, que la simplification de l'idée de notre collègue. Mais entre ses facteurs et nos tables l'estimateur ne saurait hésiter : des volumes exacts tout calculés lui épargneront plus de peine que des volumes à transformer par des multiplicateurs de cinq chiffres ; ces multiplicateurs sont en trop petit nombre, d'ailleurs, pour produire tous les volumes de notre table fondamentale.

CHAPITRE III.

EXEMPLES D'ERREUR DE CUBAGE.

Erreur de cubage cylindrique. — Erreur de cubage par le diamètre des marchands de bois.

Dans ce chapitre il s'agit de mettre en relief l'inconvénient du cubage cylindrique; après quoi nous parlerons d'une autre cause d'erreur assez commune dans le commerce.

I.

ERREUR DE CUBAGE CYLINDRIQUE.

Nous avons dit que l'erreur produite par le faux cubage pouvait être de 13 à 16 pour 100 du volume vrai dans les sapinières. Nous allons invoquer en témoignage douze arbres que nous soumettrons simultanément au cubage cylindrique et au cubage tronconique. Voici les dimensions dé ces arbres prises avec soin dans une coupe en exploitation de la forêt domaniale de Jailloux. Nous n'avons pas choisi uniquement les pièces les plus coniques pour forcer la différence; car le diamètre de la cime ou plutôt de la section supérieure du bois d'œuvre, varie depuis 0^m.10 jusqu'à 0^m.33. Les grosseurs et les longueurs ne sont pas non plus exceptionnelles; on rencontre fréquemment des arbres semblables dans les belles sapinières du Bugey.

Dimensions des douze sapins.

SAPINS.	DIAMÈTRES						LONGUEURS.
	au pied.	entre le pied et le milieu.	au milieu.	entre le milieu et la cime.	à la cime.	moyens.	
	m.	m.	m.	m.	m.	m.	m.
1	0.85	0.64	0.53	0.37	0.10	0.50	40.40
2	0.85	0.58	0.49	0.39	0.13	0.49	32.00
3	0.85	0.66	0.56	0.43	0.14	0.53	35.50
4	0.90	0.60	0.49	0.34	0.22	0.51	30.50
5	0.90	0.66	0.56	0.38	0.14	0.53	33.50
6	0.90	0.64	0.55	0.41	0.22	0.54	31.00
7	0.95	0.67	0.57	0.40	0.15	0.55	33.00
8	0.95	0.74	0.63	0.46	0.33	0.62	30.00
9	1.00	0.70	0.56	0.39	0.10	0.55	31.00
10	1.10	0.78	0.68	0.42	0.13	0.62	37.00
11	1.10	0.75	0.62	0.42	0.17	0.61	38.00
12	1.20	0.73	0.67	0.47	0.28	0.67	38.00

Cubage cylindrique et tronconique des douze sapins.

SAPINS.	DIAMÈTRES		HAUTEURS	CUBE CYLINDRIQUE		CUBE TRONCONIQUE	
	au pied.	moyens.		pour un mètre	pour tout le fût.	pour un mètre	pour tout le fût.
	m.	m.	m.	m.	m.	m.	m.
1	0.85	0.50	40.40	0.196	7.918	0.228	9.214
2	0.85	0.49	32.00	0.188	6.016	0.222	7.104
3	0.85	0.53	35.50	0.221	7.845	0.247	8.768
4	0.90	0.51	30.50	0.204	6.222	0.244	7.442
5	0.90	0.53	33.50	0.221	7.404	0.256	8.576
6	0.90	0.54	31.00	0.229	7.099	0.263	8.153
7	0.95	0.55	33.00	0.237	7.821	0.279	9.207
8	0.95	0.62	30.00	0.302	9.060	0.330	9.900
9	1.00	0.55	31.00	0.237	7.347	0.290	8.990
10	1.10	0.62	37.00	0.302	11.174	0.362	13.394
11	1.10	0.61	38.00	0.292	11.096	0.355	13.490
12	1.20	0.67	38.00	0.352	13.376	0.426	16.188
					102.378		120.423
En retranchant du volume tronconique le volume cylindrique.							102.378
nous trouvons une différence de.							18 045

Or $\dfrac{18.045}{120.423} = 0.15$. Le volume cylindrique constitue donc une erreur de 15 pour 100. A raison de 30 fr. le mètre cube, prix modéré pour ces beaux arbres, l'erreur se traduit en argent par $18.045 \times 30 = 541^{f}.35$.

Si nous comparons isolément les deux cubes du n° 9 et les
deux cubes du n° 12 (les deux sapins les plus coniques de la
liste), nous aurons des différences de 18 et 17 pour 100.

Le n° 9, valant comme cône tronqué. . . . .   269^{c}.70
et comme cylindre.   220 .41

la perte, à le calculer comme cylindre, serait de. . . .   49 .29

Le n° 12, valant d'après le cubage vrai. . . . .   485 .64
et d'après le faux.   401 .28

le procédé de la routine entraînerait la perte énorme de.   84 .36

Ces chiffres sont éloquents. Nous n'insisterons pas davantage
en ce moment pour préconiser le cubage tronconique.

II.

ERREUR DE CUBAGE PAR LE DIAMÈTRE DES MARCHANDS DE BOIS.

Nous appelons ici d'une manière particulière l'attention du
public sur une autre source d'erreurs et d'iniquités. Les marchands de bois, nous l'avons déjà dit, ont l'habitude de prendre
pour l'un des éléments de cubage le diamètre du milieu sans
tenir compte des diamètres extrêmes. Nous allons citer un fait
qui mettra en lumière le défaut de ce système et laissera entrevoir les abus possibles entre les vendeurs et les acheteurs en
cas d'ignorance d'une part et de mauvaise foi de l'autre.

Un propriétaire, voisin d'une grande ville, vend, chaque
année, les chênes couronnés ou surabondants d'une haute futaie
qui orne son parc. Il les vend toujours au même entrepreneur
marchand de bois et au prix convenu de 40 fr. le mètre cube en
grume. La dernière coupe comprenait dix-huit chênes. L'un
d'eux, portant le n° 10, présentait plus d'irrégularité que les
autres dans sa décroissance. Voici l'histoire de sa vente. Laissons parler le propriétaire :

« Cet arbre, dit-il, avait fait partie d'une ancienne futaie
jusqu'en 1813 et depuis lors il était resté comme porte-graines
dans le taillis qui est devenu lui-même une jeune futaie. Sa
longueur fut trouvée de 18 mètres. Ses diamètres aux deux bouts
étaient 0^{m}.75 et 0^{m}.23 ; mais au lieu de la moyenne 0.49, on me-
surait au milieu 0.61. Le diamètre avait donc diminué dans sa
première moitié de 15 millimètres par mètre courant et de
42 millimètres dans la seconde.

« L'acheteur était appelé pour venir reconnaître les arbres, et,

suivant l'usage, il allait prendre pour base de celui-ci la mesure du milieu 0.61, laquelle amènerait pour volume en grume 5^{mc}.256 et pour valeur. 210^f.24
tandis que si l'on partait de la moyenne 0.49 on ne trouverait que 3^{mc}.391 et pour valeur. . . . . 135 .64
Ainsi différence de. . . . . 74 .60
sur un seul arbre! Il était donc évident que je ne pouvais pas plus consentir à accepter le bénéfice qui résulterait de 0.61 pour base qu'à subir la perte que me donnerait celle de 0.49.

« Mais comment m'y prendrai-je à l'arrivée de l'acheteur? Il faudra des explications pour le faire renoncer à sa mesure du milieu. Quand je lui en aurai montré l'inconvénient *pour lui*, il voudra sans doute y substituer la moyenne des deux bouts, sans comprendre peut-être, ou sans paraître comprendre, que *l'inconvénient* tomberait ainsi sur moi. Lui parlerai-je du calcul régulier des cônes tronqués? D'abord cela ne conviendrait pas, car si l'usage a voulu s'écarter de la géométrie, ce n'est pas à moi seul, pour mon propre compte de vendeur, de l'y ramener. Et puis, mon acheteur, tout considérable que soit son commerce, n'aurait vraisemblablement jamais entendu parler des cônes(1).

---

(1) « Je pense qu'on s'étonnerait fort, ailleurs que dans ce pays-ci, de l'ignorance, on peut dire le mot, de nos acheteurs de bois, qui font cependant de ces achats l'occupation de toute leur vie. Je m'en suis aperçu depuis longtemps; mais voici deux faits récents :

« Le même entrepreneur-marchand de bois, dont je parle, vint prendre ici quelques arbres de haie qu'on avait commandé d'abattre pour l'élargissement d'un chemin. Un de ces arbres était considérablement taré; je ne dus point refuser l'offre du marchand de l'accepter pour *la moitié de son volume.* Ainsi, me dit-il de très-bonne foi, on prendra *la moitié de la circonférence au milieu en conservant la longueur* ou bien *la moitié de la longueur en conservant le pourtour* (!). Je m'arrête, lui dis-je à cette dernière formule, car, par la première, vous ne payeriez que *le quart* et non *la moitié du volume.* Il en fut fort étonné.

« Un autre entrepreneur renonça à l'achat d'arbres d'une autre haie, malgré le désir qu'il avait de se les procurer, parce que, au moment où je l'appelais pour les reconnaître, je rappelais les conventions en disant : 80 fr. le mètre cube au 5e DÉDUIT. Sur ce mot il m'envoya, par exprès, des représentations fort polies, portant que *je faisais erreur* et qu'on avait dit au 5e RÉDUIT; il n'avait jamais acheté autrement et il ne pouvait pas le faire... Je lui dépêchai un domestique à qui j'avais cherché à faire comprendre la question et que je chargeai de dire à l'entrepreneur que son mot impropre revenait cependant au même que le mien, à moins qu'il n'eût l'impossible prétention d'acheter, par exemple, un arbre de 5 pieds de tour réduit à *un pied* de tour pour en faire un chevron. Il n'y comprit rien, et ce ne fut que plus tard qu'étant venu auprès de moi, il s'aperçut de sa bévue; mais je n'avais plus mes arbres à sa disposition. »

« Je pris le parti de lui montrer qu'il ferait une perte en achetant cet arbre sur la mesure de son milieu et que j'en ferais moi-même une en prenant la moyenne des deux bouts ; il fallait partir d'une troisième base qui serait la moyenne des trois diamètres. Il y consentit, me remercia, et nous convînmes d'appliquer le procédé aux dix-huit arbres de la vente. Je pus ensuite lui montrer, dans le décompte général que je lui envoyai quelques jours après, qu'il avait gagné 85 fr. sur cette livraison en suivant mon conseil.

« Mais revenons à l'arbre n° 10. Nous avons vu que, cubé avec le seul diamètre du milieu 0.61, il aurait produit. . . . . $5^{mc}.256$ à 40^f soit $210^f.24$
et avec la moyenne 0.49 des deux diamètres extrêmes. . . . . $3^{mc}.391$ id.   135 .64
Nous le cubâmes comme cylindre avec la moyenne des trois diamètres 0.53 et il produisit. . . . . $3^{mo}.969$ id.   158 .76
Si nous l'avions cubé commme tronc de cône avec le diamètre de la base 0.75 combiné avec celui du petit bout 0.31, résultant de la même moyenne 0.53, il aurait produit. . . . . $4^{mc}.194$ id.   167 .76
En le livrant à 158.76, je le vendais 9 fr. de moins qu'il ne valait réellement. Mais c'était déjà beaucoup de ne le vendre ni 135.64 ni 210.24.

« Mon acheteur me remercia, ai-je dit ; mais Dieu me pardonne, il me semble qu'il se faisait dès lors un système pour ses marchés à venir avec ses divers vendeurs ; car cette déclaration lui échappa : *Ah ! je ne mesurerai plus au milieu !* Je me bornai à lui dire qu'il pouvait tout autant se fourvoyer en demandant la simple moyenne des deux bouts. Le jugeant suffisamment instruit, je ne voulus pas lui expliquer qu'il y aurait perte notable pour lui, acheteur, si la décroissance de 42 millimètres se trouvait, ce qui est possible, dans la première partie de la tige et celle de 15 millimètres dans la seconde. »

L'un des douze sapins (le quatrième), dont nous avons reproduit plus haut les diamètres réels, confirme la possibilité de cette décroissance. Les diamètres extrêmes 0.90 et 0.22 donnent pour diamètre moyen 0.56, tandis que le diamètre du milieu n'est que 0.49 et la moyenne des cinq diamètres 0.51. Le volume calculé sur 0.56 serait évidemment exagéré au détriment de l'acquéreur.

CHAPITRE IV.

FORMATION DES TABLES TRONCONIQUES.

Du choix du rapport de la circonférence au diamètre. — Calcul de la première table. — Calcul de la deuxième table.

Celles de nos tables qui constituent le système tronconique sont au nombre de deux.

La première donne, pour un mètre de hauteur et avec six décimales, les volumes en grume calculés selon l'usage ordinaire et selon la méthode rationnelle (1). C'est la *Table fondamentale.*

La seconde donne, pour diverses hauteurs, les volumes soit en grume soit en prévision des équarrissages au 1/4, au 1/10, au 1/6 et au 1/5 et les côtés d'équarrissage. C'est la table usuelle, la *Table des cinq cubatures.*

Nous allons entrer dans quelques détails sur la composition de chaque table ; non pas que nous voulions nous prévaloir des difficultés que nous avons eues à vaincre et de la manière dont nous les avons éludées, mais pour inspirer plus de confiance dans l'exactitude de nos chiffres.

Expliquons préalablement le choix que nous avons fait entre les divers rapports de la circonférence au diamètre ; car on trouvera que nos volumes coniques et cylindriques diffèrent de ceux de Cotta pour les trois dernières décimales, et il est bon que l'on sache quelle importance il faut attacher à cette différence.

I.

DU CHOIX DU RAPPORT DE LA CIRCONFÉRENCE AU DIAMÈTRE.

Ce rapport est le point de départ de toute espèce de cubage. On ne peut calculer le volume d'une arbre sans connaître l'aire du

---

(1) Le rapprochement des colonnes CA et CV montre la différence des deux systèmes de cubage. Mais il est à remarquer que cette différence n'est indiquée que pour *un mètre* de hauteur et qu'elle grandit en raison de la hauteur réelle des arbres.

cercle de la tige, et l'on ne peut mesurer l'aire du cercle sans connaître le rapport de la circonférence au diamètre.

Les tarifs de Cotta sont construits sur le rapport 3.141592. C'est un raffinement d'exactitude assez déplacé en matière forestière. L'auteur ne paraît pas s'être douté qu'il allait appliquer ses tarifs de haute précision à des solides qui ne sont jamais ni cônes, ni troncs de cône, ni cylindres parfaits, à des arbres qui, même classés le plus judicieusement possible, ne sont jamais soumis à une loi uniforme concernant leurs proportions d'écorce et d'aubier, à des arbres dont la hauteur et les diamètres moyen et supérieur ne sont obtenus le plus souvent qu'approximativement.

Nous avons adopté le rapport 3.14, moins prétentieux et généralement employé. Nous nous serions fait scrupule d'ailleurs de nous créer sans utilité un supplément considérable de travail, en prenant le rapport 3.141592. Puis si nous avions appliqué aux arbres ce rapport à six décimales, nous aurions cru voir tous les astres du firmament prêts à nous accabler pour cause d'envahissement de leur propriété.

Achevons sérieusement la justification de notre choix, en comparant les différents rapports et en cherchant les facteurs pour faire passer les volumes d'un rapport à l'autre.

Le mathématicien qui a le plus approché de la mesure exacte *tant cherchée* (pour la solution de la quadrature du cercle et non pour une plus grande approximation utile aux calculs scientifiques), après ceux qui avaient déjà trouvé *seize* décimales, est Ludoph de Ceulen qui en découvrit *seize* de plus. Voici ce rapport à trente-deux décimales :

$$3.14159265358979323846264338387950.$$

Ces chiffres donnent lieu à trente-trois différents rapports auxquels il faut ajouter celui d'Archimède $\frac{22}{7}$ et celui de Métius $\frac{355}{113}$. Rendons-nous compte d'abord de ces deux derniers :

$$\frac{22}{7} = 3.142857142857\ldots \quad \text{et} \quad \frac{355}{113} = 3.1415929203\ldots$$

D'où il résulte qu'ils dépassent l'un et l'autre la mesure de la circonférence.

Soit maintenant un cylindre *d'un mètre* de diamètre et *d'un mètre* de hauteur. Il est évident que la *surface* de sa base sera

égale à son *volume*, et que cette *surface* résultera de la *circon-*
férence multipliée par le quart du *diamètre;* en d'autres termes,
que cette surface sera égale au quart du rapport adopté entre la
circonférence et le diamètre.

Si l'on prend les rapports	Ils donneront, pour le cylindre que nous venons de décrire, les volumes en grume :	Et *mille* volumes, pareils au prix élevé de 50 fr. le mètre cube, représenteront les sommes suivantes :
	m.c.	f. c.
3	0.750	37 500.00 A
3 14	0.785	39 250.00 A
3 14 15	0.785 375	39 268.75 A
3 14 15 92	0.785 398	39 268.75 A
3 14 15 92 65	0.785 398 1625	39 269.90 A
3 14 15 92 65 35	0.785 398 163375	39 269.90 B
3 14 15 92 65 35 89.	0.785 398 163397	39 269.90 C
3 avec les 32 décimales ci-dessus.		39 269.90 C
	0.785 398 163397 448309 615660 855969 875	39 269.90 C
3 14 15 92 92 03 5... $\frac{355}{113}$	0.785 398 2308.	39 269.90 D
3 14 28 57 14 28 57... $\frac{22}{7}$	0.785 714 2857.	39 285.71

A. Exactement. — B. Et approximativement $\frac{1625}{100\,000}$ d'un centime. — C. Et au plus $\frac{1634}{10\,000}$ d'un centime. — D. Et approximativement $\frac{3}{13}$ d'un centime.

Il est clair qu'après le rapport de 3.141592 il faut éliminer tous
ceux qui suivent (à l'exception du dernier $\frac{22}{7}$) comme lui étant
égaux, puisqu'aucune des différences, sur une grosse valeur
en bois de 39,269ᶠ.90, n'atteint la centième partie d'un franc.
La plus forte se borne à *moins d'un tiers de centime* et reste par
conséquent nulle. Pour déterminer les facteurs de conversion,
nous n'aurons donc affaire qu'à cinq rapports, savoir : dans la
liste ci-dessus, les quatre premiers et le dernier.

Mais avant de former le tableau des facteurs pour toutes les
conversions possibles entre ces cinq rapports, voyons de plus
près, en partant du nôtre 3.14, les différences en plus et en
moins, tant pour les volumes que pour les prix, sur la susdite

masse de mille cylindres. — 3.14 donne :

de plus que	3.	0^{mc}.035	et	1750^f.00
de moins que	3.1415	0 .000375	et	18 .75
de moins que	3.141592	0 .000398	et	19 .90
de moins que	3.142857	0 .0007142	et	35 .71

Partant, si l'on excepte le vicieux rapport 3 : 1 que les entrepreneurs, qui achètent directement dans les campagnes, cherchent à faire prévaloir et sur lequel d'ailleurs aucunes de nos tables ne sont fondées, si pareillement nous n'avons pas de tarifs établis sur le rapport 22 : 7, il ne resterait qu'à comparer le nôtre à celui de 3.1415 et à celui de 3.141592, qui a servi pour les tables de Cotta. Or, malgré l'illusion que peuvent produire les chiffres, la différence entre le nôtre et ces deux-là est vraiment insignifiante, puisque le plus fort des deux ne donne que $785^{mc}.\frac{396}{1000}$, quand le nôtre en donne 785. Ce n'est donc qu'une différence de moins de $\frac{4}{10}$ de mètre cube, sur cette grosse quantité. En d'autres termes, quand le vendeur de bois renoncerait au cubage d'après le rapport 3.141592 pour s'en tenir au rapport 3.14, il ferait l'*énorme sacrifice pécuniaire de* CINQ CENTIMES *et même de* CINQ CENTIMES PLUS SEPT CENTIÈMES D'UN CENTIME *par chaque* CENTAINE DE FRANCS (!). En vérité nous lui conseillons d'y consentir, surtout s'il pouvait obtenir de son acheteur le cubage régulier tronconique, qui, à peu près en minimum, lui ferait légitimement retrouver *deux cent cinquante fois* son sacrifice.

Toutefois formons le tableau des conversions de volumes et prix relatifs à chacun des cinq rapports ci-dessus en volumes et prix correspondant aux quatre autres. Pour mieux faire apprécier la nullité d'importance de certaines différences, nous conserverons les mêmes sommes de volumes et d'argent qu'on vient de voir.

Les volumes et prix des colonnes 2 et 3, résultant des rapports indiqués par la colonne n° 1, sont à multiplier par les facteurs de la colonne 4, pour être convertis en volumes et prix relatifs aux rapports de la colonne 5. Quelques-uns de ces facteurs pourraient, au moyen de nouvelles décimales, donner des produits plus rapprochés encore des nombres cherchés ; mais c'est assez de les avoir indiqués de manière qu'ils ne donnent jamais dans les colonnes 6 et 7 de différences excédant 18 millionièmes de mètre cube pour les volumes et 88 centimes pour les prix : ce dont il est facile de s'assurer en confrontant le volume et le prix des colonnes 6 et 7 correspondant à tel rapport de la colonne 5, avec le volume et le prix des colonnes 2 et 3 correspondant au même rapport de la colonne n° 1.

RAPPORTS	VOLUMES.	PRIX.	FACTEURS.	RAPPORTS.	VOLUMES.	PRIX.
1	2	3	4	5	6	7
	m.c.	f. c.			m.c.	f. c.
3	750.000	37 500.00	1.04 2/3	3.14	785.000	39 250.00
			1.047 1 2/3	3.14 15	785.375	39 268.75
			1.047 2	3.14 15 92	785.400	39 270.00
			1.047 6	3.14 28 57	785.700	39 285.00
3.14	785.000	39 250.00	0.955 4	3	749.989	37 499.45
			1.000 5	3 14 15	785.392	39 269.62
			1.000 51 (a)	3.14 15 92	785.400	39 270.02
			1.000 9	3.14 28 57	785.706	39 285.82
3.14 15	785.375	39 268.75	0.954 95	3	749 994	37 499.69
			0.999 5	3.14	784.982	39 249.12
			1.000 03	3.14 15 92	785.399	39 269.93
			1.000 432	3.14 28 57	785.714	39 285.71
3.14 15 92	785.398	39 269.90	0.954 93	3	750.000	37 500.00
			0.999 5 (b)	3.14	785.005	39 250.27
			0.999 97	3.14 15	785.374	39 268.72
			1.000 4	3.14 28 57	785.712	39 285.61
3.14.28 57	785.714	39 285.71	0.954 545	3	749.999	37 499.98
			0.999 1	3.14	785.007	39 250.35
			0.999 57	3.14 15	785.376	39 268.81
			0.999 6	3.14 15 92	785.400	39 269.99

(a) Ou plus exactement encore, 1.000.507. — (b) Ou mieux encore, 0.999.493.

II.

CALCUL DE LA PREMIÈRE TABLE.

Cette table dite *fondamentale* est, comme la suivante, à la fois conique, tronconique et cylindrique. Malgré la simplicité des formules connues :

pour le cône $\qquad V = \frac{1}{3}\pi R^2 H$

pour le tronc de cône $\qquad V = \frac{1}{3}\pi H(R^2 + Rr + r^2)$

pour le cylindre $\qquad V = \pi R^2 H$ (1),

---

(1) π rapport de la circonférence au diamètre; R rayon du cercle de la base; r rayon du cercle du sommet; H hauteur du fût.

s'il nous avait fallu faire pour chaque volume les calculs indiqués par ces formules, ce travail gigantesque nous aurait pris beaucoup plus de temps que nous ne pouvions lui en consacrer, et puis encore, point de garantie contre les erreurs presque inévitables au milieu de tant de chiffres. Une pareille tâche ne devait pas être entreprise avant d'avoir trouvé un procédé rapide tel que la parfaite exactitude ne dépendît plus que de la volonté d'éviter absolument toute erreur. C'est ce procédé que nous voudrions expliquer clairement.

Deux colonnes sont consacrées aux volumes en grume de 1 mètre de hauteur, présentés avec six décimales depuis $0^m.10$ de diamètre à la base jusqu'à $1^m.30$, de centimètre en centimètre pour le diamètre de la base et de 2 en 2 centimètres pour celui de la section supérieure. La première contient les volumes que nous appelons cylindriques en mémoire de l'assimilation fautive du cylindre au cône tronqué. La seconde donne les volumes vrais.

En ce qui concerne les volumes cylindriques, disons d'abord qu'ils sont tous et toujours, dans les 121 groupes de la table, exactement les mêmes sous les mêmes diamètres moyens $\left(\dfrac{D + d}{2}\right)$. Or ces diamètres moyens se composant chacun d'un plus ou moins grand nombre de manières (par exemple, $D = 0.99$ et $d = 0.01$ donnant $\dfrac{D + d}{2} = 0.50$; $\dfrac{0.98 + 0.02}{2} = 0.50$; $\dfrac{0.97 + 0.03}{2} = 0.50$, etc., etc.), il s'ensuit qu'il ne peut y avoir dans toute la table que 125 volumes cylindriques différents, à savoir, depuis $\dfrac{D + d}{2} = 0.06$ au 1er groupe où $D = 0.10$ jusqu'à $\dfrac{D + d}{2} = 1.30$ au 121e groupe, — *cent vingt-cinq* seulement qui diffèrent les uns des autres, — tandis que parmi les quatre à cinq mille volumes *vrais*, il ne peut pas y en avoir deux qui soient égaux. Et ces 125 volumes ne sont rien autre que la suite des cylindres qui forment la dernière ligne de chaque groupe des volumes vrais. Ainsi quatre ou cinq mille fois ce vicieux système nous donne pour des volumes de cônes tronqués de dimensions spéciales et positives, des volumes de cylindres à dimensions banales et inadéquates.

En conséquence notre tâche se bornait, pour remplir de volumes cylindriques les 121 groupes de la table, à dresser une liste des 125 cylindres successifs à diamètres $= 0.06, 0.07, 0.08$, etc. Au surplus ces volumes s'élèvent de degré en degré suivant des

augmentations qui forment une progression régulière; nous n'a-
vons pas même eu la peine de les calculer.

Un dernier mot sur ces étranges volumes. En partant du cône
pur (1re ligne de chaque groupe), comment se comportent-ils?
Avec quelque apparence de bon sens dès le premier pas (groupe
$D = 0.10$), car immédiatement après le cône, on voit le faux volume tronconique un peu plus fort que ce cône. Mais dès le
second pas (groupe $D = 0.11$) ils commencent à *batifoler*; ils
montrent le cône tronqué plus petit que le cône pur; et puis
la mauvaise plaisanterie donne, de pas en pas, des résultats
plus absurdes, de telle sorte qu'au dernier groupe $(D = 1.30)$
le volume cylindrique $D = 1.30$ et $d = 0.20$ est encore inférieur à celui du cône de ce groupe, c'est-à-dire quand $d = $ zéro!

C'est assez; laissons ces faux volumes et occupons-nous des
vrais.

Prenons pour exemple le premier groupe de la table $(D = 0.10)$;
mais que le lecteur veuille bien suppléer par la pensée ce qu'il
n'y voit pas, c'est-à-dire, les fractions à deux termes qui arrê-
taient les fractions décimales périodiques et donnaient de la sorte
à chaque volume une exactitude parfaite. Ainsi, à la première
ligne, on devrait lire $0.002616\frac{2}{3}$ au lieu de 0.002616. Dans la
mise au net ces fractions ont été supprimées comme désormais
superflues; pendant la construction de la table elles nous ont été
de la plus grande utilité, en ce qu'elles fournissaient le moyen
de s'assurer, à chaque pas et toujours, de l'exactitude des résultats. Quelques mots vont maintenant faire comprendre le procédé
employé.

Ayant la liste susmentionnée des cent vingt-cinq volumes cylindriques, nous posons sur la dernière ligne du groupe le volume qui lui appartient (dans le premier groupe, c'est sur la ligne
$\dfrac{D + d}{2} = 0.10$), et dans le *tiers* de ce volume du cylindre nous
trouvons celui du cône qui remplit la première ligne où $d = 0$.
Viennent ensuite les deux lignes $d = 0.02$ et $d = 0.04$, pour les-
quelles nous sommes obligé de calculer les volumes. Mais ces
trois lignes suffisent pour nous apprendre que les augmentations
successives de volumes suivent une progression régulière dont
la raison est exactement $0.000209\frac{1}{3}$. Pour terminer le groupe,
nous n'avons plus qu'à compléter, au moyen de cette différence,
la liste des cinq augmentations qu'il comporte, et d'ajouter successivement chaque augmentation nouvelle au précédent volume.

Or, si la dernière augmentation, jointe à l'avant-dernier volume, forme très-exactement celui du cylindre déjà posé, tout est bien. De plus, il n'est pas nécessaire de calculer les deuxième et troisièmé volumes de chaque groupe pour connaître les augmentations. La table se divise en quatre séries dans chacune desquelles les mêmes augmentations se reproduisent :

$$1^{re} \text{ série, D pairs} \quad = 0.10,\ 0.14,\ 0.18\ldots \text{ etc.}$$
$$2^e \text{ série, D pairs} \quad = 0.12,\ 0.16,\ 0.20\ldots \text{ etc.}$$
$$3^e \text{ série, D impairs} = 0.11,\ 0.15,\ 0.19\ldots \text{ etc.}$$
$$4^e \text{ série, D impairs} = 0.13,\ 0.17,\ 0.21\ldots \text{ etc.}$$

III

CALCUL DE LA DEUXIÈME TABLE.

Cette table, celle des *cinq cubatures*, celle qui sera consultée le plus souvent pour les estimations de mise à prix, présente cinq volumes vrais sur la même ligne. Selon le classement habituel, les diamètres de la base sont espacés de 5 en 5 centimètres, et les décroissances diminuent de 5 en 5 pour 100 depuis le cône jusqu'au cylindre. Le groupe de chaque D ou diamètre à la base se subdivise en onze parties comprenant les volumes de chaque décroissance.

Les volumes ont été calculés avec six décimales ; mais comme trois suffisent dans les estimations ordinaires, on n'en a conservé que trois, en ajoutant un millième de mètre cube à la dernière, quand la valeur des décimales supprimées dépasse le demi-millième. Les hauteurs de 1 à 10 mètres nous ont aussi paru suffisantes : avec les dix premiers mètres on peut aisément, par des additions faites de tête, trouver les volumes des hauteurs supérieures.

Les décroissances de 5 en 5 pour 100 nous ont conduit à des diamètres moyens de 2, 3 et 4 décimales, d'après lesquels les volumes d'un mètre ont été exactement déterminés.

Pour chaque cubature nous avons suivi le procédé de la première table. Mais nous devons expliquer comment nous avons établi les bases de nos quatre colonnes d'équarrissages.

Il s'agissait de multiplier les volumes en grume CV d'un mètre de hauteur par quatre facteurs correspondant aux divers équarrissages. Nous avons donc cherché ces quatre facteurs.

A cet effet, nous avons posé les nombres représentant les diverses surfaces (soit les volumes à 1 mètre de hauteur) d'après une circonférence quelconque. Nous l'avons choisie $= 12$, et nous avons eu :

En grume, le demi-rayon $\left(\dfrac{3.14 \times 4}{12} = 0.9554140 \right) \times 12 = 11.464968$

Au 1/4 sans déduction, $\frac{12}{4} = 3$, et $\overline{3}^2 = \ldots \ldots \ldots$ 9.000000

Au 1/10 déduit (ou plutôt 0.99227...), $12 - 1.190724 =$
    10.809276 dont le $\frac{1}{4} = 2.702319$, et $\overline{2.702319}^2 = 7.302527$

Au 1/6 déduit, $12 - 2 = 10$ dont le $\frac{1}{4} = 2.5$, et $\overline{2.5}^2 = 6.25$

Au 1/5 déduit, $12 - 2.4 = 9.6$ dont le $\frac{1}{4} = 2.4$, et $\overline{2.4}^2 = 5.76$

Divisant ensuite chaque surface ou volume équarri d'un mètre de haut par la surface ou volume du bois en grume, mes calculs ont amené :

$$\frac{9}{11.464968} = 0.784999\ldots \quad \text{soit } 0.785 \quad \text{facteur pour passer au 1/4}$$

$$\frac{7.302527}{11.464968} = \ldots \ldots \ldots 0.636942 \qquad \text{id.} \qquad \text{au 1/10}$$

$$\frac{6.25}{11.464968} = \ldots \ldots \ldots 0.545139 \qquad \text{id.} \qquad \text{au 1/6}$$

$$\frac{5.76}{11.464968} = \ldots \ldots \ldots 0.5024 \qquad \text{id.} \qquad \text{au 1/5}$$

Voilà les quatre facteurs dont nous nous sommes servi. Nous avons trouvé d'une manière analogue ceux nécessaires pour passer réciproquement du 1/4, du 1/10, du 1/6, du 1/5 aux quatre autres cubatures, et nous les avons tous réunis dans le tableau ci-après :

VOLUMES A MULTIPLIER.		FACTEURS invariables	VOLUMES CHERCHÉS		OBSERVATIONS.
1	2	3	4	5	6
En grume.	m.c. 11.464 968	m.c. 0.785 ___ / 0.636 942 / 0.545 139 / 0.502 4 ___	au 1/4 / au 1/10 / au 1/6 / au 1/5	m.c. 9. ___ / 7.302 527 / 6.25 ___ / 5.76 ___	Les quantités finies sont suivies d'un trait plein, les quantités presque finies d'un trait pointillé.
Au 1/4.	9. ___	1.273 885 / 0.811 392 / 0.69 $\frac{4}{9}$ ___ / 0.64 ___	en grume / au 1/10 / au 1/6 / au 1/5	11.464 968 / 7.302 527 / 6.25 ___ / 5.76 ___	Chaque volume de la 2ᵉ colonne multiplié par les quatre facteurs en regard, reproduit successivement à la 5ᵉ colonne les volumes des quatre autres cubatures de la 2ᵉ colonne.
Au 1/10 ou plutôt le plus grand équarrissage possible.	7.302 527	1.57 ___ / 1.232 45... / 0.855 868 / 0.788 768	en grume / au 1/4 / au 1/6 / au 1/5	11.464 968 / 9. ___ / 6.25 ___ / 5.76 ___	
Au 1/6.	6.25 ___	1.834 395 / 1.44 ___ / 1.168 404 / 0.921 6 ___	en grume / au 1/4 / au 1/10 / au 1/5	11.464 968 / 9. ___ / 7.302 527 / 5.76 ___	
Au 1/5.	5.76 ___	1.990 446 / 1.562 5 ___ / 1.267 8 ___ / 1.085 069	en grume / au 1/4 / au 1/10 / au 1/6	11.464 968 / 9. ___ / 7.302 527 / 6.25 ___	

Nous avons admis dans nos colonnes les trois équarrissages ordinaires, le 1/4, le 1/6, le 1/5, et un quatrième qui se rapproche du 1/12.

Le 1/4 n'est qu'une ébauche. La réduction qu'il opère sur le volume en grume représente le déchet de l'arbre, lorsque l'arbre est destiné aux constructions grossières ou au sciage.

Le 1/6 donne l'arête vive sous l'écorce et entame l'aubier.

Le 1/5 enlève une plus épaisse couche d'aubier; il convient au chêne.

Le 1/12 est usité dans quelques contrées du Midi pour le cubage des pièces qui offrent peu d'écorce et d'aubier. Son côté, qui est 0.719583 1/3 pour $D = 1$, ne peut pas plus entrer que celui du 1/4 dans le cercle du bois en grume. C'est donc aussi un équarrissage incomplet. Nous n'avons rencontré cette cubature dans aucune table, et nous n'avons pas cru devoir lui donner accès dans la nôtre. Mais il nous a paru curieux et utile de consacrer une colonne aux volumes basés sur la plus large surface carrée qui puisse être inscrite dans le cercle.

L'équarrissage au 1/10 que nous introduisons pour la première fois dans un tarif et que nous nommons ainsi par abréviation, n'est pas positivement l'équarrissage au 1/10 ; c'est réellement le plus grand équarrissage possible. Entre cet équarrissage et celui au 1/10 véritable, il y a une légère différence. Dans une circonférence de 3^m.14, le côté du plus grand carré inscrit mesure 0.7071067, et le côté du carré inscrit avec déduction du 1/10 0.7065. La nouvelle cubature serait spécifiée d'une manière plus précise par la fraction décimale 0.99227 que par la fraction à deux termes 1/10. Malheureusement cette fraction décimale n'est pas facile à énoncer. Nous sommes donc obligé de nous en tenir à la dénomination d'équarrissage au 1/10, pour ne pas toujours dire le plus grand équarrissage possible.

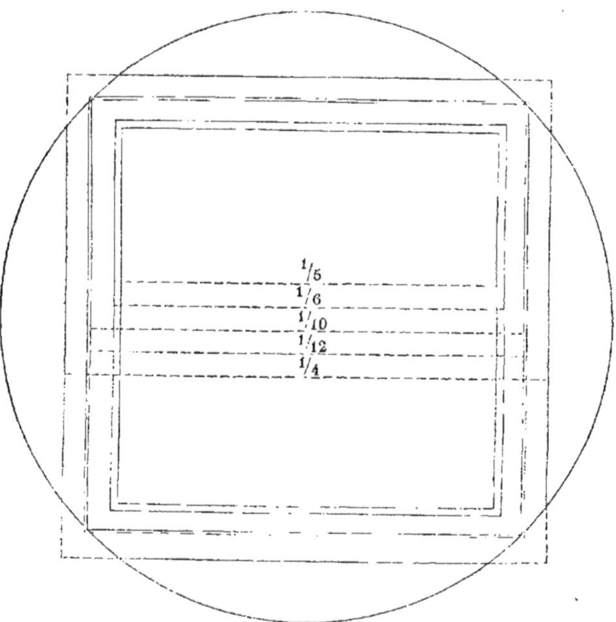

Le tracé ci-dessus donnera une idée claire de la différence des divers équarrissages. Au dedans du cercle qui figure le bois en grume, on trouve d'abord le carré du 1/5, puis celui du 1/6 qui se rapproche du bord ; les angles du plus grand équarrissage possible affleurent la circonférence, et les lignes des carrés du 1/12 et du 1/4 se terminent dans le vide, en dehors du cercle.

On s'étonnera peut-être de voir dans notre table les équarrissages du cône. Nous confessons qu'ils ne sont là que pour l'harmonie de nos colonnes. Il est rare que l'on taille un arbre comme
une pyramide. On doit s'attendre, du reste, à quelque bizarrerie
dans les tarifs; le cadre est entraînant. Mais nos cônes équarris
ne sont rien auprès des arbres qui poussent dans les tables de
Cotta. Vous y verrez un arbre de 1 centimètre de diamètre qui
s'élève à 50 mètres de hauteur!

CHAPITRE V.

USAGE DES TABLES TRONCONIQUES.

———

**Usage de la table fondamentale. — Usage de la table
des cinq cubatures.**

I.

USAGE DE LA TABLE FONDAMENTALE.

Le diamètre à la base D et le diamètre moyen déterminent parfaitement le tronc de cône, la hauteur étant connue, sans qu'il soit nécessaire d'exprimer le diamètre supérieur d. Nous avons cependant consacré une colonne au petit diamètre, — soit pour donner immédiatement une idée complète de la forme du solide fictif équivalent, substitué par le diamètre moyen au fût de l'arbre qui n'a presque jamais en réalité les trois diamètres de la table (1), — soit pour rendre plus sensible le système tronconique et justifier la formule $\dfrac{D+d}{2}$ par laquelle nous désignons souvent le diamètre moyen.

L'estimateur n'a donc pas à se préoccuper du petit diamètre de notre table pour arriver au cube. Les colonnes D et $\dfrac{D+d}{2}$ suffisent pour le guider. Il doit d'abord mesurer à la base le diamètre de l'arbre à cuber et fixer son diamètre moyen : si l'arbre est debout, par l'adoption de l'une des décroissances indiquées sur la table V, et s'il est abattu, par la combinaison des diamètres extrêmes avec celui du milieu et quelquefois même avec deux autres intermédiaires. Il se rappellera que la combinaison des seuls diamètres extrêmes est trompeuse ; l'expression $\dfrac{D+d}{2}$,

———

(1) Voir un exemple de substitution dans la note placée en regard de la première page de la table.

très-juste dans notre table, ne le serait pas, appliquée à des tiges toujours plus ou moins irrégulières.

Avec le diamètre de la base et le diamètre moyen, on trouve aisément le volume. Par exemple, si l'on a $D = 0.97$ et $\frac{D + d}{2} = 0.61$, on cherche dans le groupe intitulé 0.97, à la colonne $\frac{D + d}{2}$, le chiffre 0.61, et en regard on lit le faux volume 0.292098 et le volume vrai 0.326010, que l'on multiplie par la hauteur.

Notre table fondamentale sera très-utile pour cuber sans erreur des fûts de dimensions précises, quelles que soient leur essence et leur forme. Les D et les $\frac{D + d}{2}$ se succédant de centimètre en centimètre et les d de 2 en 2 centimètres, aucun arbre, pour ainsi dire, ne peut échapper à nos colonnes. Nos volumes tronconiques offriront particulièrement :

A l'aménagiste, économie de temps et de peine, car il atteindra toute l'exactitude désirable sans scinder par billes ses arbres d'expérience et sans les cuber en détail;

A l'agent forestier ordinaire, les éléments de tables spéciales à telle ou telle forêt, comme celle que nous donnons en spécimen sous le n° VI;

Au marchand de bois et au propriétaire, le moyen facile de connaître avec certitude la solidité réelle des bois d'œuvre qu'ils vendent ou achètent.

II.

USAGE DE LA TABLE DES CINQ CUBATURES.

Cette table se prête aux recherches aussi bien que la précédente. Les volumes de chaque décroissance pour 1 à 10 mètres de hauteur sont parfaitement distincts dans chaque classe. L'estimateur peut choisir sans peine entre les volumes coniques, tronconiques et cylindriques; car il embrasse d'un coup d'œil, sur les deux pages du livre ouvert, les trois espèces de volumes et les cinq cubatures.

L'espacement de 5 en 5 centimètres pour les classes ou diamètres de la base, et de 5 en 5 pour 100 pour les décroissances, tel que nous l'avons adopté, a été généralement reconnu le plus convenable pour les estimations de mise à prix. Un espacement plus étroit amènerait la confusion sur les calepins d'opération et entraînerait de plus longs calculs sans nécessité ; car lorsque l'on a des centaines d'arbres à cuber, ce qui arrive dans la plupart des coupes de futaie, l'équilibre s'établit dans chaque classe entre les arbres de dimension inférieure et ceux de dimension supérieure. On favorise même cet équilibre en graduant le compas forestier à la limite inférieure des écarts de chaque classe. Ainsi pour la classe 0.20, dans laquelle on comprend les arbres de 0.175 à 0.225, on inscrit 0.20 au-dessus de 0.175 ; pour la classe 0.25, comprenant ceux de 0.225 à 0.275, on inscrit 0.20 au-dessus de 0.225, etc..... et la classe se lit à gauche de la branche mobile. Avec cette fixation des écarts un garde, un ouvrier quelconque appellent sans hésitation et sans erreur les arbres qui se rattachent à chaque classe. On place ordinairement, nous venons de le voir, la limite au point intermédiaire de deux classes. Il serait plus exact, et nous l'expliquerons au chapitre IX, de ne pas partager également la distance et de comprendre, par exemple, dans la classe de 0.20 les arbres de 0.17 à 0.22, dans celle de 0.25 ceux de 0.22 à 0.27, parce qu'un nombre égal d'écarts au-dessus et au-dessous du chiffre de la classe compense bien les diamètres, mais ne compense pas les volumes qui progressent d'une manière toute différente.

Le diamètre moyen, inscrit dans la 3e colonne, fixe la forme de l'arbre ; ce n'est pas un élément nécessaire pour l'emploi de la table. L'estimateur qui sait que dans telle forêt la décroissance est de 25 pour 100 et qui veut cuber un arbre de 0.40 de diamètre à la base, cherche la classe 0.40 et dans cette classe le taux de décroissance 25 pour 100 ; en face, il trouve, pour 1 à 10 mètres de hauteur, le volume soit en grume, soit en prévision des divers équarrissages et même les côtés d'équarrissages. Si l'arbre dépasse 10 mètres de hauteur et s'élève, par exemple, jusqu'à 15, on additionne les volumes de 10 et 5 pour avoir celui de 15. S'il atteint 25 mètres de haut, on ajoute le volume de 5 au double du volume de 10.

Les côtés d'équarrissage occupent la dernière colonne. Les marchands de bois, les entrepreneurs de bâtiments, les ingénieurs, en vue de certaines fournitures, de certains constructions, et les agents forestiers, pour servir les délivrances usagères, ont parfois intérêt à savoir que tel arbre, converti en pièce de charpente d'après telle cubature, aura au moins tel côté d'équarrissage.

Par les mêmes motifs, il leur est utile de connaître les vo-

lumes équarris. Cette table ne les donnant pas pour tous les diamètres et toutes les décroissances, quand on voudra les avoir
pour les diamètres et décroissances intermédiaires, on mul-
tipliera les volumes en grume de la première table par les facteurs de conversion, que nous avons réunis en tableau dans le
chapitre précédent.

La table des cinq cubatures est principalement destinée à l'estimation des coupes de futaie soit feuillue, soit résineuse, et par
conséquent aux marchands de bois et aux agents forestiers.
Nous espérons qu'ils apprécieront la disposition que nous avons
cherché à rendre claire et commode, et le rapprochement des
cinq modes de cubage pour le cône, les troncs de cône et le
cylindre.

CHAPITRE VI.

DU DIAMÈTRE RÉGULATEUR.

Détermination du diamètre régulateur.
Distance du diamètre régulateur au diamètre moyen.

Nous avons vu au chapitre II que l'assimilation du tronc de
cône au cylindre n'est possible qu'autant que le cylindre substitué repose sur un diamètre plus grand que le diamètre moyen
du tronc de cône. C'est ce plus grand diamètre que nous nommons *diamètre régulateur*, parce qu'il transforme réellement le
tronc de cône en cylindre. On conçoit qu'une table qui présenterait côte à côte le diamètre moyen, le diamètre régulateur et le
volume cylindrique calculé d'après le diamètre régulateur, serait
excellente puisqu'elle aboutirait aux résultats mêmes de la table
tronconique.

Mais comme on ne peut arriver au diamètre régulateur que par
la connaissance du volume tronconique, une pareille table aurait
été plus longue à construire que la nôtre, sans être plus utile.

Toutefois, il n'est pas sans intérêt d'étudier comment on déter-
mine le diamètre régulateur et à quelle distance il se trouve du
diamètre moyen sur le tronc de l'arbre.

1

DÉTERMINATION DU DIAMÈTRE RÉGULATEUR.

La surface de la base d'un volume tronconique (soit le volume
à 1 mètre de hauteur) étant connue, on la divise par le quart du
rapport du diamètre à la circonférence, c'est-à-dire, par 0.785
quand le rapport $= 3.14$; le quotient que donne cette opération
n'est pas le diamètre régulateur, mais le carré du diamètre régulateur : il faut en extraire la racine pour obtenir le diamètre
cherché.

Soit un arbre de $D = 1.20$, $d = 0.12$ et $\dfrac{D + d}{2} = 0.66$, dont la base tronconique = 0.418 ou plus exactement 0.418248.

$$\frac{0.418248}{0.785} = 0.5328 \text{ dont la racine carrée} = 0.73$$

0.73 est le diamètre régulateur. On voit que le diamètre moyen 0.66 devrait être porté à 0.73 pour donner un volume exact par le calcul cylindrique.

Le plus grand équarrissage possible, dérivé du cubage tronconique, fournit un autre procédé. Nous avons vu que dans cet équarrissage le carré inscrit affleure la circonférence par ses angles. La diagonale de ce carré, qui est le diamètre régulateur, est aussi l'hypoténuse des deux triangles isocèles qu'il forme avec les côtés du carré. On sait que le carré de l'hypoténuse est égal à deux fois le carré de l'un des côtés égaux et, partant, que la diagonale est au côté du carré comme la racine de 2 est à 1. Or, dans l'arbre ci-dessus, le côté du carré de la base tronconique étant 0.5158, soit 0.516 d'après la 2ᵉ table, si nous multiplions ce nombre par la racine de 2 soit par 1.414213, nous trouvons le même chiffre 0.73 pour le diamètre régulateur.

II

DISTANCE DU DIAMÈTRE RÉGULATEUR AU DIAMÈTRE MOYEN.

La distance d'un diamètre à l'autre n'est pas moins curieuse à observer que leur différence. Cette distance est inscrite dans une colonne du tableau ci-après; nous l'avons obtenue par la proportion :

Différence entre D *et* $\frac{D + d}{2}$: 0ᵐ.50 *(terme constant, soit moitié de la hauteur quand la hauteur est 1 mètre)* :: *différence entre le diamètre régulateur et le diamètre moyen* $\frac{D + d}{2}$: x.

La différence ne varie pas avec la hauteur; elle est la même pour l'arbre de 1 mètre de haut que pour celui de 30 à 40. La distance, au contraire, doit être multipliée par la hauteur. Ainsi la distance 0.050, indiquée pour l'arbre de 1.30 de diamètre à la base et 0.30 à la section supérieure, devient 2 mètres, si on la multiplie par une hauteur de 40 mètres.

La distance et la différence entre les deux diamètres augmentent naturellement suivant la grosseur des arbres à leur base; mais pour chaque arbre de même base, elles diminuent au fur et à mesure qu'il se rapproche davantage de la forme du cylindre. Le tableau qui suit permet d'entrevoir cette double progression en sens inverse.

Diamètre régulateur et diamètre moyen.
Différence et distance de l'un à l'autre.

DIAMÈTRE à la base ou D.	DIAMÈTRE au sommet ou d.	DIAMÈTRE moyen ou $\frac{D+d}{2}$.	DIAMÈTRE régulateur.	DIFFÉRENCE du diamètre moyen au diamètre régulateur.	DISTANCE du diamètre moyen au diamètre régulateur.
m.	m.	m.	m.	m.	m.
			*Différence et distance croissantes.*		
0.20	0.10	0.15	0.15 26	0.0 026	0.0 26 00
0.30	0.10	0.20	0.20 81	0.0 081	0.0 40 50
0.40	0.10	0.25	0.26 46	0.0 146	0.0 48 67
0.50	0.10	0.30	0.32 14	0.0 214	0.0 53 50
0.60	0.10	0.35	0.37 85	0.0 285	0.0 57 00
0.70	0.10	0.40	0.43 59	0.0 359	0.0 59 83
0.80	0.10	0.45	0.49 33	0.0 433	0.0 61 86
0.90	0.10	0.50	0.55 07	0.0 507	0.0 63 38
1.00	0.10	0.55	0.60 83	0.0 583	0.0 64 78
1.10	0.10	0.60	0.66 58	0.0 658	0.0 65 80
1.20	0.10	0.65	0.72 34	0.0 734	0.0 66 73
1.30	0.10	0.70	0.78 10	0.0 810	0.0 67 50
			*Différence et distance décroissantes.*		
1.30	0.10	0.70	0 78 10	0.0 810	0.0 67 50
—	0.20	0.75	0.81 44	0.0 644	0.0 58 55
—	0.30	0.80	0.85 05	0.0 505	0.0 50 50
—	0.40	0.85	0.88 08	0.0 388	0.0 43 11
—	0.50	0.90	0.92 91	0.0 291	0.0 36 37
—	0.60	0.95	1.97 12	0.0 212	0.0 30 29
—	0.70	1.00	1.01 49	0.0 149	0.0 24 83
—	0.80	1.05	1.05 99	0.0 099	0.0 19 80
—	0.90	1.10	1.10 60	0.0 060	0.0 15 00
—	1.00	1.15	1.15 33	0.0 033	0.0 11 00
—	1.10	1.20	1.20 14	0 0 014	0.0 07 00
—	1.20	1.25	1.25 03	0.0 003	0.0 03 00
—	1.30	1.30	1.30 00	nulle.	nulle.

CHAPITRE VII.

TABLE GÉNÉRALE DES COTÉS D'ÉQUARRISSAGE.

Application aux volumes équarris. — Application aux volumes en grume.

Notre table des cinq cubatures ne donne les côtés d'équarrissage que pour les volumes équarris qu'elle comporte. Celle dont nous avons à parler (Table III) les donne pour tous les volumes dans les limites adoptées par la table fondamentàle, quel que soit leur degré d'équarrissage et à quelque tarif qu'ils appartiennent. Nous avons donc raison de la nommer *Table générale des côtés d'équarrissage.*

Cette table n° III, simple dans sa composition, est facile à consulter. Elle paraît probablement pour la première fois dans un traité de cubage. Ce n'est au fond que la liste des carrés des nombres naturels depuis 32 jusqu'à 1020. La première colonne contient les carrés et la seconde les racines ou nombres naturels. Les carrés de ces nombres augmentant suivant la progression 3. 5. 7. 9. 11. etc., *raison 2*, nous n'avons eu pour ainsi dire qu'à écrire les carrés. Les racines sont les côtés d'équarrissage; ils sont exacts jusqu'à la troisième décimale.

Ce n'est pas seulement aux équarrissages que cette table s'applique : on peut aussi s'en servir pour déduire du volume en grume les côtés d'équarrissage sans connaître les volumes équarris.

Disons d'abord comment on l'applique aux équarrissages.

I

APPLICATION AUX VOLUMES ÉQUARRIS.

Si l'on demande quel sera le côté d'équarrissage au 1/5 du volume 0.080191 (Table II, D = 0.50, décroissance 10 pour 100) — ou plutôt de sa base, dont l'expression est la même que celle du volume à un mètre de hauteur, — on cherchera 0.080191 sur la première colonne et, en regard, on lira sur la seconde 0.283, qui est bien le côté demandé.

Il peut arriver que la première colonne présente deux carrés égaux pour les trois premiers chiffres significatifs. Ainsi le volume au 1/4 = 0.190059 (Table II, D = 0.65, décroissance 15 pour 100) rencontre les deux carrés 0.190196 et 0.190969, ayant pour racines 0.436 et 0.437 ; mais on n'hésite pas à prendre 0.436 pour côté, parce que le volume se rapproche beaucoup plus du premier carré que du second.

Il est infiniment rare que le volume rencontre un carré avec lequel il ne soit pas d'accord pour la 3e décimale. Ce cas se présente pour le volume au 1/4 = 0847002 (Table II, D = 1.30, décroissance 10 pour 100). La colonne des carrés ne montre pas 0.847 ; mais on y voit 0.846400, racine 0.920, et 0.848241, racine 0.921. Encore ici le volume étant plus rapproché du premier carré que du second, c'est la racine du premier 0.920 qui devient le côté d'équarrissage.

Si, à première vue, il y avait doute sur le choix entre deux carrés, tels que 0.257049, racine 507, et 0.258064, racine 508, pour le volume au 1/4 = 0.257664 (Table II, D = 0.80, décroissance 20 pour 100), deux soustractions montreraient que le premier carré est inférieur au volume de 0.000615, que le second lui est supérieur de 0.000400, et que des deux écarts le moindre étant celui du carré le plus fort, il y a lieu de forcer la troisième décimale en adoptant la racine 0.508. Un autre procédé plus expéditif éclaircit le doute. On ajoute au plus petit carré sa racine

$$
\begin{array}{ll}
\text{soit au carré} & 0.257049 \\
\text{sa racine} & 507 \\
\hline
 & 0.257556
\end{array}
$$

et comme le total forme le carré moyen, racine 0.5075, si le volume n'atteint pas ce carré moyen, il faut laisser au *faible* la 3e décimale, et s'il le dépasse, il faut la porter au *fort*.

Expliquons à présent comment, avec la table III, on peut arriver aux côtés d'équarrissage sans connaître les volumes équarris.

II.

APPLICATION AUX VOLUMES EN GRUME.

Prenons un volume quelconque dans notre table fondamentale, soit le volume tronconique en grume 0.328234, produit par $D = 0.80$ et $\dfrac{D + d}{2} = 0.64$. La table des cinq cubatures donne en regard de ce volume les côtés d'équarrissage :

$$
\begin{array}{lll}
0.406 & \text{au} & 1/5 \\
0.508 & \text{au} & 1/4 \\
0.457 & \text{au} & 1/10 \\
0.423 & \text{au} & 1/6
\end{array}
$$

Voilà les quatre chiffres que le seul volume en grume doit nous faire connaître.

Nous cherchons dans la table le carré le plus rapproché de ce volume; nous y trouvons 0.328329, dont la racine $= 0.573$.

Or il est de fait que la racine du grume multipliée

$$
\begin{array}{llll}
\text{par } 0.708802 & \text{produit le côté d'équarrissage au } 1/5 & \text{soit } \mathbf{A} \\
\text{par } 0.886002 & \text{id.} & \text{au } 1/4 & \text{soit } \mathbf{B} \\
\text{par } 0.798086 & \text{id.} & \text{au } 1/10 & \text{soit } \mathbf{C} \\
\text{par } 0.738335 & \text{id.} & \text{au } 1/6 & \text{soit } \mathbf{D}
\end{array}
$$

et que les rapports qui existent entre ces facteurs font

$$
\begin{array}{l}
B = A + 1/4 \ \text{ de A} \\
C = A + 1/8 \ \text{ de A} \\
D = A + 1/24 \ \text{ de A}
\end{array}
$$

Ces rapports, exacts sauf celui de C qui est inférieur de trois dix-millièmes à la réalité, nous dispensent de multiplier la racine 0.573 par chacun des quatre facteurs; nous la multiplions seulement par le premier, soit par 0.7088, et de simples additions et soustractions dégagent les autres côtés. De ces calculs résultent successivement :

$$
\begin{array}{lll}
\text{le côté au } 1/5 \ \text{ soit A} \dots = 0.40614 & \text{soit } 0.406 \\
\text{le côté au } 1/4 \quad B(A + \tfrac{1}{4} \text{ de A}) = 0.50767 & 0.508 \\
\text{le côté au } 1/10 \quad C(A + \tfrac{1}{8} \text{ de A}) = 0.45690 \ (1) & 0.457 \\
\text{le côté au } 1/6 \quad D(A + \tfrac{1}{24} \text{ de A}) = 0.42306 & 0.423
\end{array}
$$

Ces chiffres sont bien les mêmes que ceux attribués par notre table des cinq cubatures aux volumes équarris corrélatifs du volume en grume 0.328234.

---

(1) La précision voudrait que l'on ajoutât $\tfrac{1}{12}$ de 0.45690 sous la quatrième décimale, soit 38

mais le total 0.45728 ne modifierait pas le résultat exprimé par 3 décimales; car 0.45690 et 0.45728 donnent également 0.457.

CHAPITRE VIII.

PRIX COMPARÉS DU MÈTRE CUBE SUIVANT LES DIVERSES CUBATURES

Prix comparés du mètre cube. — Prix et volumes comparés du moule et du stère.

Ce chapitre traitera principalement de la concordance de prix qui fait l'objet de la table VII et accessoirement de la concordance de prix et de volumes fixée dans la table VIII.

I.

PRIX COMPARÉS DU MÈTRE CUBE.

Le cubage en grume tend à prévaloir pour l'estimation des coupes. Les autres cubages ne sont utiles, nous l'avons dit plus haut, qu'au point de vue de l'emploi des bois. S'il s'agit de déterminer une mise à prix, on n'est pas obligé de cuber au 1/4, au 1/6, au 1/5, pour se conformer à l'usage du pays. On peut toujours cuber en grume, pourvu que l'on applique au grume (1) le prix des équarrissages, en le modifiant suivant le rapport qui existe entre les cubatures. Pour cela il est bon de consulter une table de concordance ; nous en présentons une sous le n° VII.

Le mode de cubage change quelquefois d'une vallée à l'autre, et des prix différents semblent s'attacher à la même quantité, à la même qualité de matière ligneuse. Mais en réalité la quantité n'est pas égale, si l'on tient compte du déchet plus ou moins grand produit par les divers équarrissages. Il faut en effet, c'est presque une naïveté de le dire, plus de bois, y compris le déchet, pour 1 mètre cube au 1/5 que pour un au 1/6, plus pour un au 1/6 que pour un au 1/10, plus pour un au 1/10 que pour un au 1/4, plus enfin pour un au 1/4 que pour un en grume, qui se

---

(1) Nous faisons *grume* du masculin comme au vieux temps ou, si l'on veut, nous disons par ellipse : *le grume* pour *le bois en grume*.

compose sans aucune perte. La qualité diffère aussi ; elle augmente en raison du déchet admis. Il est donc naturel que le mètre cube vaille 50 fr. au 1/5, quand il vaut 46ᶠ.08 au 1/6, 39ᶠ.44 au 1/10, 32 fr. au 1/4 et 25ᶠ.12 en grume.

Les prix doivent être entre eux comme les volumes. Or nous avons vu que les volumes, suivant les cinq cubatures, peuvent être représentés :

$$\text{le grume par } 11.464968$$
$$\text{le } 1/4 \quad \text{par } 9.$$
$$\text{le } 1/10 \quad \text{par } 7.302527$$
$$\text{le } 1/6 \quad \text{par } 6.25$$
$$\text{le } 1/5 \quad \text{par } 5.76$$

D'où il suit qu'en prenant comme base le volume au 1/5 pour constater tous les autres, il faudra trouver :

le 1/6 en multipliant le 1/5 par le facteur $\dfrac{6.25}{5.76}$ soit par 1.085

le 1/10 id. le 1/5 id. $\dfrac{7.302527}{5.76}$ 1.2678

le 1/4 id. le 1/5 id. $\dfrac{9}{5.76}$ 1.562

le grume id. le 1/5 id. $\dfrac{11.464968}{5.76}$ 1.99

Mais quand, au lieu de *volumes*, il s'agit de déterminer les *prix* du mètre cube (en partant toujours du prix du 1/5), les rapports ci-dessus sont naturellement intervertis, et l'on trouve le prix du mètre cube :

au 1/6 en multipliant le prix du 1/5 par le facteur $\dfrac{5.76}{6.25}$ soit par 0.9216

au 1/10 id. du 1/5 id. $\dfrac{5.76}{7.302527}$ 0.7888

au 1/4 id. du 1/5 id. $\dfrac{5.76}{9}$ 0.64

en grume id. du 1/5 id. $\dfrac{5.76}{11.464968}$ 0.5024

Si nous affectons la valeur de 10 fr. au mètre cube en grume, les facteurs réduiront cette somme à 9.22 pour le 1/6, à 7.89 pour le 1/10, à 6.40 pour le 1/4 et à 5.02 pour le grume. Ces divers prix sont ceux qui occupent la première ligne de notre table. Ils progressent par 1/2 franc dans la première colonne ; dans les autres les *raisons* des progressions sont :

$$\text{pour le 1/6,} \quad \frac{0.9216}{2} = 0.4608$$

$$\text{pour le 1/10,} \quad \frac{0.7888}{2} = 0.3944$$

$$\text{pour le 1/4,} \quad \frac{0.64}{2} = 0,32$$

$$\text{pour le grume,} \quad \frac{0.5024}{2} = 0.2512$$

Les chiffres de nos colonnes du 1/5, du 1/6 et du 1/4 sont d'accord avec ceux d'une table analogue publiée en 1856 par M. C. Mais les prix du grume dans cette dernière table sont tous de 12 à 13 centimes au-dessus des nôtres. L'auteur a pris par mégarde le facteur 0.493 qui n'existe pas, bien qu'il ait implicitement indiqué le facteur véritable 0.502, page 10 de son ouvrage.

II.

PRIX ET VOLUMES COMPARÉS DU MOULE ET DU STÈRE.

Depuis la loi du 4 juillet 1837, les anciennes mesures luttent avec les nouvelles. Dans plusieurs provinces le bois de chauffage se vend soit au moule, soit au stère. De là utilité de connaître la relation du moule au stère et du prix de l'un au prix de l'autre.

La table VIII permettra de faire à cet égard tous les rapprochements désirables. Elle est fondée sur le volume du moule qui se compose de quatre pieds de toutes faces, solidité qui répond à $2^{st}.1919$, d'où il suit que le stère équivaut à $0^{moule}.456225$.

Le pied, qui forme l'élément essentiel de ces calculs, égale $0^m.324839$, et 4 pieds $= 1^m.299356$, soit $1^m.299$. Ce dernier nombre, élevé au cube, amène $2^{st}.1919026$ pour la mesure du moule, et $\frac{1}{2.1919}$ donne $0^{st}.456225$ pour la conversion du stère en moule.

CHAPITRE IX.

TABLE DE CUBAGE POUR LES COUPES DE TAILLIS SOUS FUTAIE.

**Facteurs de décroissance. — Facteurs d'empilage.
Facteurs des branchages.**

Dans nos deux premières tables, destinées à la futaie pleine, la tige seule est cubée. Si elle est impropre au service, ce qui est exceptionnel, on convertit son volume en bois de feu par l'un des facteurs dont nous parlerons tout à l'heure. Quant à la cime et aux branches, elles sont censées appréciées à vue d'œil en stères et en fagots. Les accessoires de la tige ont peu de valeur dans les futaies pleines et surtout dans les forêts résineuses.

La végétation n'est pas la même dans les taillis sous futaie. Les arbres y sont souvent trop défectueux pour fournir du bois d'œuvre ; les branchages y acquièrent en général beaucoup plus de développement et d'importance que dans les massifs serrés. On comprend que le bois de feu doit être évalué avec soin dans l'estimation de ces arbres. Aussi une table, qui présenterait simultanément le cube de la tige en bois d'œuvre et en bois de feu et le cube des branchages, serait infiniment précieuse, si elle pouvait s'appliquer à tous les taillis sous futaie. Malheureusement les facteurs de décroissance et d'empilage varient tellement selon le sol, le climat et les essences, que l'on ne parviendrait pas à prévoir tous les cas, même en multipliant les colonnes au delà des limites ordinaires. On a essayé cependant d'établir des tables de ce genre, d'après les moyennes recueillies sur les diverses parties du sol forestier.

Nous avons eu nous-même l'idée d'en construire une (n° IX). Nous l'avons calculée, avec le système tronconique, pour les hauteurs habituelles, et pour des circonférences à la base espacées de 25 en 25 centimètres, comme le permet la circulaire forestière du 9 mai 1840. Cet espacement a l'avantage de ne pas multiplier les classes d'arbres et de rendre les estimations plus expéditives. L'application de la table à des arbres isolés de dimensions intermédiaires serait évidemment fautive. Mais quand on opère dans une coupe, chaque classe comprend un certain nombre d'arbres plus forts et plus faibles qui se compensent les uns les autres.

Toutefois il y a une précaution à prendre dans l'appel des arbres. Il ne faut pas attribuer, en deçà et au delà de chaque classe, la même limite pour les arbres qui doivent en faire partie. Les circonférences ne progressant pas de la même manière que les volumes, si l'on suppose un nombre égal d'écarts des deux côtés de la classe, la moitié qui touche à la classe supérieure cubera plus que celle qui touche à la classe inférieure. Par exemple, étant donnée la classe de 1 mètre, si nous échelonnons 12 arbres d'égale hauteur sur la banlieue inférieure limitée à 0.88 et autant sur la banlieue supérieure limitée à 1.12, nous voyons que le volume produit par la série d'en bas est plus faible que celui de la série d'en haut, et que, pour rétablir l'équilibre, il faudrait faire passer au moins deux arbres de la classe de 1 mètre dans celle de $1^m.25$.

C'est par suite de cette observation que nous avons indiqué sur notre table les limites de chaque classe par des chiffres placés en travers, en assignant un espace de 14 centimètres au côté faible et de 10 seulement au côté fort.

Rendons compte maintenant des bases que nous avons adoptées.

I.

FACTEURS DE DÉCROISSANCE.

La circonférence moyenne se déduit, quand l'arbre est sur pied, de celle de la base plus ou moins réduite. Nous avons vu, dans une note du chapitre I, que l'administration des forêts a récemment admis la réduction de 10 pour 100 répondant au facteur 0.90. M. Gussot a basé son traité de cubage sur le même rapport; il déclare l'avoir emprunté à « l'excellent Manuel » de M. Noirot-Bonnet et l'avoir vérifié sur plusieurs arbres de la même grosseur. M. Noirot-Bonnet, qui en effet avait posé la réduction $\frac{9}{10}$ dans la première édition de son livre, s'exprime ainsi dans la seconde, page 250 :

« Des mesures multipliées, prises sur les futaies de tout âge, « dans des forêts peuplées de chênes et de hêtres, et situées dans « des conditions variées de sol et d'exposition, nous ont appris

« qu'il existe un rapport constant, ou à peu près constant, entre
« la circonférence moyenne de l'arbre et sa grosseur à 1ᵐ.50 du
« sol, quels que soient d'ailleurs l'élévation de la tige et le mode
« d'aménagement en futaie sur taillis ou en futaie pure. Ce rap-
« port s'exprime par la fraction $\frac{89}{100}$; de sorte qu'un chêne ou un
« hêtre, ayant 1 mètre de circonférence à la hauteur de 1ᵐ.50,
« doit avoir 0.89 de pourtour moyen. »

Cet auteur, préoccupé de la recherche d'un facteur unique,
s'est arrêté sans doute avec raison à 0.89 ou 11 pour 100 de réduction. Mais des facteurs, gradués suivant la dimension des
arbres, semblent infiniment préférables. Les aménagistes et les
autres agents forestiers, qui construisent des tables spéciales, ne
se contentent pas d'un seul facteur : on en compte jusqu'à seize
dans celles de M. Marulaz. Une publication officielle, d'un carac-
tère plus général (*Instructions sur les bois de marine*), n'admet que
cinq taux de décroissance :

1/15	pour les arbres au-dessous de		6	mètres de hauteur.		
1/12	id.	de	6	à	8	id.
1/10	id.	de	8	à	10	id.
1/8	id.	de	10	à	13	id.
1/6	id.	de	13	à	16	id.

Ces proportions nous ont paru en harmonie suffisante avec les
lois ordinaires de la végétation, et nous en avons fait usage en
régularisant la gradation et en l'étendant jusqu'à 1/5 pour les
arbres de 18 à 20 mètres de haut; ce qui nous a donné la progression suivante pour les réductions :

0.06666	ou	1/15
0.093328		
0.119996		
0.146664		
0.173332		
0.200000	ou	1/5

Nous sommes donc arrivé aux circonférences moyennes en
multipliant celles de la base par les facteurs qu'impliquent ces
réductions, à savoir :

Pour les arbres de		3	à	5	mètres de hauteur	par	0.933
Id.	de	6	à	8	id.	par	0.907
Id.	de	9	à	11	id.	par	0.880
Id.	de	12	à	14	id.	par	0.853
Id.	de	15	à	17	id.	par	0.827
Id.	de	18	à	20	id.	par	0.800

3

II.

FACTEURS D'EMPILAGE.

Le bois ne s'empile pas dans les membrures du stère avec une proportion unique de vide et de plein. Les bûches petites font plus de vide que les grosses, les tordues plus que les droites, et leur état tient aux conditions diverses d'âge, d'essence, de croissance et de façonnage.

D'après les auteurs allemands Hartig et de Werneck, dont M. Noirot-Bonnet a traduit les expériences en mesures nouvelles dans un tableau curieux, la solidité réelle, pour ne citer que les principales essences feuillues, est par stère de :

0.74 pour le hêtre droit,	0.63 pour le hêtre noueux
0.63 pour le chêne droit,	0.55 pour le chêne noueux
0.60 pour le charme droit,	0.60 pour le charme noueux
0.75 pour l'orme droit,	. . . .

Ce qui donne pour moyenne des bois droits 0.68, pour moyenne des bois noueux 0.59 et pour moyenne des uns et des autres 0.635 qui conduit au facteur d'empilage 1.57. M. Gussot paraît s'être arrêté au facteur 1.50 corrélatif de la moyenne 0.648. Nous n'avons pris ni l'un ni l'autre de ces facteurs; nous n'avons pas voulu nous en tenir à un seul. Il nous a paru plus utile d'offrir à l'estimateur le choix entre l'empilage des bois droits et celui des bois tors. Nous avons donc consacré deux colonnes à la conversion du mètre cube en stère : l'une calculée par le facteur 1.45 et l'autre par le facteur 1.70, correspondant à peu près aux moyennes du plein 0.68 et 0.59.

III.

FACTEURS DES BRANCHAGES.

La cime et les branches des arbres semblent échapper aux calculs par la diversité de leur développement. Cependant les observateurs, et Duhamel le premier, sont parvenus à déterminer un rapport entre le corps de l'arbre et sa dépouille.

Suivant M. Noirot-Bonnet, les branchages peuvent être évalués comme il suit par mètre cube en grume :

Produit fort. . . .	1.50	à	1.75	soit	1st.62
Produit moyen. .	1.25	à	1.50	soit	1st.37
Produit faible. : .	1.00	à	1.25	soit	1st.12

Un rapport à peu près semblable ressort des chiffres posés par M. Gussot. Si les tiges produisent 26 mètres cubes en grume, les branches produisent en sus, savoir :

	Très-branchus	Moins branchus	Peu branchus
Celles des chênes.	36st	28st	20st
Celles des hêtres.	42	33	24
Celles des charmes. . . .	20	16	12

Si, réduisant le premier terme de la proportion à un mètre cube, on a pour les seconds :

	1.80	1.40	1.00
	2.10	1.66	1.20
	1.00	0.80	0.60
et pour moyennes.	1.63	1.29	0.93
ces moyennes, combinées avec celles de			
M. Noirot-Bonnet.	1.62	1.37	1.12
donnent pour l'ensemble des moyennes. .	1.62	1.33	1.02
soit en chiffres ronds.	1.60	1.30	1.00

Ces trois dernières moyennes sont les facteurs dont nous nous sommes servi pour la production des branchages. Toutefois nous n'avons calculé que le produit moyen, en multipliant le volume plein par 1.30. Il était inutile de consacrer une colonne au produit faible; cette colonne n'aurait été que la répétition des chiffres inscrits dans celle des mètres cubes, puisque le facteur est 1. Reste le produit fort pour lequel il y a réellement lacune; mais l'estimateur la comblera facilement lui-même par l'usage du facteur 1.60 ou approximativement par l'addition de 23 pour 100 (soit un quart ou un cinquième) au produit moyen.

CHAPITRE X.

CUBAGE SANS TABLES.

**Cubage en grume. — Cubage en prévision d'équarrissages.
Cubage des bois équarris.**

Les tables ou tarifs dispensent des opérations qu'exige le calcul direct. Il n'est pas superflu néanmoins d'en connaître la marche, ne fût-ce que pour cuber les arbres de dimensions exceptionnelles. Nous allons donc indiquer dans ce chapitre comment on procède, suivant les trois systèmes cylindrique, conique et tronconique, pour déterminer le volume réel et les équarrissages.

I.

CUBAGE EN GRUME.

Cylindre. Posons la formule algébrique du cylindre :

$$V = \pi r^2 h$$

en rappelant que V signifie volume, π le rapport de la circonférence au diamètre, r le rayon, h la hauteur ; et appliquons-la, cette formule, à un hêtre — impossible — de 4ᵐ.20 de tour à tous les points de sa hauteur et de 15 mètres de hauteur. Nous aurons cinq opérations à faire :

1°   Circonf. $\dfrac{4.20}{3.14}$ $= 1^m.3376$, diamètre.

2°   Diam. $\dfrac{1.3376}{2}$ $= 0^m.6688$, rayon.

3° $0.6688 \times 0.6688 = 0^m.44729$, carré du rayon.

4° $0.44729 \times 3.14 = 1^m.40449$, aire.

5° $1.40449 \times 15 = 21^{mc}.06735$, volume cylindrique vrai (1)

---

(1) Vrai parce que cette longue tige est, contre nature, supposée parfaitement cylindrique.

On voit qu'en prenant sur l'arbre le diamètre, au lieu de prendre la circonférence, on évite la première opération.

Cône. La formule du cône

$$V = \tfrac{1}{3}\,\pi r^2 h$$

ne diffère de celle du cylindre que par la fraction $\tfrac{1}{3}$. Un sapin, qui aurait à sa base le diamètre du hêtre ci-dessus et la même hauteur, serait cubé de la même manière, sauf à prendre le $\tfrac{1}{3}$ de 21.06735 par une sixième opération :

$$6° \quad \frac{21.06735}{3} = 7^{mc}.02245, \text{ volume conique.}$$

Tronc de cône. La formule du tronc de cône :

$$V = \tfrac{1}{3}\,\pi h(R^2 + Rr + r^2)$$

est la plus compliquée. Disons que R désigne le rayon du cercle de la base et r le rayon du cercle supérieur, et opérons sur un chêne de même hauteur que le hêtre et le sapin (15 mètres), de même circonférence à la base (4.20) et de 3.36 de circonférence au sommet. Nous ne connaîtrons le volume qu'après la onzième opération :

1° Circ. de la base $\dfrac{4.20}{3.14}$ = 1^m.3376, diamètre.

2° Diamètre $\dfrac{1.3376}{2}$ = 0^m.6688, R.

3° 0.6688 × 0.6688 = 0^m.44729, R².

4° Circ. du sommet $\dfrac{3.36}{3.14}$ = 1^m.07, diamètre.

5° Diamètre $\dfrac{1^m.07}{2}$ = 0^m.535, r.

6° 0.535 × 0.535 = 0^m.28622, r^2.

7° 0.6688 × 0.535 = 0^m.3578, Rr.

8° R² + Rr + r^2 = 1^m.0912.

9° 1^m.0912 × 3.14 = 3^m.426368, aire.

10° 3.426368 × 15 = 51^{mc}.39552.

11° $\dfrac{51.39552}{3}$ = 17^{mc}.13184, volume tronconique.

La longueur de ces calculs est prodigieuse. On voit quel travail épargnent les tables tronconiques ; et, si l'on reconnaît que la tige des arbres affecte presque toujours l'une des formes variées du tronc de cône et qu'il faut la cuber comme tronc de cône pour atteindre l'exactitude désirable, on nous saura gré de la peine que nous avons prise pour la construction de ces tables.

II.

CUBAGE EN PRÉVISION D'ÉQUARRISSAGES.

Nous allons soumettre les mêmes arbres aux cinq cubatures du 1/4, du 1/12, du 1/10, du 1/6 et du 1/5.

Au 1/4 sans déduction.

Cylindre. Hêtre de 4^m.20 de tour sur 15 de hauteur. Application de la formule algébrique Bh, en prenant pour base ou B le carré construit sur le quart de la circonférence.

1° Circ. $\dfrac{4.20}{4}$ = 1^m.05, côté du carré.

2° 1.05×1.05 = 1^m.1025, carré ou B.

3° 1.1025×15 = 16^{mc}.5375, volume cylindrique vrai.

Cône. Sapin de 4.20 de tour à la base sur 15 de hauteur. Ce sapin, ayant la même base que le hêtre, se cube de la même manière ; mais comme le cône est le tiers du cylindre en vertu de la formule $\frac{1}{3}$ Bh, une quatrième opération est nécessaire :

4^e $\dfrac{16^{mc}.5375}{3}$ = 5^{mc}.5125, volume conique.

Tronc de cône. Chêne de 4.20 de tour à la base, de 3.36 au sommet et de 15 mètres de hauteur. Application de la formule $\frac{1}{3} h (\mathrm{B} + \sqrt{\mathrm{B}b} + b)$, en prenant pour bases (B et b) les carrés construits sur les quarts des circonférences.

1° Circ. $\dfrac{4.20}{4}$ $= 1^m.05$, côté du grand carré.

2° 1.05×1.05 $= 1^m.1025$, B.

3° Circ. $\dfrac{3.36}{4}$ $= 0^m.84$, côté du petit carré.

4° 0.84×0.84 $= 0^m.7056$, b.

5° $B \times b$ $= 0^m.07779$.

6° $\sqrt{Bb}$ $= 0^m.882$.

7° $B + \sqrt{Bb} + b$ $= 2^m.6901$.

8° 2.6901×15 $= 40^m.3515$.

9° $\dfrac{40.3515}{3}$ $= 13^{mc}.4505$, volume tronconique.

On remarquera dans cette série d'opérations l'extraction d'une racine. Heureusement notre table III nous dispense de l'extraire.

Au 1/12 déduit.

Cylindre. Hêtre de 4.20 de circonférence sur 15 de hauteur. Application de la formule Bh, en prenant pour base le carré construit sur le quart de la circonférence après déduction de $\frac{1}{12}$:

1° Circ. $\dfrac{4.20}{12}$ $= 0^m.35$.

2° $4.20 - 0.35$ $= 3^m.85$.

3° $\dfrac{3.85}{4}$ $= 0^m.9625$, côté du carré.

4° $0.9625 \times 0.9625 = 0^{mc}.926606$, carré.

5° 0.926606×15 $= 13^{mc}.89909$, volume cylindrique vrai.

Cône. Sapin de même circonférence à la base que le hêtre et de même hauteur. Application de la formule $\frac{1}{3}$ Bh, en prenant pour base le même carré. Les cinq opérations du hêtre se répètent pour le sapin et une sixième donne le volume cherché :

6° $\dfrac{13.89909}{3} = 4^{mc}.63303$, volume conique.

Tronc de cône. Chêne de 4.20 de tour au pied, de 3.36 au sommet et de 15 de haut. Application de la formule :

$$\tfrac{1}{3} h(B + \sqrt{Bb} + b),$$

en prenant pour bases inférieure et supérieure les carrés construits sur le quart des circonférences après déduction de $\frac{1}{12}$:

$$1° \quad \text{Circ. } \frac{4.20}{12} \qquad = 0^{m}.35.$$

$$2° \quad 4.20 - 0.35 \qquad = 3^{m}.85.$$

$$3° \quad \frac{3.85}{4} \qquad = 0^{m}.9625.$$

$$4° \quad 0.9625 \times 0.9625 = 0^{m}.926606, \text{ B.}$$

$$5° \quad \text{Circ. } \frac{3.36}{12} \qquad = 0^{m}.28.$$

$$6° \quad 3.36 - 0.28 \qquad = 3^{m}.08.$$

$$7° \quad \frac{3.08}{4} \qquad = 0^{m}.77.$$

$$8° \quad 0.77 \times 0.77 \qquad = 0^{m}.5929, \; b.$$

$$9° \quad \text{B} \times b \qquad = 0^{m}.549384.$$

$$10° \quad \sqrt{\text{B}b} \qquad = 0^{m}.741.$$

$$11° \quad \text{B} + \sqrt{\text{B}b} + b \quad = 2^{m}.21699.$$

$$12° \quad 2.21699 \times 15 \qquad = 33^{mc}.25485.$$

$$13° \quad \frac{33.25485}{3} \qquad = 11^{mc}.08495, \text{ volume tronconique.}$$

Dans les autres cubatures, comme dans celle-ci, le volume tronconique n'apparaît qu'à la treizième opération. Le calcul direct du tronc de cône est donc toujours plus ou moins compliqué.

Au 1/10, au 1/6, au 1/5 déduits.

La marche des calculs étant la même pour ces équarrissages que pour celui du $\frac{1}{12}$, sauf la différence de déduction à faire sur la circonférence, il est superflu d'en donner le spécimen.

Nous dirons seulement que pour notre $\frac{1}{10}$, qui n'est pas exactement le $\frac{1}{10}$, mais bien le plus grand équarrissage possible, le carré inscrit étant la base des calculs et le côté de ce carré se trouvant avec la circonférence dans le rapport constant de 0.7071 : 3.14 (1), il faut arriver au carré inscrit en cherchant d'a-

---

(1) Nous avons constaté au chapitre VI que la diagonale du carré inscrit, soit le diamètre de la circonférence dans laquelle il est inscrit, est au côté du carré comme la racine de 2 est à la racine de 1. D'où suit :

bord ce côté par la proportion suivante :

$$3.14 : 0.7071 :: \text{circonférence} : x.$$

Soit 4.20 la circonférence, on aura $\dfrac{0.7071 \times 4\ 20}{3.14} = 0.9458$, côté du carré inscrit, et l'on n'aura qu'à multiplier ce côté par lui-même pour obtenir le carré formant la base.

III.

CUBAGE DES BOIS ÉQUARRIS.

Quand les bois sont réellement équarris, le cubage est plus simple.

Si la pièce à cuber est un parallélipipède, et—par impossible—une pyramide, on mesure sa hauteur et sa base ; la multiplication de l'une par l'autre produit le volume du premier solide, et le $\frac{1}{3}$ de ce volume devient le volume du second. Les formules Bh et $\frac{1}{3} Bh$ s'appliquent sans difficulté.

Ainsi étant donné un parallélipipède de 12 mètres de haut, à base carrée de 0.60 de côté, 0.60×0.60 donne pour base 0.36 que l'on multiplie par la hauteur 12 mètres pour obtenir le volume équarri $4^{\text{mc}}.32$.

Si la base était un rectangle non carré, ayant pour côtés 0.60 et 0.80, 0.60×0.80 donnerait 0.48 pour base et 0.48×12 produirait le volume équarri $5^{\text{mc}}.76$.

La pyramide, qui aurait la même hauteur et la première base, cuberait $\dfrac{4.32}{3} = 1^{\text{mc}}.44$. Avec la seconde base, elle cuberait $\dfrac{5.76}{3} = 1^{\text{mc}}.92$.

$$\text{côté} : \text{diamètre} :: \sqrt{1} : \sqrt{2}.$$

Or, en appliquant cette proportion au diamètre $= 1$ de la circonférence 3.14, nous aurons les rapports suivants :

$$\text{côté} : 1 :: 1 : 1.414213.$$

D'où côté $= \dfrac{1}{1.414213} = 0.7071$. Il est donc certain que le côté du carré est avec la circonférence dans le rapport constant de $0.7071 : 3.14$.

3.

Parfois une pièce équarrie ne présente pas les mêmes dimensions à ses deux extrémités. C'est alors un tronc de pyramide, qu'il faut cuber, sous peine d'erreur, avec la formule:

$$\tfrac{1}{3} h(\mathrm{B} + \sqrt{\mathrm{B}b} + b).$$

Supposons qu'une pièce de ce genre, longue de 15 mètres, ait pour base inférieure un carré dont le côté serait 0.90 et pour base supérieure un carré de 0.50 de côté ; voici le calcul à faire :

$1°$ 0.90×0.90 $= 0^m.81$, B.

$2°$ 0.50×0.50 $= 0^m.25$, b.

$3°$ $\mathrm{B} \times b$ $= 0^m.2025$.

$4°$ $\sqrt{\mathrm{B}b}$ $= 0^m.450$.

$5°$ $\mathrm{B} + \sqrt{\mathrm{B}b} + b = 1^m.51$.

$6°$ 1.51×15 $= 22^{mc}.65$

$7°$ $\dfrac{22.65}{3}$ $= 7^{mc}.55$, volume de la pièce.

En multipliant la hauteur par la base résultant de la moyenne des côtés extrêmes, le calcul serait beaucoup plus rapide :

$1°$ $\dfrac{0.90 + 0.50}{2} = 0^m.70$.

$2°$ $0.70 \times 0.70 = 4^m.90$.

$3°$ $4.90 \times 0.15 = 7^{mc}.35$, volume de la pièce.

Mais ce dernier volume est inexact. Nous ne le produisons que pour stigmatiser une fois de plus le procédé vicieux du cubage cylindrique et de ses dérivés. Ce calcul fautif ne devrait être permis, pas plus pour les bois réellement équarris que pour les bois ronds : *Dura lex, sed lex.* Fausse assimilation du tronc de pyramide au prisme ou fausse assimilation du tronc de cône au cylindre, c'est tout un, nous l'avons expliqué au chapitre II.

Du reste, avec notre table III, qui dispense de l'extraction de racine, le calcul régulier n'est pas très-long. On peut aussi arriver à l'exactitude par un détour, en ramenant la pièce équarrie à son état de grume. On la suppose équarrie à notre $\frac{1}{10}$. Dans cet équarrissage, la diagonale étant égale au diamètre, on n'a qu'à la mesurer sur chaque carré pour avoir les diamètres extrêmes, avec lesquels on retrouve sur la table fondamentale le cube vrai en grume que l'on transforme au $\frac{1}{10}$ par le facteur de conversion. On évite la conversion, lorsque de deux diamètres extrêmes on peut déduire un diamètre moyen qui, avec celui de la base, se rencontre dans la table II. Si l'on a, par exemple, $D = 1.20$ et $d = 0.36$, d'où résulte $\dfrac{D + d}{2} = 0.78$, les diamètres 1.20 et 0.78, qui se trouvent sur la table des cinq cubatures, conduisent immédiatement au volume réel du tronc de pyramide. — Si l'on avait oublié de mesurer les diagonales, on obtiendrait les diamètres par la proportion $0.7071 : 1 :: $ le côté$: x$, car le côté de l'équarrissage au $\frac{1}{10}$ est à la circonférence $:: 0.7071 : 3.14$, et par conséquent au diamètre $:: 0.7071 : 1$.

Nous avions pensé à construire une table des pyramides tronquées pour éviter tout calcul. Mais cette table n'aurait prévu tous les cas qu'autant que nous lui aurions donné le développement de la table fondamentale, et elle ne nous a pas paru d'une utilité assez générale pour occuper une si grande place dans notre ouvrage. Les agents de la marine, appelés à fixer le volume équarri des pièces cubées en grume par les agents forestiers, auraient seuls l'occasion fréquente de consulter une table de ce genre.

CHAPITRE XI.

NOTES DIVERSES.

Cubage, cubature, cubation. — Cube. — Mètre cube, stère, solive. — Cubage sans écorce. — Cubage des billes à scier. — Poids du bois vert.

I.

CUBAGE, CUBATURE, CUBATION.

Trois mots qui ont le même sens. On emploie indifféremment les deux premiers pour désigner l'art, l'action et la manière de cuber les bois. Il y a cependant une nuance entre eux : nous disons plus volontiers le *cubage* que la cubature, quand il s'agit de l'art de cuber, — plus volontiers les *cubatures* que les cubages, quand nous parlons des divers modes de cubage. Quant à *cubation*, c'est un mot peu usité ; nous ne l'avons vu que dans les dictionnaires.

II.

CUBE.

Le cube proprement dit est un prisme à six faces carrées égales, comme le dé à jouer. Le côté de la face prise pour base ayant la même dimension que la hauteur, 3 par exemple, ce nombre élevé au cube représente sa solidité. Cuber un arbre, c'est calculer combien il contient d'unités cubiques. Par extension le mot *cube* signifie aujourd'hui le volume cubé. On dit : le *cube* d'un arbre, le *cube* inscrit dans un tarif, etc.

III.

MÈTRE CUBE, STÈRE, SOLIVE.

Le système métrique a détrôné les anciennes unités de mesure es bois : le pied cube, la solive, le moule... Le stère est la seule unité officielle ; mais comme elle ne peut s'appliquer, sans confusion ou sans périphrase, aux bois d'œuvre et aux bois de chauffage, et qu'il importe d'établir une distinction entre le volume plein et le volume empilé, on est convenu de nommer *mètre cube*, quoique ce soit la même chose que le stère, l'unité de mesure du bois d'œuvre ou du *plein*, et *stère* l'unité de mesure du bois de feu ou de l'*empilé*. C'est le contraire qu'il aurait fallu décider, car *stère* a un sous-multiple, le *décistère*, qui sert peu au bois de chauffage et qui aurait été très-utile au bois d'œuvre.

Le mètre cube n'a pas de sous-multiple, et pour désigner une fraction, on a pris l'habitude d'une dénomination (*le décimètre cube*) qui exige trois décimales et transporte à la troisième le *déci* créé pour la première. Un ingénieur de mérite, M. Léon Lalanne, fait observer que ces expressions de *centimètres et décimètres carrés ou cubes* exposent à des erreurs singulières. Il cite celle commise à la Chambre des députés à propos d'une loi sur le timbre des journaux ; on vota un article qui parlait de journaux de *trente et quinze centimètres carrés*. Le plus grand n'aurait pas eu... *risum teneatis*... la dimension d'une carte à jouer. Une pareille confusion n'aurait pas lieu si l'on désignait les fractions du mètre carré et du mètre cube par les mots *dixième, centième* et *millième* : 2me.700, qui s'énoncent *deux mètres cubes sept cents décimètres cubes*, pourraient s'écrire 2.7 et s'énoncer *deux mètres cubes sept dixièmes*, ou bien s'écrire avec deux décimales 2.70 et s'énoncer *deux mètres cubes soixante-dix centièmes*.

Le pied cube et la solive n'ayant pas complétement disparu du commerce des bois,

> *Car* tel est cru défunt qui n'en a que la mine.

il est bon d'être fixé sur leur volume cubique. Le pied cube était le tiers de la solive, et le petit tableau ci-après, que nous empruntons à M. Gussot, va nous montrer la concordance de la solive et du mètre cube.

SOLIVE.	MÈTRE CUBE.	MÈTRE CUBE.	SOLIVE.
sol.	m.c.	m.c.	sol.
1	0.102 832	1	9.7246
2	0.205 664	2	19.4492
3	0.308 496	3	29.1739
4	0.411 328	4	38.8985
5	0.514 159	5	48.6231
6	0.616 991	6	58.3477
7	0.719 823	7	68.0723
8	0.822 655	8	77.7970
9	0.925 487	9	87.5216
10	1.028 319	10	97.2462

Dans certains pays où l'on regrettait la solive ancienne, on a donné le nom de *solive nouvelle* au dixième de mètre cube pour créer une unité moins volumineuse que le mètre cube et moins ridiculement exiguë que le *décimètre cube* ou millième de mètre cube.

IV

CUBAGE SANS ÉCORCE.

Quand la grosseur des arbres est mesurée par le diamètre, rien n'est plus facile que de tenir compte de l'écorce, si l'on veut la distraire. En ce cas le diamètre se trouve réduit aux deux extrémités de l'épaisseur de l'écorce; il n'y a donc qu'à déduire du diamètre deux fois cette épaisseur. Si $D = 0.80$ et la couche d'écorce 0.02, le diamètre devient $0.80 - 0.04 = 0.76$.

Si la mesure du même arbre est prise par la circonférence, la double épaisseur 0.04 multipliée par 3.14, rapport du diamètre à la circonférence, donne 0.13 à défalquer de la circonférence. La circonférence qui correspond au diamètre 0.80 étant 2.51, nous avons $2.51 - 0.13 = 2.38$, correspondant au diamètre réduit 0.76.

V

CUBAGE DES BILLES A SCIER.

Le trait de scie enlève ordinairement $0^m.002$. Si les planches doivent avoir un pouce d'épaisseur soit 0.027, on divise le côté d'équarrissage par $0.027 + 0.002 = 0.029$; le quotient indique le nombre de planches. Le calcul du déchet par les traits de scie et le métré superficiel des planches sont trop simples pour que nous nous y arrêtions.

VI

POIDS DU BOIS VERT.

Au cubage des bois se rattache un renseignement utile aux exploitants. Il est bon qu'ils sachent si tel ou tel attelage aura la force de transporter telle ou telle pièce, et par conséquent quel est le poids de chaque essence à l'état vert. D'après le tableau de M. Noirot-Bonnet, page 317 de son *Manuel*, voici le poids du mètre cube des diverses essences :

788	kilog. le mètre cube de	tremble.		933	kilog. le mètre cube de	bouleau.
788	—	—	tilleul.	933	—	—	alisier.
846	—	—	peuplier d'Italie.	963	—	—	frêne.
875	—	—	noyer.	963	—	—	hêtre.
875	—	—	sapin.	1021	—	—	châtaignier.
904	—	—	aulne.	1021	—	—	mélèze.
904	—	—	cerisier.	1021	—	—	orme.
933	—	—	acacia.	1079	—	—	platane.
933	—	—	sycomore.	1108	—	—	chêne blanc.
933	—	—	charme.	1225	—	—	chêne rouvre.

Pour connaître la pesanteur d'un arbre, il suffit de multiplier son cube par le poids attribué à son essence.

CHAPITRE XII.

CONCLUSION.

Terminons notre exte par quelques mots de résumé sur le but de cet ouvrage.

Nous tentons de perfectionner l'art de cuber pour que personne ne puisse tromper ni être trompé sur la quantité ligneuse. A chacun ce qui lui est dû, *cuique suum*, tel est le principe que nous avons à cœur de faire triompher. Les partisans du cubage cylindrique ne manqueront pas de nous dire avec Molière :

> Mais peut-être le mal n'est pas si grand qu'on pense.

La différence, allégueront-ils, entre les volumes vrais et les volumes approximatifs n'est pas telle qu'il faille changer les habitudes des estimateurs ; d'ailleurs le cubage approximatif est consacré par l'usage, par les savants, par les documents officiels, etc.

A quoi nous répondrons :

Nous n'avons pas exagéré l'erreur du cubage cylindrique ; nous sommes convenu qu'elle ne pouvait compromettre que rarement le succès des ventes par une trop faible mise à prix ; mais nous avons dit, et ce motif devrait suffire, qu'elle conduit à des solutions injustes dans les questions d'échange, de délivrance usagère, etc..., et laisse la porte ouverte à d'illicites bénéfices dans les marchés de gré à gré.

Quant à la consécration du faux système par l'usage et la science, cela ne prouve rien en sa faveur. Le *quod ab omnibus, quod ubique, quod semper* ne saurait être un argument décisif en cette circonstance. Il est tout naturel que le cubage cylindrique ait prévalu à défaut de tables tronconiques. Maintenant que ces tables existent, il faut espérer que peu à peu elles se répandront parmi les estimateurs. Par cela même qu'elles sont plus exactes que les autres et tout aussi faciles à consulter, elles finiront par être acceptées. La vérité, dit Pascal, doit toujours avoir l'avantage.

Le ministère de la marine qui, dans une instruction récente, autorise la moyenne des équarrissages pour les bois équarris et la moyenne des circonférences pour celui des bois ronds (1), condamnera sans doute ces procédés vicieux dans une instruction nouvelle et donnera l'exemple de la bonne dendrométrie. Les bois destinés aux constructions navales sont ceux qui, en raison de leur qualité supérieure, doivent être cubés avec le plus de précision.

En dernière analyse, la réforme que nous poursuivons ne saurait être classée parmi les *nugæ difficiles*, comme les six décimales du rapport de la circonférence au diamètre. Une erreur de 13 à 18 pour 100 (voir ch. II et III) sur des bois résineux de 30 fr. le mètre cube en grume et sur des centaines de mètres cubes se traduit bien vite par des chiffres significatifs. Si l'erreur est plus faible en général sur les bois feuillus, parce qu'ils sont plus cylindriques, elle porte en revanche sur des bois de 40, 50 et 60 fr. le mètre cube. En tous cas, elle vaut la peine d'être combattue. Aujourd'hui plus que jamais, *chacun veut avoir son comple.*

---

(1) Page 4 et tarif A de l'*Instruction.*

FIN DU TEXTE.

TABLE I.

Table pour le fût de toute espèce d'arbre sur pied ou abattu.

Par diamètre à la base on entend le diamètre mesuré à 1 mètre ou 1^m.33 au-dessus du sol, c'est-à-dire, au point où cesse l'épanouissement du tronc sur les racines et où commence la grosseur normale de l'arbre.

Comment détermine-t-on le diamètre moyen? Voir ci-après relativement aux arbres gisants, et chapitre 1 relativement aux arbres sur pied.

Le diamètre au sommet, ou plutôt à la section supérieure de la tige, donne une idée précise de la forme et de la gradation des solides; mais il n'est pas nécessaire au cubage. Nous allons le voir en appliquant la table à deux arbres, l'un abattu, l'autre sur pied.

ARBRE ABATTU. Les diamètres pris aux deux extrémités donnent $D = 0.13$, $d = 0.05$, d'où résulterait $\frac{D + d}{2} = 0.09$, si l'arbre était parfaitement régulier dans sa décroissance; mais comme il ne l'est pas, nous le mesurons au milieu, où nous trouvons 0.12. Nous combinons alors les trois diamètres, et nous avons pour diamètre moyen 0.10. Par cette combinaison nous substituons à

$$D = 0.13, \quad d = 0.05, \quad \text{diamètre au milieu} = 0.12, \quad \text{arbre irrégulier,}$$

le tronc de cône $D = 0.13$, $d = 0.07$, $\frac{D + d}{2} = 0.10$, qui est équivalent.

Cherchons dans le groupe $D = 0.13$ le chiffre 0.10 à la colonne $\frac{D + d}{2}$, nous verrons en face le volume vrai 0.008085, qui sera le cube de l'arbre pour 1 mètre de hauteur.

ARBRE SUR PIED. Soit $D = 0.10$ et 10 pour 100 la décroissance adoptée, la table V donne pour diamètre moyen 0.09.

Cherchons dans le groupe $D = 0.10$ et dans la colonne $\frac{D + d}{2}$ le chiffre 0.09, nous verrons en face le volume vrai cherché 0.006384.

Plus amples explications au chapitre V.

TABLE FONDAMENTALE

DU CUBAGE TRONCONIQUE

———

(EN GRUME POUR 1 MÈTRE DE HAUTEUR)

DIAMÈTRE à la base ou **D.**	DIAMÈTRE au sommet ou **d.**	DIAMÈTRE moyen ou $\frac{D+d}{2}$.	VOLUME CYLINDRIQUE. Cubage approxim. ou **CA.**	VOLUME TRONCONIQUE. Cubage vra ou **CV.**	CA = CV pour le cône et pour le cylindre.
			$D = 0^m.10$		
m. 0.10	m. 0.00	m. »	m.c. 0.002 616	m.c. 0.002 616	Cône.
	02	0.06	002 826	003 244	
	04	07	003 846	004 082	
	06	08	005 024	005 128	
	08	09	006 358	006 384	
	10	10	007 850	007 850	Cylindre.
			$D = 0^m.11$		
0.11	0.00	»	0.003 166	0.003 166	Cône.
	01	0.06	002 826	003 480	
	03	07	003 846	004 265	
	05	08	005 024	005 259	
	07	09	006 358	006 463	
	09	10	007 850	007 876	
	11	11	009 498	009 498	Cylindre.
			$D = 0^m.12$		
0.12	0.00	»	0.003 768	0.003 768	Cône.
	02	0.07	003 846	004 500	
	04	08	005 024	005 442	
	06	09	006 358	006 594	
	08	10	007 850	007 954	
	10	11	009 498	009 524	
	12	12	011 304	011 304	Cylindre.
			$D = 0^m.13$		
0.13	0.00	»	0.004 422	0.004 422	Cône.
	01	0.07	003 846	004 788	
	03	08	005 024	005 678	
	05	09	006 358	006 777	
	07	10	007 850	008 085	
	09	11	009 498	009 603	
	11	12	011 304	011 330	
	13	13	013 266	013 266	Cylindre.
			$D = 0^m.14$		
0.14	0.00	»	0.005 128	0.005 128	Cône.
	02	0.08	005 024	005 966	
	04	09	006 358	007 012	
	06	10	007 850	008 268	
	08	11	009 498	009 734	
	10	12	011 304	011 408	
	12	13	013 266	013 292	
	14	14	015 386	015 386	Cylindre.

TABLE FONDAMENTALE

(Pour 1 m. de hauteur.)

DIAMÈTRE à la base ou D.	DIAMÈTRE au sommet ou d.	DIAMÈTRE moyen ou $\frac{D+d}{2}$.	VOLUME CYLINDRIQUE. Cubage approxim. ou CA.	VOLUME TRONCONIQUE. Cubage vrai ou CV.	CA = GV pour le cône et pour le cylindre.
m.	m.	m.	m.c.	m.c.	
			D = 0ᵐ.15		
0.15	0.00	»	0.005 887	0.005 887	Cône.
	01	0.08	005 024	006 306	
	03	09	006 358	007 300	
	05	10	007 850	008 504	
	07	11	009 498	009 917	
	09	12	011 304	011 539	
	11	13	013 266	013 371	
	13	14	015 386	015 412	
	15	15	017 662	017 662	Cylindre.
			D = 0ᵐ.16		
0.16	0.00	»	0.006 698	0.006 698	Cône.
	02	0.09	006 358	007 640	
	04	10	007 850	008 792	
	06	11	009 498	010 152	
	08	12	011 304	011 722	
	10	13	013 266	013 502	
	12	14	015 386	015 490	
	14	15	017 662	017 688	
	16	16	020 096	020 096	Cylindre.
			D = 0ᵐ.17		
0.17	0.00	»	0.007 562	0.007 562	Cône.
	01	0.09	006 358	008 033	
	03	10	007 850	009 132	
	05	11	009 498	010 440	
	07	12	011 304	011 958	
	09	13	013 266	013 685	
	11	14	015 386	015 621	
	13	15	017 662	017 767	
	15	16	020 096	020 122	
	17	17	022 686	022 686	Cylindre.
			D = 0ᵐ.18		
0.18	0.00	»	0.008 478	0.008 478	Cône.
	02	0.10	007 850	009 524	
	04	11	009 498	010 780	
	06	12	011 304	012 246	
	08	13	013 266	013 920	
	10	14	015 386	015 804	
	12	15	017 662	017 898	
	14	16	020 096	020 200	
	16	17	022 686	022 712	
	18	18	025 434	025 434	Cylindre.
			D = 0ᵐ.19		
0.19	0.00	»	0.009 446	0.009 446	Cô
	01	0.10	007 850	009 969	
	03	11	009 498	011 173	
	05	12	011 304	012 586	
	07	13	013 266	014 208	
	09	14	015 386	016 040	
	11	15	017 662	018 081	

(Pour 1 m. de hauteur.)

DIAMÈTRE à la base ou **D**.	DIAMÈTRE au sommet ou **d**.	DIAMÈTRE moyen ou $\frac{D+d}{2}$.	VOLUME CYLINDRIQUE. Cubage approxim. ou **CA**.	VOLUME TRONCONIQUE. Cubage vrai ou **CV**.	CA = CV pour le cône et pour le cylindre.
m.	m.	m.	m.c.	m.t.	
0.19	0.13	0.16	0.020 096	0.020 331	
	15	17	022 686	022 791	
	17	18	025 434	025 460	
	19	19	028 338	028 338	Cylindre.

D = 0ᵐ.20

DIAMÈTRE à la base ou **D**.	DIAMÈTRE au sommet ou **d**.	DIAMÈTRE moyen ou $\frac{D+d}{2}$.	VOLUME CYLINDRIQUE. Cubage approxim. ou **CA**.	VOLUME TRONCONIQUE. Cubage vrai ou **CV**.	CA = CV pour le cône et pour le cylindre.
0.20	0.00	»	0.010 466	0.010 466	Cône.
	02	0.11	009 498	011 618	
	04	12	011 304	012 978	
	06	13	013 266	014 548	
	08	14	015 386	016 328	
	10	15	017 662	018 316	
	12	16	020 096	020 514	
	14	17	022 686	022 922	
	16	18	025 434	025 538	
	18	19	028 338	028 364	
	20	20	031 400	031 400	Cylindre.

D = 0ᵐ.21

DIAMÈTRE à la base ou **D**.	DIAMÈTRE au sommet ou **d**.	DIAMÈTRE moyen ou $\frac{D+d}{2}$.	VOLUME CYLINDRIQUE. Cubage approxim. ou **CA**.	VOLUME TRONCONIQUE. Cubage vrai ou **CV**.	CA = CV pour le cône et pour le cylindre.
0.21	0.00	»	0.011 539	0.011 539	Cône.
	01	0.11	009 498	012 115	
	03	12	011 304	013 423	
	05	13	013 266	014 941	
	07	14	015 386	016 668	
	09	15	017 662	018 604	
	11	16	020 096	020 750	
	13	17	022 686	023 105	
	15	18	025 434	025 669	
	17	19	028 338	028 443	
	19	20	031 400	031 426	
	21	21	034 618	034 618	Cylindre.

D = 0ᵐ.22

DIAMÈTRE à la base ou **D**.	DIAMÈTRE au sommet ou **d**.	DIAMÈTRE moyen ou $\frac{D+d}{2}$.	VOLUME CYLINDRIQUE. Cubage approxim. ou **CA**.	VOLUME TRONCONIQUE. Cubage vrai ou **CV**.	CA = CV pour le cône et pour le cylindre.
0.22	0.00	»	0.012 664	0.012 664	Cône.
	02	0.12	011 304	013 920	
	04	13	013 266	015 386	
	06	14	015 386	017 060	
	08	15	017 662	018 944	
	10	16	020 096	021 038	
	12	17	022 686	023 340	
	14	18	025 434	025 852	
	16	19	028 338	028 574	
	18	20	031 400	031 504	
	20	21	034 618	034 611	
	22	22	037 994	037 994	Cylindre.

D = 0ᵐ.23

DIAMÈTRE à la base ou **D**.	DIAMÈTRE au sommet ou **d**.	DIAMÈTRE moyen ou $\frac{D+d}{2}$.	VOLUME CYLINDRIQUE. Cubage approxim. ou **CA**.	VOLUME TRONCONIQUE. Cubage vrai ou **CV**.	CA = CV pour le cône et pour le cylindre.
0.23	0.00	»	0.013 842	0.013 842	Cône.
	00	0.12	011 304	014 470	
	01	13	013 266	015 883	
	03	14	015 386	017 505	
	05	15	017 662	019 337	
	07	16	020 096	021 378	
	09	17	022 686	023 628	
	11	18	025 434	026 088	

TABLE FONDAMENTALE

(Pour 1 m. de hauteur.)

DIAMÈTRE à la base ou D.	DIAMÈTRE au sommet ou d.	DIAMÈTRE moyen ou $\frac{D+d}{2}$.	VOLUME CYLINDRIQUE. Cubage approxim. ou CA.	VOLUME TRONCONIQUE. Cubage vrai ou CV.	CA = CV pour le cône et pour le cylindre.
m. 0,23	m. 0,15	m. 0,19	m.c. 0.028 338	m.c. 0.028 757	
	17	20	031 400	031 635	
	19	21	034 618	034 723	
	21	22	037 994	038 020	
	23	23	041 526	041 526	Cylindre.

$$D = 0^m.24$$

DIAMÈTRE à la base ou D.	DIAMÈTRE au sommet ou d.	DIAMÈTRE moyen ou $\frac{D+d}{2}$.	VOLUME CYLINDRIQUE. Cubage approxim. ou CA.	VOLUME TRONCONIQUE. Cubage vrai ou CV.	CA = CV pour le cône et pour le cylindre.
0,24	0.00	»	0.015 072	0.015 072	Cône.
	02	0.13	013 266	016 432	
	04	14	015 386	018 002	
	06	15	017 662	019 782	
	08	16	020 096	021 770	
	10	17	022 686	023 968	
	12	18	025 434	026 376	
	14	19	028 338	028 992	
	16	20	031 400	031 818	
	18	21	034 618	034 854	
	20	22	037 994	038 098	
	22	23	041 526	041 552	
	24	24	045 216	045 216	Cylindre.

$$D = 0^m.25$$

DIAMÈTRE à la base ou D.	DIAMÈTRE au sommet ou d.	DIAMÈTRE moyen ou $\frac{D+d}{2}$.	VOLUME CYLINDRIQUE. Cubage approxim. ou CA.	VOLUME TRONCONIQUE. Cubage vrai ou CV.	CA = CV pour le cône et pour le cylindre.
0,25	0.00	»	0.016 354	0.016 354	Cône.
	01	0.13	013 266	017 034	
	03	14	015 386	018 552	
	05	15	017 662	020 279	
	07	16	020 096	022 215	
	09	17	022 686	024 361	
	11	18	025 434	026 716	
	13	19	028 338	029 280	
	15	20	031 400	032 054	
	17	21	034 618	035 037	
	19	22	037 994	038 229	
	21	23	041 526	041 631	
	23	24	045 216	045 242	
	25	25	049 062	049 062	Cylindre.

$$D = 0^m.26$$

DIAMÈTRE à la base ou D.	DIAMÈTRE au sommet ou d.	DIAMÈTRE moyen ou $\frac{D+d}{2}$.	VOLUME CYLINDRIQUE. Cubage approxim. ou CA.	VOLUME TRONCONIQUE. Cubage vrai ou CV.	CA = CV pour le cône et pour le cylindre.
0,26	0.00	»	0.017 688	0.017 688	Cône.
	02	0.14	015 386	019 154	
	04	15	017 662	020 828	
	06	16	020 096	022 712	
	08	17	022 686	024 806	
	10	18	025 434	027 108	
	12	19	028 338	029 620	
	14	20	031 400	032 342	
	16	21	034 618	035 272	
	18	22	037 994	038 412	
	20	23	041 526	041 762	
	22	24	045 216	045 320	
	24	25	049 062	049 088	
	26	26	053 066	053 066	Cylindre.

$$D = 0^m.27$$

DIAMÈTRE à la base ou D.	DIAMÈTRE au sommet ou d.	DIAMÈTRE moyen ou $\frac{D+d}{2}$.	VOLUME CYLINDRIQUE. Cubage approxim. ou CA.	VOLUME TRONCONIQUE. Cubage vrai ou CV.	CA = CV pour le cône et pour le cylindre.
0,27	0.00	»	0.019 075	0.019 075	Cône.
	0.01	0.14	015 386	019 809	

(Pour 1 m. de hauteur.)

DIAMÈTRE à la base ou **D.**	DIAMÈTRE au sommet ou **d.**	DIAMÈTRE moyen ou $\frac{D+d}{2}$.	VOLUME **CYLINDRIQUE.** Cubage approxim. ou **CA.**	VOLUME **TRONCONIQUE.** Cubage vrai ou **CV.**	CA = CV *pour le cône et pour le cylindre.*
m.	m.	m.	m.c.	m.c.	
0.27	0.03	0.15	0.017 662	0.021 430	
	05	16	020 096	023 262	
	07	17	022 686	025 303	
	09	18	025 434	027 553	
	11	19	028 338	030 013	
	13	20	031 400	032 682	
	15	21	034 618	035 560	
	17	22	037 994	038 648	
	19	23	041 526	041 945	
	21	24	045 216	045 451	
	26	25	049 062	049 167	
	25	26	053 066	053 092	
	27	27	057 226	057 226	Cylindre.

$$\mathbf{D = 0^m.28}$$

DIAMÈTRE à la base ou **D.**	DIAMÈTRE au sommet ou **d.**	DIAMÈTRE moyen ou $\frac{D+d}{2}$.	VOLUME **CYLINDRIQUE.** Cubage approxim. ou **CA.**	VOLUME **TRONCONIQUE.** Cubage vrai ou **CV.**	CA = CV *pour le cône et pour le cylindre.*
0.28	0.00	»	0.020 514	0.020 514	Cône.
	02	0.15	017 662	022 084	
	04	16	020 096	023 864	
	06	17	022 686	025 852	
	08	18	025 434	028 050	
	10	19	028 338	030 458	
	12	20	031 400	033 074	
	14	21	034 618	035 900	
	16	22	037 994	038 936	
	18	23	041 526	042 180	
	20	24	045 216	045 634	
	22	25	049 062	049 298	
	24	26	053 066	053 170	
	26	27	057 226	057 250	
	28	28	061 544	061 544	Cylindre.

$$\mathbf{D = 0^m.29}$$

DIAMÈTRE à la base ou **D.**	DIAMÈTRE au sommet ou **d.**	DIAMÈTRE moyen ou $\frac{D+d}{2}$.	VOLUME **CYLINDRIQUE.** Cubage approxim. ou **CA.**	VOLUME **TRONCONIQUE.** Cubage vrai ou **CV.**	CA = CV *pour le cône et pour le cylindre.*
0.29	0.00	»	0.022 006	0 022 006	Cône.
	01	0.15	017 662	022 791	
	03	16	020 096	024 518	
	05	17	022 686	026 454	
	07	18	025 434	028 600	
	09	19	028 338	030 955	
	11	20	031 400	033 519	
	13	21	034 618	036 293	
	15	22	037 994	039 276	
	17	23	041 526	042 468	
	19	24	045 216	045 870	
	21	25	049 062	049 481	
	23	26	053 066	053 301	
	25	27	057 226	057 331	
	27	28	061 544	061 570	
	29	29	066 018	066 018	Cylindre.

$$\mathbf{D = 0^m.30}$$

DIAMÈTRE à la base ou **D.**	DIAMÈTRE au sommet ou **d.**	DIAMÈTRE moyen ou $\frac{D+d}{2}$.	VOLUME **CYLINDRIQUE.** Cubage approxim. ou **CA.**	VOLUME **TRONCONIQUE.** Cubage vrai ou **CV.**	CA = CV *pour le cône et pour le cylindre.*
0.30	0.00	»	0.023 550	0.023 550	Cône.
	02	0.16	020 096	025 224	
	04	17	022 686	027 108	
	06	18	025 434	029 202	
	08	19	028 338	031 504	
	10	20	031 400	034 016	

TABLE FONDAMENTALE

(Pour 1 m. de hauteur.)

DIAMÈTRE à la base ou **D.**	DIAMÈTRE au sommet ou **d.**	DIAMÈTRE moyen ou $\frac{D+d}{2}$.	VOLUME CYLINDRIQUE. Cubage approxim. ou **CA.**	VOLUME TRONCONIQUE. Cubage vrai ou **CV.**	CA = CV pour le cône et pour le cylindre.
m.	m.	m.	m. c.	m. c.	
0.30	0.12	0.21	0.034 618	0.036 738	
	14	22	037 994	039 668	
	16	23	041 526	042 808	
	18	24	045 216	046 158	
	20	25	049 062	049 716	
	22	26	053 066	053 484	
	24	27	057 226	057 462	
	26	28	061 544	061 648	
	28	29	066 018	066 044	
	30	30	070 650	070 650	Cylindre.

$$D = 0^m.31$$

DIAMÈTRE à la base ou **D.**	DIAMÈTRE au sommet ou **d.**	DIAMÈTRE moyen ou $\frac{D+d}{2}$.	VOLUME CYLINDRIQUE. Cubage approxim. ou **CA.**	VOLUME TRONCONIQUE. Cubage vrai ou **CV.**	CA = CV pour le cône et pour le cylindre.
0.31	0.00	»	0.025 146	0.025 146	Cône.
	01	0.16	020 096	025 983	
	03	17	022 686	027 815	
	05	18	025 434	029 856	
	07	19	028 338	032 106	
	09	20	031 400	034 566	
	11	21	034 618	037 235	
	13	22	037 994	040 113	
	15	23	041 526	043 201	
	17	24	045 216	046 498	
	19	25	049 062	050 004	
	21	26	053 066	053 720	
	23	27	057 226	057 645	
	25	28	061 544	061 779	
	27	29	066 018	066 123	
	29	30	070 650	070 676	
	31	31	075 438	075 438	Cylindre.

$$D = 0^m.32$$

DIAMÈTRE à la base ou **D.**	DIAMÈTRE au sommet ou **d.**	DIAMÈTRE moyen ou $\frac{D+d}{2}$.	VOLUME CYLINDRIQUE. Cubage approxim. ou **CA.**	VOLUME TRONCONIQUE. Cubage vrai ou **CV.**	CA = CV pour le cône et pour le cylindre.
0.32	0.00	»	0.026 794	0 026 794	Cône.
	02	0.17	022 686	028 574	
	04	18	025 434	030 562	
	06	19	028 338	032 760	
	08	20	031 400	035 168	
	10	21	034 618	037 784	
	12	22	037 994	040 610	
	14	23	041 526	043 646	
	16	24	045 216	046 890	
	18	25	049 062	050 344	
	20	26	053 066	054 008	
	22	27	057 226	057 880	
	24	28	061 544	061 962	
	26	29	066 018	066 254	
	28	30	070 650	070 754	
	30	31	075 438	075 464	
	32	32	080 384	080 384	Cylindre.

$$D = 0^m.33$$

DIAMÈTRE à la base ou **D.**	DIAMÈTRE au sommet ou **d.**	DIAMÈTRE moyen ou $\frac{D+d}{2}$.	VOLUME CYLINDRIQUE. Cubage approxim. ou **CA.**	VOLUME TRONCONIQUE. Cubage vrai ou **CV.**	CA = CV pour le cône et pour le cylindre.
0.33	0.00	»	0.028 495	0.028 495	Cône.
	01	0.17	022 686	029 385	
	03	18	025 434	031 321	
	05	19	028 338	033 467	
	07	20	031 400	035 822	
	09	21	034 618	038 386	

(Pour 1 m. de hauteur.)

DIAMÈTRE à la base ou **D.**	DIAMÈTRE au sommet ou **d.**	DIAMÈTRE moyen ou $\frac{D+d}{2}$.	VOLUME CYLINDRIQUE. Cubage approxim. ou **CA.**	VOLUME TRONCONIQUE. Cubage vrai ou **CV.**	CA = CV pour le cône et pour le cylindre.
m.	m.	m.	m.c.	m.c.	
0.33	0.11	0.22	0.037 994	0.041 160	
	13	23	041 526	044 143	
	15	24	045 216	047 335	
	17	25	049 062	050 737	
	19	26	053 066	054 348	
	21	27	057 226	058 168	
	23	28	061 544	062 198	
	25	29	066 018	066 437	
	27	30	070 650	070 885	
	29	31	075 438	075 543	
	31	32	080 384	080 410	
	33	33	085 486	085 486	Cylindre.

$$D = 0^m.34$$

DIAMÈTRE à la base ou **D.**	DIAMÈTRE au sommet ou **d.**	DIAMÈTRE moyen ou $\frac{D+d}{2}$.	VOLUME CYLINDRIQUE. Cubage approxim. ou **CA.**	VOLUME TRONCONIQUE. Cubage vrai ou **CV.**	CA = CV pour le cône et pour le cylindre.
0.34	0.00	»	0.030 248	0.030 248	Cône.
	02	0.18	025 434	032 132	
	04	19	028 338	034 226	
	06	20	031 400	036 528	
	08	21	034 618	039 040	
	10	22	037 994	041 762	
	12	23	041 526	044 692	
	14	24	045 216	047 832	
	16	25	049 062	051 182	
	18	26	053 066	054 740	
	20	27	057 226	058 508	
	22	28	061 544	062 486	
	24	29	066 018	066 672	
	26	30	070 650	071 068	
	28	31	075 438	075 674	
	30	32	080 384	080 488	
	32	33	085 486	085 512	
	34	34	090 746	090 746	Cylindre.

$$D = 0^m.35$$

DIAMÈTRE à la base ou **D.**	DIAMÈTRE au sommet ou **d.**	DIAMÈTRE moyen ou $\frac{D+d}{2}$.	VOLUME CYLINDRIQUE. Cubage approxim. ou **CA.**	VOLUME TRONCONIQUE. Cubage vrai ou **CV.**	CA = CV pour le cône et pour le cylindre.
0.35	0.00	»	0.032 054	0.032 054	Cône.
	01	0.18	025 434	032 996	
	03	19	028 338	035 037	
	05	20	031 400	037 287	
	07	21	034 618	039 747	
	09	22	037 994	042 416	
	11	23	041 526	**045 294**	
	13	24	045 216	048 382	
	15	25	049 062	051 679	
	17	26	053 066	055 185	
	19	27	057 220	058 901	
	21	28	061 544	062 826	
	23	29	066 018	066 960	
	25	30	070 650	071 304	
	27	31	075 438	075 857	
	29	32	080 384	080 619	
	31	33	085 486	085 591	
	33	34	090 746	090 772	
	35	35	096 162	096 162	Cylindre.

$$D = 0^m.36$$

DIAMÈTRE à la base ou **D.**	DIAMÈTRE au sommet ou **d.**	DIAMÈTRE moyen ou $\frac{D+d}{2}$.	VOLUME CYLINDRIQUE. Cubage approxim. ou **CA.**	VOLUME TRONCONIQUE. Cubage vrai ou **CV.**	CA = CV pour le cône et pour le cylindre.
0.36	0.00	»	0.033 912	0.033 912	Cône.
	02	0.19	028 338	035 900	

TABLE FONDAMENTALE

(Pour 1 m. de hauteur.)

DIAMÈTRE à la base ou D.	DIAMÈTRE au sommet ou d.	DIAMÈTRE moyen ou $\frac{D+d}{2}$.	VOLUME CYLINDRIQUE. Cubage approxim. ou CA.	VOLUME TRONCONIQUE. Cubage vrai ou CV.	CA = CV pour le cône et pour le cylindre
m.	m.	m.	m.c.	m.c.	
0 36	0.04	0.20	0.031 400	0.038 098	
	06	21	034 618	040 506	
	08	22	037 994	043 122	
	10	23	041 526	045 948	
	12	24	045 216	048 984	
	14	25	049 062	052 228	
	16	26	053 066	055 682	
	18	27	057 226	059 346	
	20	28	061 544	063 218	
	22	29	066 018	067 300	
	24	30	070 650	071 592	
	26	31	075 438	076 092	
	28	32	080 384	080 802	
	30	33	085 486	085 722	
	32	34	090 746	090 850	
	34	35	096 162	096 188	
	36	36	101 736	101 736	Cylindre.

$$D = 0^m.37$$

DIAMÈTRE à la base ou D.	DIAMÈTRE au sommet ou d.	DIAMÈTRE moyen ou $\frac{D+d}{2}$.	VOLUME CYLINDRIQUE. Cubage approxim. ou CA.	VOLUME TRONCONIQUE. Cubage vrai ou CV.	CA = CV pour le cône et pour le cylindre
0.37	0.00	»	0.035 822	0.035 822	Cône.
	01	0.19	028 338	036 816	
	03	20	031 400	038 962	
	05	21	034 618	041 317	
	07	22	037 994	043 881	
	09	23	041 526	046 655	
	11	24	045 216	049 638	
	13	25	049 062	052 830	
	15	26	053 066	056 232	
	17	27	057 226	059 843	
	19	28	061 544	063 663	
	21	29	066 018	067 693	
	23	30	070 650	071 932	
	25	31	075 438	076 380	
	27	32	080 384	081 038	
	29	33	085 486	085 905	
	31	34	090 746	090 981	
	33	35	096 162	096 267	
	35	36	101 736	101 762	
	37	37	107 466	107 466	Cylindre.

$$D = 0^m.38$$

DIAMÈTRE à la base ou D.	DIAMÈTRE au sommet ou d.	DIAMÈTRE moyen ou $\frac{D+d}{2}$.	VOLUME CYLINDRIQUE. Cubage approxim. ou CA.	VOLUME TRONCONIQUE. Cubage vrai ou CV.	CA = CV pour le cône et pour le cylindre
0.38	0.00	»	0.037 784	0.037 784	Cône.
	02	0.20	031 400	039 878	
	04	21	034 618	042 180	
	06	22	037 994	044 692	
	08	23	041 526	047 414	
	10	24	045 216	050 344	
	12	25	049 062	053 484	
	14	26	053 066	056 834	
	16	27	057 226	060 392	
	18	28	061 544	064 160	
	20	29	066 018	068 138	
	22	30	070 650	072 324	
	24	31	075 438	076 720	
	26	32	080 384	081 326	
	28	33	085 486	086 140	
	30	34	090 746	091 164	Cylindre.

(Pour 1 m. de hauteur.)

DIAMÈTRE à la base ou **D.**	DIAMÈTRE au sommet ou **d.**	DIAMÈTRE moyen ou $\frac{D+d}{2}$.	VOLUME CYLINDRIQUE. Cubage approxim. ou **CA.**	VOLUME TRONCONIQUE. Cubage vrai ou **CV.**	CA = CV *pour le cône et pour le cylindre.*
m.	m.	m.	m c.	m.c.	
0.38	0.32	0.35	0.096 162	0.096 398	
	34	36	101 736	101 840	
	36	37	107 466	107 492	
	38	38	113 354	113 354	Cylindre.

$$D = 0^m.39$$

DIAMÈTRE à la base ou **D.**	DIAMÈTRE au sommet ou **d.**	DIAMÈTRE moyen ou $\frac{D+d}{2}$.	VOLUME CYLINDRIQUE. Cubage approxim. ou **CA.**	VOLUME TRONCONIQUE. Cubage vrai ou **CV.**	CA = CV *pour le cône et pour le cylindre.*
0.39	0.00	»	0.039 799	0.039 799	Cône.
	01	0.20	031 400	040 846	
	03	21	034 618	043 096	
	05	22	037 994	045 556	
	07	23	041 526	048 225	
	09	24	045 216	051 103	
	11	25	049 062	054 191	
	13	26	053 066	057 488	
	15	27	057 226	060 994	
	17	28	061 544	064 710	
	19	29	066 018	068 635	
	21	30	070 650	072 769	
	23	31	075 438	077 113	
	25	32	080 384	081 666	
	27	33	085 486	086 428	
	29	34	090 746	091 400	
	31	35	096 162	096 581	
	33	36	101 736	101 971	
	35	37	107 466	107 571	
	37	38	113 354	113 380	
	39	39	119 398	119 398	Cylindre.

$$D = 0^m.40$$

DIAMÈTRE à la base ou **D.**	DIAMÈTRE au sommet ou **d.**	DIAMÈTRE moyen ou $\frac{D+d}{2}$.	VOLUME CYLINDRIQUE. Cubage approxim. ou **CA.**	VOLUME TRONCONIQUE. Cubage vrai ou **CV.**	CA = CV *pour le cône et pour le cylindre.*
0.40	0.00	»	0.041 866	0.041 866	Cône.
	02	0.21	034 618	044 064	
	04	22	037 994	046 472	
	06	23	041 526	049 088	
	08	24	045 216	051 914	
	10	25	049 062	054 950	
	12	26	053 066	058 194	
	14	27	057 226	061 648	
	16	28	061 544	065 312	
	18	29	066 018	069 184	
	20	30	070 650	073 266	
	22	31	075 438	077 558	
	24	32	080 384	082 058	
	26	33	085 486	086 768	
	28	34	090 746	091 688	
	30	35	096 162	096 816	
	32	36	101 736	102 154	
	34	37	107 466	107 702	
	36	38	113 354	113 458	
	38	39	119 398	119 424	
	40	40	125 600	125 600	Cylindre.

$$D = 0^m.41$$

DIAMÈTRE à la base ou **D.**	DIAMÈTRE au sommet ou **d.**	DIAMÈTRE moyen ou $\frac{D+d}{2}$.	VOLUME CYLINDRIQUE. Cubage approxim. ou **CA.**	VOLUME TRONCONIQUE. Cubage vrai ou **CV.**	CA = CV *pour le cône et pour le cylindre.*
0.41	0.00	»	0.043 986	0.043 986	Cône.
	01	0.21	034 618	045 085	
	03	22	037 994	047 440	
	05	23	041 526	050 004	

TABLE FONDAMENTALE

(Pour 1 m. de hauteur.)

DIAMÈTRE à la base ou D.	DIAMÈTRE au sommet ou d.	DIAMÈTRE moyen ou $\frac{D+d}{2}$.	VOLUME CYLINDRIQUE. Cubage approxim. ou CA.	VOLUME TRONCONIQUE. Cubage vrai ou GV.	CA = GV pour le cône et pour le cylindre.
m.	m.	m.	m.c.	m.c.	
0.41	0.07	0.24	0.045 216	0.052 778	
	09	25	049 062	055 761	
	11	26	053 066	058 953	
	13	27	057 226	062 355	
	15	28	061 544	065 966	
	17	29	066 018	069 786	
	19	30	070 650	073 816	
	21	31	075 438	078 055	
	23	32	080 384	082 503	
	25	33	085 486	087 161	
	27	34	090 746	092 028	
	29	35	096 162	097 104	
	31	36	101 736	102 390	
	33	37	107 466	107 885	
	35	38	113 354	113 589	
	37	39	119 398	119 503	
	39	40	125 600	125 626	
	41	41	131 958	131 958	Cylindre.

$$D = 0^m.42$$

DIAMÈTRE à la base ou D.	DIAMÈTRE au sommet ou d.	DIAMÈTRE moyen ou $\frac{D+d}{2}$.	VOLUME CYLINDRIQUE. Cubage approxim. ou CA.	VOLUME TRONCONIQUE. Cubage vrai ou GV.	CA = GV pour le cône et pour le cylindre.
0.42	0.00	»	0.046 158	0.046 158	Cône.
	02	0.22	037 994	048 460	
	04	23	041 526	050 972	
	06	24	045 216	053 694	
	08	25	049 062	056 624	
	10	26	053 066	059 764	
	12	27	057 226	063 114	
	14	28	061 544	066 672	
	16	29	066 018	070 440	
	18	30	070 650	074 418	
	20	31	075 438	078 604	
	22	32	080 384	083 000	
	24	33	085 486	087 606	
	26	34	090 746	092 420	
	28	35	096 162	097 444	
	30	36	101 736	102 678	
	32	37	107 466	108 120	
	34	38	113 354	113 772	
	36	39	119 398	119 634	
	38	40	125 600	125 704	
	40	41	131 958	131 984	
	42	42	138 474	138 474	Cylindre.

$$D = 0^m.43$$

DIAMÈTRE à la base ou D.	DIAMÈTRE au sommet ou d.	DIAMÈTRE moyen ou $\frac{D+d}{2}$.	VOLUME CYLINDRIQUE. Cubage approxim. ou CA.	VOLUME TRONCONIQUE. Cubage vrai ou GV.	CA = GV pour le cône et pour le cylindre.
0.43	0.00	»	0.048 382	0.048 382	Cône.
	01	0.22	037 994	049 533	
	03	23	041 526	051 993	
	05	24	045 216	054 662	
	07	25	049 062	057 540	
	09	26	053 066	060 628	
	11	27	057 226	063 925	
	13	28	061 544	067 431	
	15	29	066 018	071 147	
	17	30	070 650	075 072	
	19	31	075 438	079 206	
	21	32	080 384	083 550	
	23	33	085 486	088 103	

(Pour 1 m. de hauteur.)

DIAMÈTRE à la base ou **D.**	DIAMÈTRE au sommet ou **d.**	DIAMÈTRE moyen ou $\frac{D+d}{2}$	VOLUME CYLINDRIQUE. Cubage approxim. ou **CA.**	VOLUME TRONCONIQUE. Cubage vrai ou **CV.**	CA = CV pour le cône et pour le cylindre.
m. 0.43	m. 0.25	m. 0.34	m.c. 0.090 746	m.c. 0.092 865	
	27	35	096 162	097 837	
	29	36	101 736	103 018	
	31	37	107 466	108 408	
	33	38	113 354	114 008	
	35	39	119 398	119 817	
	37	40	125 600	125 835	
	39	41	131 958	132 063	
	41	42	138 474	138 500	
	43	43	145 146	145 146	Cylindre.

D = 0ᵐ.44

DIAMÈTRE à la base ou **D.**	DIAMÈTRE au sommet ou **d.**	DIAMÈTRE moyen ou $\frac{D+d}{2}$	VOLUME CYLINDRIQUE. Cubage approxim. ou **CA.**	VOLUME TRONCONIQUE. Cubage vrai ou **CV.**	CA = CV pour le cône et pour le cylindre.
0.44	0.00	»	0.050 658	0.050 658	Cône.
	02	0.23	041 526	053 066	
	04	24	045 216	055 682	
	06	25	049 062	058 508	
	08	26	053 066	061 544	
	10	27	057 226	064 788	
	12	28	061 544	068 242	
	14	29	066 018	071 906	
	16	30	070 650	075 778	
	18	31	075 438	079 860	
	20	32	080 384	084 152	
	22	33	085 486	088 652	
	24	34	090 746	093 362	
	26	35	096 162	098 282	
	28	36	101 736	103 410	
	30	37	107 466	108 748	
	32	38	113 354	114 296	
	34	39	119 398	120 052	
	36	40	125 600	126 018	
	38	41	131 958	132 194	
	40	42	138 474	138 578	
	42	43	145 146	145 172	
	44	44	151 976	151 976	Cylindre.

D = 0ᵐ.45

DIAMÈTRE à la base ou **D.**	DIAMÈTRE au sommet ou **d.**	DIAMÈTRE moyen ou $\frac{D+d}{2}$	VOLUME CYLINDRIQUE. Cubage approxim. ou **CA.**	VOLUME TRONCONIQUE. Cubage vrai ou **CV.**	CA = CV pour le cône et pour le cylindre.
0.45	0.00	»	0.052 987	0.052 987	Cône.
	01	0.23	041 526	054 191	
	03	24	045 216	056 755	
	05	25	049 062	059 529	
	07	26	053 066	062 512	
	09	27	057 226	065 704	
	11	28	061 544	069 106	
	13	29	066 018	072 717	
	15	30	070 650	076 537	
	17	31	075 438	080 567	
	19	32	080 384	084 806	
	21	33	085 486	089 254	
	23	34	090 746	093 912	
	25	35	096 162	098 779	
	27	36	101 736	103 855	
	29	37	107 466	109 141	
	31	38	113 354	114 636	
	33	39	119 398	120 340	
	35	40	125 600	126 254	
	37	41	131 958	132 377	Cylindre.

TABLE FONDAMENTALE

(Pour 1 m. de hauteur.)

DIAMÈTRE à la base ou **D.**	DIAMÈTRE au sommet ou **d.**	DIAMÈTRE moyen ou $\frac{D+d}{2}$.	VOLUME CYLINDRIQUE. Cubage approxim. ou **CA.**	VOLUME TRONCONIQUE. Cubage vrai ou **CV.**	CA = CV pour le cône et pour le cylindre.
m.	m.	m.	m c.	m.c.	
0.45	0.39	0.42	0.138 474	0.138 709	
	41	43	145 146	145 251	
	43	44	151 976	152 002	
	45	45	158 962	158 962	Cylindre.

$$D = 0^m.46$$

0.46	0.00	»	0.055 368	0.055 368	Cône.
	02	0.24	045 216	057 880	
	04	25	049 062	060 602	
	06	26	053 066	063 532	
	08	27	057 226	066 672	
	10	28	061 544	070 022	
	12	29	066 018	073 758	
	14	30	070 650	077 348	
	16	31	075 438	081 326	
	18	32	080 354	085 512	
	20	33	085 486	089 908	
	22	34	090 746	094 514	
	24	35	096 162	099 328	
	26	36	101 736	104 352	
	28	37	107 466	109 586	
	30	38	113 354	115 028	
	32	39	119 398	120 680	
	34	40	125 600	126 542	
	36	41	131 958	132 612	
	38	42	138 474	138 892	
	40	43	145 146	145 382	
	42	44	151 976	152 080	
	44	45	158 962	158 988	
	46	46	166 106	166 106	Cylindre.

$$D = 0^m.47$$

0.47	0.00	»	0.057 802	0.057 802	Cône.
	01	0.24	045 216	059 058	
	03	25	049 062	061 727	
	05	26	053 066	064 605	
	07	27	057 226	067 693	
	09	28	061 544	070 990	
	11	29	066 018	074 496	
	13	30	070 650	078 212	
	15	31	075 438	082 137	
	17	32	080 384	086 271	
	19	33	085 486	090 615	
	21	34	090 746	095 168	
	23	35	096 162	099 930	
	25	36	101 736	104 902	
	27	37	107 466	110 083	
	29	38	113 354	115 473	
	31	39	119 398	121 073	
	33	40	125 600	126 882	
	35	41	131 958	132 900	
	37	42	138 474	139 128	
	39	43	145 146	145 565	
	41	44	151 976	152 211	
	43	45	158 962	159 067	
	45	46	166 106	166 132	
	47	47	173 406	173 406	Cylindre.

(Pour 1 m. de hauteur.)

DIAMÈTRE à la base ou D.	DIAMÈTRE au sommet ou d.	DIAMÈTRE moyen ou $\frac{D+d}{2}$.	VOLUME CYLINDRIQUE. Cubage approxim. ou CA.	VOLUME TRONCONIQUE. Cubage vrai ou CV.	CA = CV pour le cône et pour le cylindre.
			D = 0m.48		
m. 0.48	m. 0.00	m. »	m.c. 0.060 288	m.c. 0.060 288	Cône.
	02	0.25	049 062	062 904	
	04	26	053 066	065 730	
	06	27	057 226	068 766	
	08	28	061 544	072 010	
	10	29	066 018	075 464	
	12	30	070 650	079 128	
	14	31	075 438	083 000	
	16	32	080 384	087 082	
	18	33	085 486	091 374	
	20	34	090 746	095 874	
	22	35	096 162	100 584	
	24	36	101 736	105 504	
	26	37	107 466	110 632	
	28	38	113 354	115 970	
	30	39	119 398	121 518	
	32	40	125 600	127 274	
	34	41	131 958	133 240	
	36	42	138 474	139 416	
	38	43	145 146	145 800	
	40	44	151 976	152 394	
	42	45	158 962	159 198	
	44	46	166 106	166 210	
	46	47	173 406	173 432	
	48	48	180 864	180 864	Cylindre.
			D = 0m.49		
0.49	0.00	»	0.062 826	0.062 826	Cône.
	01	0.25	049 062	064 134	
	03	26	053 066	066 908	
	05	27	057 226	069 891	
	07	28	061 544	073 083	
	09	29	066 018	076 485	
	11	30	070 650	080 096	
	13	31	075 438	083 916	
	15	32	080 384	087 946	
	17	33	085 486	092 185	
	19	34	090 746	096 633	
	21	35	096 162	101 291	
	23	36	101 736	106 158	
	25	37	107 466	111 234	
	27	38	113 354	116 520	
	29	39	119 398	122 015	
	31	40	125 600	127 719	
	33	41	131 958	133 633	
	35	42	138 474	139 756	
	37	43	145 146	146 088	
	39	44	151 976	152 630	
	41	45	158 962	159 381	
	43	46	166 106	166 341	
	45	47	173 406	173 511	
	47	48	180 864	180 890	
	49	49	188 478	188 478	Cylindre.

4.

TABLE FONDAMENTALE

(Pour 1 m. de hauteur.)

DIAMÈTRE à la base ou D.	DIAMÈTRE au sommet ou d.	DIAMÈTRE moyen ou $\frac{D+d}{2}$.	VOLUME CYLINDRIQUE. Cubage approxim. ou CA.	VOLUME TRONCONIQUE. Cubage vrai ou CV.	CA = CV pour le cône et pour le cylindre.
			D = 0ᵐ.50		
m.	m.	m.	m.c.	m.c.	
0.50	0.00	»	0.065 416	0.065 416	Cône.
	02	0.26	053 066	068 138	
	04	27	057 226	071 068	
	06	28	061 544	074 208	
	08	29	066 018	077 558	
	10	30	070 650	081 116	
	12	31	075 438	084 884	
	14	32	080 384	088 862	
	16	33	085 486	093 048	
	18	34	090 746	097 444	
	20	35	096 162	102 050	
	22	36	101 736	106 864	
	24	37	107 466	111 888	
	26	38	113 354	117 122	
	28	39	119 398	122 564	
	30	40	125 600	128 216	
	32	41	131 958	134 073	
	34	42	138 474	140 148	
	36	43	145 146	146 428	
	38	44	151 976	152 918	
	40	45	158 962	159 616	
	42	46	166 106	166 524	
	44	47	173 406	173 642	
	46	48	180 864	180 968	
	48	49	188 478	188 504	
	50	50	196 250	196 250	Cylindre.
			D = 0ᵐ.51		
0.51	0.00	»	0.068 059	0.068 059	Cône.
	01	0.26	053 066	069 420	
	03	27	057 226	072 298	
	05	28	061 544	075 386	
	07	29	066 018	078 683	
	09	30	070 650	082 189	
	11	31	075 438	085 905	
	13	32	080 384	089 830	
	15	33	085 486	093 964	
	17	34	090 746	098 308	
	19	35	096 162	102 861	
	21	36	101 736	107 623	
	23	37	107 466	112 595	
	25	38	113 354	117 776	
	27	39	119 398	123 166	
	29	40	125 600	128 766	
	31	41	131 958	134 575	
	23	42	138 474	140 593	
	35	43	145 146	146 821	
	37	44	151 976	153 258	
	39	45	158 962	159 904	
	41	46	166 106	166 760	
	43	47	173 406	173 825	
	45	48	180 864	181 099	
	47	49	188 478	188 583	
	49	50	196 250	196 276	
	51	51	204 178	204 178	Cylindre.

(Pour 1 m. de hauteur.)

DIAMÈTRE à la base ou D.	DIAMÈTRE au sommet ou d.	DIAMÈTRE moyen ou $\frac{D+d}{2}$.	VOLUME CYLINDRIQUE. Cubage approxim. ou CA.	VOLUME TRONCONIQUE. Cubage vrai ou CV.	CA = CV pour le cône et pour le cylindre.
			D = 0ᵐ.52		
m. 0.52	m. 0.00	m. »	m.c. 0.070 754	m.c. 0.070 754	Cône.
	02	0.27	057 226	073 580	
	04	28	061 544	076 616	
	06	29	066 018	079 860	
	08	30	070 650	083 314	
	10	31	075 438	086 978	
	12	32	080 384	090 850	
	14	33	085 486	094 932	
	16	34	090 746	099 224	
	18	35	096 162	103 724	
	20	36	101 736	108 434	
	22	37	107 466	113 354	
	24	38	113 354	118 482	
	26	39	119 398	123 820	
	28	40	125 600	129 368	
	30	41	131 958	135 124	
	32	42	138 474	141 090	
	34	43	145 146	147 266	
	36	44	151 976	153 650	
	38	45	158 962	160 244	
	40	46	166 106	167 048	
	42	47	173 406	174 060	
	44	48	180 864	181 282	
	46	49	188 478	188 714	
	48	50	196 250	196 354	
	50	51	204 178	204 204	
	52	52	212 264	212 264	Cylindre.
			D = 0ᵐ.53		
0.53	0.00	»	0.073 502	0.073 502	Cône.
	01	0.27	057 226	074 915	
	03	28	061 544	077 898	
	05	29	066 018	081 090	
	07	30	070 650	084 492	
	09	31	075 438	088 103	
	11	32	080 384	091 923	
	13	33	085 486	095 953	
	15	34	090 746	100 192	
	17	35	096 162	104 640	
	19	36	101 736	109 298	
	21	37	107 466	114 165	
	23	38	113 354	119 241	
	25	39	110 308	124 527	
	27	40	125 600	130 022	
	29	41	131 958	135 726	
	31	42	138 474	141 640	
	33	43	145 146	147 763	
	35	44	151 976	154 095	
	37	45	158 962	160 637	
	39	46	166 106	167 388	
	41	47	173 406	174 348	
	43	48	180 864	181 518	
	45	49	188 478	188 897	
	47	50	196 250	196 485	
	49	51	204 178	204 283	

TABLE FONDAMENTALE

(Pour 1 m. de hauteur.)

DIAMÈTRE à la base ou D.	DIAMÈTRE au sommet ou d.	DIAMÈTRE moyen ou $\frac{D + d}{2}$.	VOLUME CYLINDRIQUE. Cubage approxim ou CA.	VOLUME TRONCONIQUE. Cubage vrai ou CV.	CA = CV pour le cône et pour le cylindre.
m.	m.	m.	m c.	m.c.	
0.53	0.51	0.52	0.212 264	0.212 290	
	53	53	220 506	220 506	Cylindre.

$$D = 0^m.54$$

0.54	0.00	»	0.076 302	0.076 302	Cône.
	02	0.28	061 544	079 232	
	04	29	066 018	082 372	
	06	30	070 650	085 722	
	08	31	075 438	089 280	
	10	32	080 384	093 048	
	12	33	085 486	097 026	
	14	34	090 746	101 212	
	16	35	096 162	105 608	
	18	36	101 736	110 214	
	20	37	107 466	115 028	
	22	38	113 354	120 052	
	24	39	119 398	125 286	
	26	40	125 600	130 738	
	28	41	131 958	136 380	
	30	42	138 474	142 242	
	32	43	145 146	148 312	
	34	44	151 976	154 592	
	36	45	158 962	161 082	
	38	46	166 106	167 780	
	40	47	173 406	174 688	
	42	48	180 864	181 806	
	44	49	188 478	189 132	
	46	50	196 250	196 668	
	48	51	204 178	204 414	
	50	52	212 264	212 368	
	52	53	220 506	220 532	
	54	54	228 906	228 906	Cylindre.

$$D = 0^m.55$$

0.55	0.00	»	0.079 154	0.079 154	Cône.
	01	0.28	061 544	080 619	
	03	29	066 018	083 707	
	05	30	070 650	087 004	
	07	31	075 438	090 510	
	09	32	080 384	094 226	
	11	33	085 486	098 151	
	13	34	090 746	102 285	
	15	35	096 162	106 629	
	17	36	101 736	111 182	
	19	37	107 466	115 944	
	21	38	113 354	120 916	
	23	39	119 398	126 097	
	25	40	125 600	131 487	
	27	41	131 958	137 087	
	29	42	138 474	142 896	
	31	43	145 146	148 914	
	33	44	151 976	155 142	
	35	45	158 962	161 579	
	37	46	166 106	168 225	
	39	47	173 406	175 081	
	41	48	180 864	182 146	
	43	49	188 478	189 420	

(Pour 1 m. de hauteur.)

DIAMÈTRE à la base ou **D**.	DIAMÈTRE au sommet ou **d**.	DIAMÈTRE moyen ou $\frac{D+d}{2}$.	VOLUME CYLINDRIQUE. Cubage approxim. ou **CA**.	VOLUME TRONCONIQUE. Cubage vrai ou **CV**.	CA = CV pour le cône et pour le cylindre.
m. 0.55	m. 0.45	m. 0.50	m.c. 0.196 250	m.c. 0.196 904	
	47	51	204 178	204 597	
	49	52	212 264	212 499	
	51	53	220 506	220 611	
	53	54	228 906	228 932	
	55	55	237 462	237 462	Cylindre.

$$D = 0^{m}.56$$

0.56	0.00	»	0.082 058	0.082 058	Cône.
	02	0.29	066 018	085 094	
	04	30	070 650	088 338	
	06	31	075 438	091 792	
	08	32	080 384	095 456	
	10	33	085 486	099 328	
	12	34	090 746	103 410	
	14	35	096 162	107 702	
	16	36	101 736	112 202	
	18	37	107 466	116 912	
	20	38	113 354	121 832	
	22	39	119 398	126 960	
	24	40	125 600	132 298	
	26	41	131 958	137 846	
	28	42	138 474	143 602	
	30	43	145 146	149 568	
	32	44	151 976	155 744	
	34	45	158 962	162 128	
	36	46	166 106	168 722	
	38	47	173 406	175 526	
	40	48	180 864	182 538	
	42	49	188 478	189 760	
	44	50	196 250	197 192	
	46	51	204 178	204 832	
	48	52	212 264	212 682	
	50	53	220 506	220 742	
	52	54	228 906	229 010	
	54	55	237 462	237 488	
	56	56	246 176	246 176	Cylindre.

$$D = 0^{m}.57$$

0.57	0.00	»	0.085 015	0.085 015	Cône.
	01	0.29	066 018	086 533	
	03	30	070 650	089 725	
	05	31	075 438	093 127	
	07	32	080 384	096 738	
	09	33	085 486	100 558	
	11	34	090 746	104 588	
	13	35	096 162	108 827	
	15	36	101 736	113 275	
	17	37	107 466	117 933	
	19	38	113 354	122 800	
	21	39	119 398	127 876	
	23	40	125 600	133 162	
	25	41	131 958	138 657	
	27	42	138 474	144 361	
	29	43	145 146	150 275	
	31	44	151 976	156 398	
	33	45	158 962	162 730	

TABLE FONDAMENTALE.

(Pour 1 m. de hauteur.)

DIAMÈTRE à la base ou	DIAMÈTRE au sommet ou $d.$	DIAMÈTRE moyen ou $\dfrac{D+d}{2}.$	VOLUME CYLINDRIQUE. Cubage approxim. ou CA.	VOLUME TRONCONIQUE. Cubage vrai ou GV.	CA = GV pour le cône et pour le cylindre
m.	m.	m.	m.c.	m.c.	
0.57	0.35	0.46	0.166 106	0.169 272	
	37	47	173 406	176 023	
	39	48	180 864	182 983	
	41	49	188 478	190 153	
	43	50	196 250	197 532	
	45	51	204 178	205 120	
	47	52	212 264	212 918	
	49	53	220 506	220 925	
	51	54	228 906	229 141	
	53	55	237 462	237 567	
	55	56	246 176	246 202	
	57	57	255 046	255 046	Cylindre.

$$D = 0^m.58$$

DIAMÈTRE à la base ou	DIAMÈTRE au sommet ou $d.$	DIAMÈTRE moyen ou $\dfrac{D+d}{2}.$	VOLUME CYLINDRIQUE. Cubage approxim. ou CA.	VOLUME TRONCONIQUE. Cubage vrai ou GV.	CA = GV pour le cône et pour le cylindre
0.58	0.00	»	0.088 024	0.088 024	Cône.
	02	0.30	070 650	091 154	
	04	31	075 438	094 514	
	06	32	080 384	098 072	
	08	33	085 486	101 840	
	10	34	090 746	105 818	
	12	35	096 162	110 004	
	14	36	101 736	114 400	
	16	37	107 466	119 006	
	18	38	113 354	123 820	
	20	39	119 398	128 844	
	22	40	125 600	134 078	
	24	41	131 958	139 520	
	26	42	138 474	145 172	
	28	43	145 146	151 034	
	30	44	151 976	157 104	
	32	45	158 962	163 384	
	34	46	166 106	169 874	
	36	47	173 406	176 572	
	38	48	180 864	183 480	
	40	49	188 878	190 598	
	42	50	196 250	197 924	
	44	51	204 178	205 460	
	46	52	212 264	213 206	
	48	53	220 506	221 160	
	50	54	228 906	229 324	
	52	55	237 462	237 698	
	54	56	246 176	246 280	
	56	57	255 046	255 072	
	58	58	264 074	264 074	Cylindre.

$$D = 0^m.59$$

DIAMÈTRE à la base ou	DIAMÈTRE au sommet ou $d.$	DIAMÈTRE moyen ou $\dfrac{D+d}{2}.$	VOLUME CYLINDRIQUE. Cubage approxim. ou CA.	VOLUME TRONCONIQUE. Cubage vrai ou GV.	CA = GV pour le cône et pour le cylindre
0.59	0.00	»	0.091 086	0.091 086	Cône.
	01	0.30	070 650	092 656	
	03	31	075 438	095 953	
	05	32	080 384	099 459	
	07	33	085 486	103 175	
	09	34	090 746	107 100	
	11	35	096 162	111 234	
	13	36	101 736	115 578	
	15	37	107 466	120 131	
	17	38	113 354	124 893	
	19	39	119 398	129 865	

(Pour 1 m. de hauteur.)

DIAMÈTRE à la base ou D.	DIAMÈTRE au sommet ou d.	DIAMÈTRE moyen ou $\frac{D+d}{2}$.	VOLUME CYLINDRIQUE. Cubage approxim. ou CA.	VOLUME TRONCONIQUE. Cubage vrai ou CV.	CA = CV pour le cône et pour le cylindre.
m. 0.59	m. 0 21	m. 0.40	m.c. 0.125 600	m.c. 0.133 046	
	23	41	131 958	140 436	
	25	42	138 474	146 036	
	27	43	145 146	151 845	
	29	44	151 976	157 863	
	31	45	158 962	164 091	
	33	46	166 106	170 528	
	35	47	173 406	177 174	
	37	48	180 864	184 030	
	39	49	188 478	191 095	
	41	50	196 250	198 369	
	43	51	204 178	205 853	
	45	52	212 264	213 546	
	47	53	220 506	221 448	
	49	54	228 906	229 560	
	51	55	237 462	237 881	
	53	56	246 176	246 411	
	55	57	255 046	255 151	
	57	58	264 074	264 100	
	59	59	273 258	273 259	Cylindre.

$$D = 0^m.60$$

DIAMÈTRE à la base ou D.	DIAMÈTRE au sommet ou d.	DIAMÈTRE moyen ou $\frac{D+d}{2}$.	VOLUME CYLINDRIQUE. Cubage approxim. ou CA.	VOLUME TRONCONIQUE. Cubage vrai ou CV.	CA = CV pour le cône et pour le cylindre.
0.60	0.00	»	0.094 200	0.094 200	Cône.
	02	0.31	075 438	097 444	
	04	32	080 384	100 898	
	06	33	085 486	104 562	
	08	34	090 746	108 434	
	10	35	096 162	112 516	
	12	36	101 736	116 808	
	14	37	107 466	121 308	
	16	38	113 354	126 018	
	18	39	119 398	130 938	
	20	40	125 600	136 066	
	22	41	131 958	141 404	
	24	42	138 474	146 952	
	26	43	145 146	152 708	
	28	44	151 976	158 674	
	30	45	158 962	164 850	
	32	46	166 106	171 234	
	34	47	173 406	177 828	
	36	48	180 864	184 632	
	38	49	188 478	191 644	
	40	50	196 250	198 866	
	42	51	204 178	206 298	
	44	52	212 264	213 938	
	46	53	220 506	221 788	
	48	54	228 906	229 848	
	50	55	237 462	238 116	
	52	56	246 176	246 594	
	54	57	255 046	255 282	
	56	58	264 074	264 178	
	58	59	273 258	273 284	
	60	60	282 600	282 600	Cylindre.

$$D = 0^m.61$$

DIAMÈTRE à la base ou D.	DIAMÈTRE au sommet ou d.	DIAMÈTRE moyen ou $\frac{D+d}{2}$.	VOLUME CYLINDRIQUE. Cubage approxim. ou CA.	VOLUME TRONCONIQUE. Cubage vrai ou CV.	CA = CV pour le cône et pour le cylindre.
0.61	0.00	»	0.097 366	0.097 366	Cône.
	01	0.31	075 438	098 988	

TABLE FONDAMENTALE

(Pour 1 m. de hauteur.)

DIAMÈTRE à la base ou D.	DIAMÈTRE au sommet ou d.	DIAMÈTRE moyen ou $\frac{D+d}{2}$.	VOLUME CYLINDRIQUE. Cubage approxim. ou CA.	VOLUME TRONCONIQUE. Cubage vrai ou CV.	CA = CV pour le cône et pour le cylindre.
m.	m.	m.	m.c.	m.c.	
0.61	0.03	32	0.080 384	0.102 390	
	05	33	085 486	106 001	
	07	34	090 746	109 821	
	09	35	096 162	113 851	
	11	36	101 736	118 090	
	13	37	107 466	122 538	
	15	38	113 354	127 196	
	17	39	119 398	132 063	
	19	40	125 600	137 139	
	21	41	131 958	142 425	
	23	42	138 474	147 920	
	25	43	145 146	153 624	
	27	44	151 976	159 538	
	29	45	158 962	165 661	
	31	46	166 106	171 993	
	33	47	173 406	178 535	
	35	48	180 864	185 286	
	37	49	188 478	192 246	
	39	50	196 250	199 416	
	41	51	204 178	206 795	
	43	52	212 264	214 383	
	45	53	220 506	222 181	
	47	54	228 906	230 188	
	49	55	237 462	238 404	
	51	56	246 176	246 830	
	53	57	255 046	255 465	
	55	58	264 074	264 309	
	57	59	273 258	273 363	
	59	60	282 600	282 626	
	61	61	292 098	292 098	Cylindre.

$D = 0^m.62$

DIAMÈTRE à la base ou D.	DIAMÈTRE au sommet ou d.	DIAMÈTRE moyen ou $\frac{D+d}{2}$.	VOLUME CYLINDRIQUE. Cubage approxim. ou CA.	VOLUME TRONCONIQUE. Cubage vrai ou CV.	CA = CV pour le cône et pour le cylindre.
0.62	0.00	»	0.100 584	0.100 584	Cône.
	02	0.32	080 384	103 934	
	04	33	085 486	107 492	
	06	34	090 746	111 260	
	08	35	096 162	115 238	
	10	36	101 736	119 424	
	12	37	107 466	123 820	
	14	38	113 354	128 426	
	16	39	119 398	133 240	
	18	40	125 600	138 264	
	20	41	131 958	143 498	
	22	42	138 474	148 940	
	24	43	145 146	154 592	
	26	44	151 976	160 454	
	28	45	158 962	166 524	
	30	46	166 106	172 804	
	32	47	173 406	179 294	
	34	48	180 864	185 992	
	36	49	188 478	189 900	
	38	50	196 250	200 018	
	40	51	204 178	207 344	
	42	52	212 264	214 880	
	44	53	220 506	222 626	
	46	54	228 906	230 580	
	48	55	237 462	238 744	
	50	56	246 176	247 118	

(Pour 1 m. de hauteur.)

DIAMÈTRE à la base ou **D.**	DIAMÈTRE au sommet ou **d.**	DIAMÈTRE moyen ou $\frac{D+d}{2}$.	VOLUME CYLINDRIQUE. Cubage approxim. ou **CA.**	VOLUME TRONCONIQUE. Cubage vrai ou **CV.**	CA = CV pour le cône et pour le cylindre.
m.	m.	m.	m.c.	m.c.	
0.62	0.52	0.57	0.255 046	0.255 700	
	54	58	264 074	264 492	
	56	59	273 258	273 494	
	58	60	282 600	282 704	
	60	61	292 098	292 124	
	62	62	301 754	301 754	Cylindre.

$$D = 0^{m}.63$$

DIAMÈTRE à la base ou **D.**	DIAMÈTRE au sommet ou **d.**	DIAMÈTRE moyen ou $\frac{D+d}{2}$.	VOLUME CYLINDRIQUE. Cubage approxim. ou **CA.**	VOLUME TRONCONIQUE. Cubage vrai ou **CV.**	CA = CV pour le cône et pour le cylindre.
0.63	0.00	»	0.103 855	0.103 855	Cône.
	01	0.32	080 384	105 530	
	03	33	085 486	109 036	
	05	34	090 746	112 752	
	07	35	096 162	116 677	
	09	36	101 736	120 811	
	11	37	107 466	125 155	
	13	38	113 354	129 708	
	15	39	119 398	134 470	
	17	40	125 600	139 442	
	19	41	131 958	144 623	
	21	42	138 474	150 013	
	23	43	145 146	155 613	
	25	44	151 976	161 422	
	27	45	158 962	167 440	
	29	46	166 106	173 668	
	31	47	173 406	180 105	
	33	48	180 864	186 751	
	35	49	188 478	193 607	
	37	50	196 250	200 672	
	39	51	204 178	207 946	
	41	52	212 264	215 430	
	43	53	220 506	223 123	
	45	54	228 906	231 025	
	47	55	237 462	239 137	
	49	56	246 176	247 458	
	51	57	255 046	255 988	
	53	58	264 074	264 728	
	55	59	273 258	273 677	
	57	60	282 600	282 835	
	59	61	292 098	292 203	
	61	62	301 754	301 780	
	63	63	311 566	311 566	Cylindre.

$$D = 0^{m}.64$$

DIAMÈTRE à la base ou **D.**	DIAMÈTRE au sommet ou **d.**	DIAMÈTRE moyen ou $\frac{D+d}{2}$.	VOLUME CYLINDRIQUE. Cubage approxim. ou **CA.**	VOLUME TRONCONIQUE. Cubage vrai ou **CV.**	CA = CV pour le cône et pour le cylindre.
0.64	0.00	»	0.107 178	0.107 178	Cône.
	02	0.33	085 486	110 632	
	04	34	090 746	114 296	
	06	35	096 162	118 168	
	08	36	101 736	122 250	
	10	37	107 466	126 542	
	12	38	113 354	131 042	
	14	39	119 398	135 752	
	16	40	125 600	140 672	
	18	41	131 958	145 800	
	20	42	138 474	151 138	
	22	43	145 146	156 686	

TABLE FONDAMENTALE

(Pour 1 m. de hauteur.)

DIAMÈTRE à la base ou **D.**	DIAMÈTRE au sommet ou **d.**	DIAMÈTRE moyen ou $\dfrac{D+d}{2}$	VOLUME CYLINDRIQUE. Cubage approxim. ou **CA.**	VOLUME TRONCONIQUE. Cubage vrai ou **GV.**	CA = GV pour le cône et pour le cylindre.
m.	m.	m.	m.c.	m.c.	
0.64	0.24	0.44	0.151 976	0.162 442	
	26	45	158 962	168 408	
	28	46	166 106	174 584	
	30	47	173 406	180 968	
	32	48	180 864	187 562	
	34	49	188 478	194 366	
	36	50	196 250	201 378	
	38	51	204 178	208 600	
	40	52	212 264	216 032	
	42	53	220 506	223 672	
	44	54	228 906	231 522	
	46	55	237 462	239 582	
	48	56	246 176	247 850	
	50	57	255 046	256 328	
	52	58	264 074	265 010	
	54	59	273 258	273 912	
	56	60	282 600	283 018	
	58	61	292 098	292 334	
	60	62	301 754	301 858	
	62	63	311 566	311 592	
	64	64	321 536	321 536	Cylindre.
D = 0ᵐ.65					
0.65	0 00	»	0.110 554	0.110 554	Cône.
	01	0.33	085 486	112 281	
	03	34	090 746	115 892	
	05	35	096 162	119 712	
	07	36	101 736	123 742	
	09	37	107 466	127 981	
	11	38	113 354	132 429	
	13	39	119 398	137 087	
	15	40	125 600	141 954	
	17	41	131 958	147 030	
	19	42	138 474	152 316	
	21	43	145 146	157 814	
	23	44	151 976	163 515	
	25	45	158 962	169 429	
	27	46	166 106	175 552	
	29	47	173 406	181 884	
	31	48	180 864	188 426	
	33	49	188 478	195 177	
	35	50	196 250	202 137	
	37	51	204 178	209 307	
	39	52	212 264	216 686	
	41	53	220 506	224 274	
	43	54	228 906	232 072	
	45	55	237 462	240 079	
	47	56	246 176	248 295	
	49	57	255 046	256 721	
	51	58	264 074	265 356	
	53	59	273 258	274 200	
	55	60	282 600	283 254	
	57	61	292 098	292 517	
	59	62	301 754	301 989	
	61	63	311 566	311 671	
	63	64	321 536	321 562	
	65	65	331 662	331 662	Cylindre.

(Pour 1 m. de hauteur.)

DIAMÈTRE à la base ou **D.**	DIAMÈTRE au sommet ou **d.**	DIAMÈTRE moyen ou $\frac{D+d}{2}$.	VOLUME CYLINDRIQUE. Cubage approxim. ou **CA.**	VOLUME TRONCONIQUE. Cubage vrai ou **GV.**	CA = GV pour le cône et pour le cylindre.
			D = 0ᵐ.66		
m.	m.	m.	m.c.	m.c.	
0.66	0.00	»	0.113 982	0.113 982	Cône.
	02	0.34	090 746	117 540	
	04	35	096 162	121 308	
	06	36	101 736	125 286	
	08	37	107 466	129 472	
	10	38	113 354	133 868	
	12	39	119 398	138 474	
	14	40	125 600	143 288	
	16	41	131 958	148 312	
	18	42	138 474	153 546	
	20	43	145 146	158 988	
	22	44	151 976	164 640	
	24	45	158 962	170 502	
	26	46	166 106	176 572	
	28	47	173 406	182 852	
	30	48	180 864	189 342	
	32	49	188 478	196 040	
	34	50	196 250	202 948	
	36	51	204 178	210 066	
	38	52	212 264	217 392	
	40	53	220 506	224 928	
	42	54	228 906	232 674	
	44	55	237 462	240 628	
	46	56	246 176	248 792	
	48	57	255 046	257 166	
	50	58	264 074	265 743	
	52	59	273 258	274 540	
	54	60	282 600	283 542	
	56	61	292 098	292 752	
	58	62	301 754	302 172	
	60	63	311 566	311 802	
	62	64	321 536	321 640	
	64	65	331 662	331 688	
	66	66	341 946	341 946	Cylindre.
			D = 0ᵐ.67		
0.67	0.00	»	0.117 462	0.117 462	Cône.
	01	0.34	090 746	119 241	
	03	35	096 162	122 957	
	05	36	101 736	126 882	
	07	37	107 466	131 016	
	09	38	113 354	135 360	
	11	39	119 398	139 913	
	13	40	125 600	144 675	
	15	41	131 958	149 647	
	17	42	138 474	154 828	
	19	43	145 146	160 218	
	21	44	151 976	165 818	
	23	45	158 962	171 627	
	25	46	166 106	177 645	
	27	47	173 406	183 873	
	29	48	180 864	190 310	
	31	49	188 478	196 956	
	33	50	196 250	203 812	
	35	51	204 178	210 877	

TABLE FONDAMENTALE

(Pour 1 m. de hauteur.)

DIAMÈTRE à la base ou D.	DIAMÈTRE au sommet ou d.	DIAMÈTRE moyen ou $\frac{D+d}{2}$.	VOLUME CYLINDRIQUE. Cubage approxim. ou CA.	VOLUME TRONCONIQUE. Cubage vrai ou CV.	CA = CV pour le cône et pour le cylindre.
m.	m.	m.	m.c.	m.c.	
0.67	0.37	0.52	0.212 264	0.218 151	
	39	53	220 506	225 635	
	41	54	228 906	233 328	
	43	55	237 462	241 230	
	45	56	246 176	249 342	
	47	57	255 046	257 663	
	49	58	264 074	266 193	
	51	59	273 258	274 933	
	53	60	282 600	283 882	
	55	61	292 098	293 040	
	57	62	301 754	302 408	
	59	63	311 566	311 985	
	61	64	321 536	321 771	
	63	65	331 662	331 767	
	65	66	341 946	341 972	
	67	67	352 386	352 386	Cylindre.

D = 0^m.68

DIAMÈTRE à la base ou D.	DIAMÈTRE au sommet ou d.	DIAMÈTRE moyen ou $\frac{D+d}{2}$.	VOLUME CYLINDRIQUE. Cubage approxim. ou CA.	VOLUME TRONCONIQUE. Cubage vrai ou CV.	CA = CV pour le cône et pour le cylindre.
0.68	0.00		0.120 994	0.120 994	Cône.
	02	0.35	096 162	124 658	
	04	36	101 736	128 530	
	06	37	107 466	132 612	
	08	38	113 354	136 904	
	10	39	119 398	141 404	
	12	40	125 600	146 114	
	14	41	131 958	151 034	
	16	42	138 474	156 162	
	18	43	145 146	161 500	
	20	44	151 976	167 048	
	22	45	158 962	172 804	
	24	46	166 106	178 770	
	26	47	173 406	184 946	
	28	48	180 864	191 330	
	30	49	188 478	197 924	
	32	50	196 250	204 728	
	34	51	204 178	211 740	
	36	52	212 264	218 962	
	38	53	220 506	226 394	
	40	54	228 906	234 034	
	42	55	237 462	241 884	
	44	56	246 176	249 944	
	46	57	255 046	258 212	
	48	58	264 074	266 690	
	50	59	273 258	275 378	
	52	60	282 600	284 274	
	54	61	292 098	293 380	
	56	62	301 754	302 696	
	58	63	311 566	312 220	
	60	64	321 536	321 954	
	62	65	331 662	331 898	
	64	66	341 946	342 050	
	66	67	352 386	352 413	
	68	68	362 984	362 984	Cylindre.

D = 0^m.69

DIAMÈTRE à la base ou D.	DIAMÈTRE au sommet ou d.	DIAMÈTRE moyen ou $\frac{D+d}{2}$.	VOLUME CYLINDRIQUE. Cubage approxim. ou CA.	VOLUME TRONCONIQUE. Cubage vrai ou CV.	CA = CV pour le cône et pour le cylindre.
0.69	0.00	»	0.124 579	0.124 579	Cône.
	01	0.35	096 162	126 411	
	03	36	101 736	130 231	

(Pour 1 m. de hauteur.)

DIAMÈTRE à la base ou **D.**	DIAMÈTRE au sommet ou **d.**	DIAMÈTRE moyen ou $\dfrac{D + d}{2}$.	VOLUME CYLINDRIQUE. Cubage approxim. ou **CA.**	VOLUME TRONCONIQUE. Cubage vrai ou **CV.**	CA = CV pour le cône et pour le cylindre.
m. 0.69	m. 0.05	m. 0.37	m.c. 0.107 466	m.c. 0.134 261	
	07	38	113 354	138 560	
	09	39	119 398	142 948	
	11	40	125 600	147 606	
	13	41	131 958	152 473	
	15	42	138 474	157 549	
	17	43	145 146	162 835	
	19	44	151 976	168 330	
	21	45	158 962	174 034	
	23	46	166 106	179 948	
	25	47	173 406	186 071	
	27	48	180 864	192 403	
	29	49	188 478	198 945	
	31	50	196 250	205 696	
	33	51	204 178	212 656	
	35	52	212 264	219 826	
	37	53	220 506	227 205	
	39	54	228 906	234 793	
	41	55	237 462	242 591	
	43	56	246 176	250 598	
	45	57	255 046	258 814	
	47	58	264 074	267 240	
	49	59	273 258	275 875	
	51	60	282 600	284 719	
	53	61	292 098	293 773	
	55	62	301 754	303 036	
	57	63	311 566	312 508	
	59	64	321 536	322 190	
	61	65	331 662	332 081	
	63	66	341 946	342 181	
	65	67	352 386	352 491	
	67	68	362 984	363 010	
	69	69	373 738	373 738	Cylindre.

$$D = 0^m.70$$

DIAMÈTRE à la base ou **D.**	DIAMÈTRE au sommet ou **d.**	DIAMÈTRE moyen ou $\dfrac{D + d}{2}$.	VOLUME CYLINDRIQUE. Cubage approxim. ou **CA.**	VOLUME TRONCONIQUE. Cubage vrai ou **CV.**	CA = CV pour le cône et pour le cylindre.
0.70	0.00	»	0.128 216	0.128 216	Cône.
	02	0.36	101 736	131 984	
	04	37	107 466	135 962	
	06	38	113 354	140 148	
	08	39	119 398	144 544	
	10	40	125 600	149 150	
	12	41	131 958	153 964	
	14	42	138 474	158 988	
	16	43	145 146	164 222	
	18	44	151 976	169 664	
	20	45	158 962	175 316	
	22	46	166 106	181 178	
	24	47	173 406	187 248	
	26	48	180 864	193 528	
	28	49	188 478	200 018	
	30	50	196 250	206 716	
	32	51	204 178	213 624	
	34	52	212 264	220 742	
	36	53	220 506	228 068	
	38	54	228 906	235 604	
	40	55	237 462	243 350	
	42	56	246 176	251 304	
	44	57	255 046	259 468	

TABLE FONDAMENTALE

(Pour 1 m. de hauteur.)

DIAMÈTRE à la base ou D.	DIAMÈTRE au sommet ou d.	DIAMÈTRE moyen ou $\frac{D+d}{2}$.	VOLUME CYLINDRIQUE. Cubage approxim. ou CA.	VOLUME TRONCONIQUE. Cubage vrai ou CV.	CA = CV pour le cône et pour le cylindre.
m. 0.70	m. 0.46	m. 0.58	m.c. 0.264 074	m.c. 0.267 842	
	48	59	273 258	276 424	
	50	60	282 600	285 216	
	52	61	292 098	294 218	
	54	62	301 754	303 428	
	56	63	311 566	312 848	
	58	64	321 536	322 478	
	60	65	331 662	332 316	
	62	66	341 946	342 364	
	64	67	352 386	352 622	
	66	68	362 984	363 088	
	68	69	373 738	373 764	
	70	70	384 650	384 650	Cylindre.

$$D = 0^m.71$$

DIAMÈTRE à la base ou D.	DIAMÈTRE au sommet ou d.	DIAMÈTRE moyen ou $\frac{D+d}{2}$.	VOLUME CYLINDRIQUE. Cubage approxim. ou CA.	VOLUME TRONCONIQUE. Cubage vrai ou CV.	CA = CV pour le cône et pour le cylindre.
0.71	0.00	»	0.131 906	0.131 906	Cône.
	01	0.36	101 736	133 790	
	03	37	107 466	137 715	
	05	38	113 354	141 849	
	07	39	119 398	146 193	
	09	40	125 600	150 746	
	11	41	131 958	155 508	
	13	42	138 474	160 480	
	15	43	145 146	165 664	
	17	44	151 976	171 051	
	19	45	158 962	176 651	
	21	46	166 106	182 460	
	23	47	173 406	188 478	
	25	48	180 864	194 706	
	27	49	188 478	201 143	
	29	50	196 250	207 789	
	31	51	204 178	214 645	
	33	52	212 264	221 710	
	35	53	220 506	228 984	
	37	54	228 906	236 468	
	39	55	237 462	244 161	
	41	56	246 176	252 063	
	43	57	255 046	260 175	
	45	58	264 074	268 496	
	47	59	273 258	277 026	
	49	60	282 600	285 766	
	51	61	292 098	294 715	
	53	62	301 754	303 873	
	55	63	311 566	313 241	
	57	64	321 536	322 818	
	59	65	331 662	332 604	
	61	66	341 946	342 600	
	63	67	352 386	352 805	
	65	68	362 984	363 219	
	67	69	373 738	373 843	
	69	70	384 650	384 676	
	71	71	395 718	395 718	Cylindre.

$$D = 0^m.72$$

DIAMÈTRE à la base ou D.	DIAMÈTRE au sommet ou d.	DIAMÈTRE moyen ou $\frac{D+d}{2}$.	VOLUME CYLINDRIQUE. Cubage approxim. ou CA.	VOLUME TRONCONIQUE. Cubage vrai ou CV.	CA = CV pour le cône et pour le cylindre.
0.72	0.00	»	0.135 648	0.135 648	Cône.
	02	0.37	107 466	139 520	
	04	38	113 354	143 602	

(Pour 1 m. de hauteur.)

DIAMÈTRE à la base ou D.	DIAMÈTRE au sommet ou d.	DIAMÈTRE moyen ou $\frac{D+d}{2}$	VOLUME CYLINDRIQUE. Cubage approxim. ou CA.	VOLUME TRONCONIQUE. Cubage vrai ou CV.	CA = CV pour le cône et pour le cylindre.
m. 0.72	m. 0.06	m. 0.39	m.c. 0.119 398	m c. 0.147 894	
	08	40	125 600	152 394	
	10	41	131 958	157 104	
	12	42	138 474	162 024	
	14	43	145 146	167 152	
	16	44	151 976	172 490	
	18	45	158 962	178 038	
	20	46	166 106	183 794	
	22	47	173 406	189 760	
	24	48	180 864	195 936	
	26	49	188 478	202 320	
	28	50	196 250	208 914	
	30	51	204 178	215 718	
	32	52	212 264	222 730	
	34	53	220 506	229 952	
	36	54	228 906	237 384	
	38	55	237 462	245 024	
	40	56	246 176	252 874	
	42	57	255 046	260 934	
	44	58	264 074	269 202	
	46	59	273 258	277 680	
	48	60	282 600	286 368	
	50	61	292 098	295 264	
	52	62	301 754	304 370	
	54	63	311 566	313 686	
	56	64	321 536	323 210	
	58	65	331 662	332 944	
	60	66	341 946	342 888	
	62	67	352 386	353 040	
	64	68	362 984	363 402	
	66	69	373 738	373 974	
	68	70	384 650	384 754	
	70	71	395 718	395 744	
	72	72	406 944	406 944	Cylindre.

$$D = 0^m.73$$

DIAMÈTRE à la base ou D.	DIAMÈTRE au sommet ou d.	DIAMÈTRE moyen ou $\frac{D+d}{2}$	VOLUME CYLINDRIQUE. Cubage approxim. ou CA.	VOLUME TRONCONIQUE. Cubage vrai ou CV.	CA = CV pour le cône et pour le cylindre.
0.73	0.00	»	0.139 442	0.139 442	Cône.
	01	0.37	107 466	141 378	
	03	38	113 354	145 408	
	05	39	119 398	149 647	
	07	40	125 600	154 095	
	09	41	131 958	158 753	
	11	42	138 474	163 620	
	13	43	145 146	168 696	
	15	44	151 976	173 982	
	17	45	158 962	179 477	
	19	46	166 106	185 181	
	21	47	173 406	191 095	
	23	48	180 864	197 218	
	25	49	188 478	203 550	
	27	50	196 250	210 092	
	29	51	204 178	216 843	
	31	52	212 264	223 803	
	33	53	220 506	230 973	
	35	54	228 906	238 352	
	37	55	237 462	245 940	
	39	56	246 176	253 738	

TABLE FONDAMENTALE

(Pour 1 m. de hauteur.)

DIAMÈTRE à la base ou **D.**	DIAMÈTRE au sommet ou **d.**	DIAMÈTRE moyen ou $\frac{D+d}{2}$.	VOLUME CYLINDRIQUE. Cubage approxim. ou **CA.**	VOLUME TRONCONIQUE. Cubage vrai ou **CV.**	CA = CV pour le cône et pour le cylindre.
m.	m.	m.	m.c.	m.c.	
0.73	0.41	0.57	0.255 046	0.261 745	
	43	58	264 074	269 961	
	45	59	273 258	278 387	
	47	60	282 600	287 022	
	49	61	292 098	295 866	
	51	62	301 754	304 920	
	53	63	311 566	314 183	
	55	64	321 536	323 655	
	57	65	331 662	333 337	
	59	66	341 946	343 228	
	61	67	352 386	353 328	
	63	68	362 984	363 638	
	65	69	373 738	374 157	
	67	70	384 650	384 885	
	69	71	395 718	395 823	
	71	72	406 944	406 970	
	73	73	418 326	418 326	Cylindre.

$$D = 0^{m}.74$$

DIAMÈTRE à la base ou **D.**	DIAMÈTRE au sommet ou **d.**	DIAMÈTRE moyen ou $\frac{D+d}{2}$.	VOLUME CYLINDRIQUE. Cubage approxim. ou **CA.**	VOLUME TRONCONIQUE. Cubage vrai ou **CV.**	CA = CV pour le cône et pour le cylindre.
0.74	0.00	»	0.143 288	0.143 288	Cône.
	02	0.38	113 354	147 266	
	04	39	119 398	151 452	
	06	40	125 600	155 848	
	08	41	131 958	160 454	
	10	42	138 474	165 268	
	12	43	145 146	170 292	
	14	44	151 976	175 526	
	16	45	158 962	180 968	
	18	46	166 106	186 620	
	20	47	173 406	192 482	
	22	48	180 864	198 552	
	24	49	188 478	204 832	
	26	50	196 250	211 322	
	28	51	204 178	218 020	
	30	52	212 264	224 928	
	32	53	220 506	232 046	
	34	54	228 906	239 372	
	36	55	237 462	246 908	
	38	56	246 176	254 654	
	40	57	255 046	262 608	
	42	58	264 074	270 778	
	44	59	273 258	279 146	
	46	60	282 600	287 728	
	48	61	292 098	296 520	
	50	62	301 754	305 522	
	52	63	311 566	314 732	
	54	64	321 536	324 152	
	56	65	331 662	333 782	
	58	66	341 946	343 620	
	60	67	352 386	353 668	
	62	68	362 984	363 926	
	64	69	373 738	374 392	
	66	70	384 650	385 068	
	68	71	395 718	395 954	
	70	72	406 944	407 048	
	72	73	418 326	418 352	
	74	74	429 866	429 866	Cylindre.

(Pour 1 m. de hauteur.)

DIAMÈTRE à la base ou D.	DIAMÈTRE au sommet ou d.	DIAMÈTRE moyen ou $\frac{D+d}{2}$.	VOLUME CYLINDRIQUE. Cubage approxim. ou CA.	VOLUME TRONCONIQUE. Cubage vrai ou CV.	CA = CV pour le cône et pour le cylindre.
			D = 0ᵐ.75		
m. 0.75	m. 0.00	m. »	m.c. 0.147 187	m.c. 0.147 187	Cône.
	01	0.38	113 354	149 176	
	03	39	119 398	153 310	
	05	40	125 600	157 654	
	07	41	131 958	162 207	
	09	42	138 474	166 969	
	11	43	145 146	171 941	
	13	44	151 976	177 122	
	15	45	158 962	182 512	
	17	46	166 106	188 112	
	19	47	173 406	193 921	
	21	48	180 864	199 939	
	23	49	188 478	206 167	
	25	50	196 250	212 604	
	27	51	204 178	219 250	
	29	52	212 264	226 106	
	31	53	220 506	233 171	
	33	54	228 906	240 445	
	35	55	237 462	247 929	
	37	56	246 176	255 622	
	39	57	255 046	263 524	
	41	58	264 074	271 636	
	43	59	273 258	279 957	
	45	60	282 600	288 487	
	47	61	292 098	297 227	
	49	62	301 754	306 176	
	51	63	311 566	315 334	
	53	64	321 536	324 702	
	55	65	331 662	334 279	
	57	66	341 946	344 065	
	59	67	352 386	354 061	
	61	68	362 984	364 266	
	63	69	373 738	374 680	
	65	70	384 650	385 304	
	67	71	395 718	396 137	
	69	72	406 944	407 179	
	71	73	418 326	418 431	
	73	74	429 866	429 892	
	75	75	441 562	441 562	Cylindre.
			D = 0ᵐ.76		
0.76	0.00	»	0.151 138	0.151 138	Cône.
	02	0.39	119 398	155 220	
	04	40	125 600	159 512	
	06	41	131 958	164 012	
	08	42	138 474	168 722	
	10	43	145 146	173 642	
	12	44	151 976	178 770	
	14	45	158 962	184 108	
	16	46	166 106	189 656	
	18	47	173 406	195 412	
	20	48	180 864	201 378	
	22	49	188 478	207 554	
	24	50	196 250	213 938	
	26	51	204 178	220 532	

—

TABLE FONDAMENTALE

(Pour 1 m. de hauteur.)

DIAMÈTRE à la base ou **D.**	DIAMÈTRE au sommet ou **d.**	DIAMÈTRE moyen ou $\frac{D+d}{2}$.	VOLUME CYLINDRIQUE. Cubage approxim ou **CA.**	VOLUME TRONCONIQUE. Cubage vrai ou **CV.**	**CA=CV** pour le cône et pour le cylindre.
m.	m.	m.	m.c.	m.c.	
0.76	0.28	0.52	0.212 264	0.227 336	
	30	53	220 506	234 348	
	32	54	228 906	241 570	
	34	55	237 462	249 002	
	36	56	246 176	256 642	
	38	57	255 046	264 492	
	40	58	264 074	272 552	
	42	59	273 258	280 820	
	44	60	282 600	289 298	
	46	61	292 098	297 986	
	48	62	301 754	306 882	
	50	63	311 566	315 988	
	52	64	321 536	325 304	
	54	65	331 662	334 828	
	56	66	341 946	344 582	
	58	67	352 386	354 506	
	60	68	362 984	364 658	
	62	69	373 738	375 020	
	64	70	384 650	385 592	
	66	71	395 718	396 372	
	68	72	406 944	407 362	
	70	73	418 326	418 562	
	72	74	429 866	429 970	
	74	75	441 562	441 588	
	76	76	453 416	453 416	Cylindre.
			$D=0^m.77$		
0.77	0.00	»	0.155 142	0.155 142	Cône.
	01	0.39	119 398	157 183	
	03	40	125 600	161 422	
	05	41	131 958	165 870	
	07	42	138 474	170 528	
	09	43	145 146	175 395	
	11	44	151 976	180 471	
	13	45	158 962	185 757	
	15	46	166 106	191 252	
	17	47	173 406	196 956	
	19	48	180 864	202 870	
	21	49	188 478	208 993	
	23	50	196 250	215 325	
	25	51	204 178	221 867	
	27	52	212 264	228 618	
	29	53	220 506	235 578	
	31	54	228 906	242 748	
	33	55	237 462	250 127	
	35	56	246 176	257 715	
	37	57	255 046	265 513	
	39	58	264 074	273 520	
	41	59	273 258	281 736	
	43	60	282 600	290 162	
	45	61	292 098	298 797	
	47	62	301 754	307 641	
	49	63	311 566	316 695	
	51	64	321 536	325 938	
	53	65	331 662	335 430	
	55	66	341 946	345 112	
	57	67	352 386	355 003	
	59	68	362 984	365 103	

(Pour 1 m. de hauteur.)

DIAMÈTRE à la base ou **D.**	DIAMÈTRE au sommet ou **d.**	DIAMÈTRE moyen ou $\dfrac{D+d}{2}$.	VOLUME CYLINDRIQUE. Cubage approxim. ou **CA.**	VOLUME TRONCONIQUE. Cubage vrai ou **CV.**	CA = CV pour le cône et pour le cylindre.
m. 0.77	m. 0.61	m. 0.69	m.c. 0.373 738	m.c. 0.375 413	
	63	70	384 650	385 932	
	65	71	395 718	396 660	
	67	72	406 944	407 598	
	69	73	418 326	418 745	
	71	74	429 866	430 101	
	73	75	441 562	441 667	
	75	76	453 416	453 442	
	77	77	465 426	465 426	Cylindre.

$$D = 0^{m}.78$$

DIAMÈTRE à la base ou **D.**	DIAMÈTRE au sommet ou **d.**	DIAMÈTRE moyen ou $\dfrac{D+d}{2}$.	VOLUME CYLINDRIQUE. Cubage approxim. ou **CA.**	VOLUME TRONCONIQUE. Cubage vrai ou **CV.**	CA = CV pour le cône et pour le cylindre.
0.78	0.00	»	0.159 198	0.159 198	Cône.
	02	0.40	125 600	163 384	
	04	41	131 958	167 780	
	06	42	138 474	172 386	
	08	43	145 146	177 200	
	10	44	151 976	182 224	
	12	45	158 962	187 458	
	14	46	166 106	192 900	
	16	47	173 406	198 552	
	18	48	180 864	204 414	
	20	49	188 478	210 484	
	22	50	196 250	216 764	
	24	51	204 178	223 254	
	26	52	212 264	229 952	
	28	53	220 506	236 860	
	30	54	228 906	243 978	
	32	55	237 462	251 304	
	34	56	246 176	258 840	
	36	57	255 046	266 586	
	38	58	264 074	274 540	
	40	59	273 258	282 704	
	42	60	282 600	291 078	
	44	61	292 098	299 660	
	46	62	301 754	308 452	
	48	63	311 566	317 454	
	50	64	321 536	326 664	
	52	65	331 662	336 084	
	54	66	341 946	345 714	
	56	67	352 386	355 552	
	58	68	362 984	365 600	
	60	69	373 738	375 858	
	62	70	384 650	386 324	
	64	71	395 718	397 000	
	66	72	406 944	407 886	
	68	73	418 326	418 980	
	70	74	429 866	430 284	
	72	75	441 562	441 798	
	74	76	453 416	453 520	
	76	77	465 426	465 452	
	78	78	477 594	477 594	Cylindre.

$$D = 0^{m}.79$$

DIAMÈTRE à la base ou **D.**	DIAMÈTRE au sommet ou **d.**	DIAMÈTRE moyen ou $\dfrac{D+d}{2}$.	VOLUME CYLINDRIQUE. Cubage approxim. ou **CA.**	VOLUME TRONCONIQUE. Cubage vrai ou **CV.**	CA = CV pour le cône et pour le cylindre.
0.79	0.00	»	0.163 306	0.163 306	Cône.
	01	0.40	125 600	165 399	
	03	41	131 958	169 743	
	05	42	138 474	174 296	

TABLE FONDAMENTALE

(Pour 1 m. de hauteur.)

DIAMÈTRE à la base ou **D.**	DIAMÈTRE au sommet ou **d.**	DIAMÈTRE moyen ou $\frac{D+d}{2}$.	VOLUME CYLINDRIQUE. Cubage approxim. ou **CA.**	VOLUME TRONCONIQUE. Cubage vrai ou **CV.**	CA=CV *pour le cône et pour le cylindre.*
m. 0.79	m. 0.07	m. 0.43	m.c. 0.145 146	m.c. 0 179 058	
	09	44	151 976	184 030	
	11	45	158 962	189 211	
	13	46	166 106	194 601	
	15	47	173 406	200 201	
	17	48	180 864	206 010	
	19	49	188 478	212 028	
	21	50	196 250	218 256	
	23	51	204 178	224 693	
	25	52	212 264	231 339	
	27	53	220 506	238 195	
	29	54	228 906	245 260	
	31	55	237 462	252 534	
	33	56	246 176	260 018	
	35	57	255 046	267 711	
	37	58	264 074	275 613	e
	39	59	273 258	283 725	
	41	60	282 600	292 046	
	43	61	292 098	300 576	
	45	62	301 754	309 316	
	47	63	311 566	318 265	
	49	64	321 536	327 423	
	51	65	331 662	336 791	
	53	66	341 946	346 368	
	55	67	352 386	356 154	
	57	68	362 984	366 150	
	59	69	373 738	376 355	
	61	70	384 650	386 769	
	63	71	395 718	397 393	
	65	72	406 944	408 226	
	67	73	418 326	419 268	
	69	74	429 866	430 520	
	71	75	441 562	441 981	
	73	76	453 416	453 651	
	75	77	465 426	465 531	
	77	78	477 594	477 620	
	79	79	489 918	489 918	Cylindre.

$$D = 0^m.80$$

DIAMÈTRE à la base ou **D.**	DIAMÈTRE au sommet ou **d.**	DIAMÈTRE moyen ou $\frac{D+d}{2}$.	VOLUME CYLINDRIQUE. Cubage approxim. ou **CA.**	VOLUME TRONCONIQUE. Cubage vrai ou **CV.**	CA=CV *pour le cône et pour le cylindre.*
0.80	0.00	»	0 167 466	0.167 466	Cône.
	02	0.41	131 958	171 758	
	04	42	138 474	176 258	
	06	43	145 146	180 968	
	08	44	151 976	185 888	
	10	45	158 962	191 016	
	12	46	166 106	196 354	
	14	47	173 406	201 902	
	16	48	180 864	207 658	
	18	49	188 478	213 624	
	20	50	196 250	219 800	
	22	51	204 178	226 184	
	24	52	212 264	232 778	
	26	53	220 506	239 582	
	28	54	228 906	246 594	
	30	55	237 462	253 816	
	32	56	246 176	261 248	
	34	57	255 046	268 888	
	36	58	264 074	276 738	

(Pour 1 m. de hauteur.)

DIAMÈTRE à la base ou **D.**	DIAMÈTRE au sommet ou **d.**	DIAMÈTRE moyen ou $\frac{D + d}{2}$.	VOLUME CYLINDRIQUE. Cubage approxim. ou **CA.**	VOLUME TRONCONIQUE. Cubage vrai ou **CV.**	CA = CV *pour le cône et pour le cylindre.*
m.	m.	m.	m. c.	m. c.	
0,80	0.38	0.59	0.273 258	0.284 798	
	40	60	282 600	293 066	
	42	61	292 098	301 544	
	44	62	301 754	310 232	
	46	63	311 566	319 128	
	48	64	321 536	328 234	
	50	65	331 662	337 550	
	52	66	341 946	347 074	
	54	67	352 386	356 808	
	56	68	362 984	366 752	
	58	69	373 738	376 904	
	60	70	384 650	387 266	
	62	71	395 718	397 838	
	64	72	406 944	408 618	
	66	73	418 326	419 608	
	68	74	429 866	430 808	
	70	75	441 562	442 216	
	72	76	453 416	453 834	
	74	77	465 426	465 662	
	76	78	477 594	477 698	
	78	79	489 918	489 944	
	80	80	502 400	502 400	Cylindre

D = 0^m.81

DIAMÈTRE à la base ou **D.**	DIAMÈTRE au sommet ou **d.**	DIAMÈTRE moyen ou $\frac{D + d}{2}$.	VOLUME CYLINDRIQUE. Cubage approxim. ou **CA.**	VOLUME TRONCONIQUE. Cubage vrai ou **CV.**	CA = CV *pour le cône et pour le cylindre.*
0,81	0.00	»	0.171 679	0.171 679	Cône.
	01	0.41	131 958	173 825	
	03	42	138 474	178 273	
	05	43	145 146	182 931	
	07	44	151 976	187 798	
	09	45	158 962	192 874	
	11	46	166 106	198 160	
	13	47	173 406	203 655	
	15	48	180 864	209 359	
	17	49	188 478	215 273	
	19	50	196 250	221 396	
	21	51	204 178	227 728	
	23	52	212 264	234 270	
	25	53	220 506	241 021	
	27	54	228 906	247 981	
	29	55	237 462	255 151	
	31	56	246 176	262 530	
	33	57	255 046	270 118	
	35	58	264 074	277 916	
	37	59	273 258	285 923	
	39	60	282 600	294 139	
	41	61	292 098	302 505	
	43	62	301 754	314 200	
	45	63	311 566	320 044	
	47	64	321 536	329 098	
	49	65	331 662	338 361	
	51	66	341 946	347 833	
	53	67	352 386	357 515	
	55	68	362 984	367 406	
	57	69	373 738	377 506	
	59	70	384 650	387 816	
	61	71	395 718	398 335	
	63	72	406 944	409 063	
	65	73	418 326	420 001	

TABLE FONDAMENTALE

(Pour 1 m. de hauteur.)

DIAMÈTRE à la base ou **D.**	DIAMÈTRE au sommet ou **d.**	DIAMÈTRE moyen ou $\frac{D+d}{2}$.	VOLUME CYLINDRIQUE. Cubage approxim. ou **CA.**	VOLUME TRONCONIQUE. Cubage vrai ou **CV.**	**CA = CV** pour le cône et pour le cylindre.
m. 0.81	m. 0.67	m. 0.74	m.c. 0 429 866	m.c. 0.431 148	
	69	75	441 562	442 504	
	71	76	453 416	454 070	
	73	77	465 426	465 845	
	75	78	477 594	477 829	
	77	79	489 918	490 023	
	79	80	502 400	502 426	
	81	81	515 038	515 038	Cylindre.

$D = 0^m.82$

0.82	0.00	»	0.175 944	0.175 944	Cône.
	02	0.42	138 474	180 340	
	04	43	145 146	184 946	
	06	44	151 976	189 760	
	08	45	158 962	194 784	
	10	46	166 106	200 018	
	12	47	173 406	205 460	
	14	48	180 864	211 112	
	16	49	188 478	216 974	
	18	50	196 250	223 044	
	20	51	204 178	229 324	
	22	52	212 264	235 814	
	24	53	220 506	242 512	
	26	54	228 906	249 420	
	28	55	237 462	256 538	
	30	56	246 176	263 864	
	32	57	255 046	271 400	
	34	58	264 074	279 146	
	36	59	273 258	287 100	
	38	60	282 600	295 264	
	40	61	292 098	303 638	
	42	62	301 754	312 220	
	44	63	311 566	321 012	
	46	64	321 536	330 014	
	48	65	331 662	339 224	
	50	66	341 946	348 644	
	52	67	352 386	358 274	
	54	68	362 984	368 112	
	56	69	373 738	378 160	
	58	70	384 650	388 418	
	60	71	395 718	398 884	
	62	72	406 944	409 560	
	64	73	418 326	420 446	
	66	74	429 866	431 540	
	68	75	441 562	442 844	
	70	76	453 416	454 358	
	72	77	465 426	466 080	
	74	78	477 594	478 012	
	76	79	489 918	490 154	
	78	80	502 400	502 504	
	80	81	515 038	515 064	
	82	82	527 834	527 834	Cylindre.

$D = 0^m.83$

0.83	0.00	»	0.180 262	0.180 262	Cône.
	01	0.42	138 474	182 460	
	03	43	145 146	187 013	

(Pour 1 m. de hauteur.)

DIAMÈTRE à la base ou D.	DIAMÈTRE au sommet ou d.	DIAMÈTRE moyen ou $\frac{D+d}{2}$.	VOLUME CYLINDRIQUE. Cubage approxim. ou CA.	VOLUME TRONCONIQUE. Cubage vrai ou GV.	CA = CV pour le cône et pour le cylindre.
m.	m.	m.	m.c.	m.c.	
0.83	05	44	0.151 976	0.191 775	
	07	45	158 962	196 747	
	09	46	166 106	201 928	
	11	47	173 406	207 318	
	13	48	180 864	212 918	
	15	49	188 478	218 727	
	17	50	196 250	224 745	
	19	51	204 178	230 973	
	21	52	212 264	237 410	
	23	53	220 506	244 056	
	25	54	228 906	250 912	
	27	55	237 462	257 977	
	29	56	246 176	265 251	
	31	57	255 046	272 735	
	33	58	264 074	280 428	
	35	59	273 258	288 330	
	37	60	282 600	296 442	
	39	61	292 098	304 763	
	41	62	301 754	313 293	
	43	63	311 566	322 033	
	45	64	321 536	330 982	
	47	65	331 662	340 140	
	49	66	341 946	349 508	
	51	67	352 386	359 085	
	53	68	362 984	368 871	
	55	69	373 738	378 867	
	57	70	384 650	389 072	
	59	71	395 718	399 486	
	61	72	406 944	410 110	
	63	73	418 326	420 943	
	65	74	429 866	431 985	
	67	75	441 562	443 237	
	69	76	453 416	454 698	
	71	77	465 426	466 368	
	73	78	477 594	478 243	
	75	79	489 918	490 337	
	77	80	502 400	502 635	
	79	81	515 038	515 143	
	81	82	527 834	527 860	
	83	83	540 786	540 786	Cylindre.

D = 0ᵐ.84

0.84	0.00	»	0.184 632	0.184 632	Cône.
	02	0.43	145 146	189 132	
	04	44	151 976	193 842	
	06	45	158 962	198 702	
	08	46	166 106	203 890	
	10	47	173 406	209 228	
	12	48	180 864	214 776	
	14	49	188 478	220 532	
	16	50	196 250	226 498	
	18	51	204 178	232 674	
	20	52	212 264	239 058	
	22	53	220 506	245 652	
	24	54	228 906	252 456	
	26	55	237 462	259 468	
	28	56	246 176	266 690	
	30	57	255 046	274 122	

TABLE FONDAMENTALE

(Pour 1 m. de hauteur.)

DIAMÈTRE à la base ou **D.**	DIAMÈTRE au sommét ou **d.**	DIAMÈTRE moyen ou $\frac{D+d}{2}$.	VOLUME CYLINDRIQUE. Cubage approxim. ou **CA.**	VOLUME TRONCONIQUE. Cubage vrai ou **CV.**	CA = CV pour le cône et pour le cylindre.
m. 0.84	m. 0.32	m. 0.58	m.c. 0.264 074	m.c. 0.281 762	
	34	59	273 258	289 612	
	36	60	282 600	297 672	
	38	61	292 098	305 940	
	40	62	301 754	314 418	
	42	63	311 566	323 106	
	44	64	321 536	332 002	
	46	65	331 662	341 108	
	48	66	341 946	350 424	
	50	67	352 386	359 948	
	52	68	362 984	369 682	
	54	69	373 738	379 626	
	56	70	384 650	389 778	
	58	71	395 718	400 140	
	60	72	406 944	410 712	
	62	73	418 326	421 492	
	64	74	429 866	432 482	
	66	75	441 562	443 682	
	68	76	453 416	455 090	
	70	77	465 426	466 708	
	72	78	477 594	478 536	
	74	79	489 918	490 572	
	76	80	502 400	502 818	
	78	81	515 038	515 274	
	80	82	527 834	527 938	
	82	83	540 786	540 812	
	84	84	553 896	553 896	Cylindre.

$$D = 0^m.85$$

DIAMÈTRE à la base ou **D.**	DIAMÈTRE au sommét ou **d.**	DIAMÈTRE moyen ou $\frac{D+d}{2}$.	VOLUME CYLINDRIQUE. Cubage approxim. ou **CA.**	VOLUME TRONCONIQUE. Cubage vrai ou **CV.**	CA = CV pour le cône et pour le cylindre.
0.85	0,00	»	0.189 054	0.189 054	Cône.
	01	0.43	145 146	191 304	
	03	44	151 976	195 962	
	05	45	158 962	200 829	
	07	46	166 106	205 905	
	09	47	173 406	211 191	
	11	48	180 864	216 686	
	13	49	188 478	222 390	
	15	50	196 250	228 304	
	17	51	204 178	234 427	
	19	52	212 264	240 759	
	21	53	220 506	247 301	
	23	54	228 906	254 052	
	25	55	237 462	261 012	
	27	56	246 176	268 182	
	29	57	255 046	275 561	
	31	58	264 074	283 149	
	33	59	273 258	290 947	
	35	60	282 600	298 954	
	37	61	292 098	307 170	
	39	62	301 754	315 596	
	41	63	311 566	324 231	
	43	64	321 536	333 075	
	45	65	331 662	342 129	
	47	66	341 946	351 392	
	49	67	352 386	360 864	
	51	68	362 984	370 546	
	53	69	373 738	380 437	
	55	70	384 650	390 537	

(Pour 1 m. de hauteur.)

DIAMÈTRE à la base ou D.	DIAMÈTRE au sommet ou d.	DIAMÈTRE moyen ou $\frac{D+d}{2}$.	VOLUME CYLINDRIQUE. Cubage approxim. ou CA.	VOLUME TRONCONIQUE. Cubage vrai ou CV.	CA = CV pour le cône et pour le cylindre.
m.	m.	m.	m.c.	m.c.	
0.85	0.57	0.71	0.395 718	0.400 847	
	59	72	406 944	411 366	
	61	73	418 326	422 094	
	63	74	429 866	433 032	
	65	75	441 562	444 179	
	67	76	453 416	455 535	
	69	77	465 426	467 101	
	71	78	477 594	478 876	
	73	79	489 918	490 860	
	75	80	502 400	503 054	
	77	81	515 038	515 457	
	79	82	527 834	528 069	
	81	83	540 786	540 891	
	83	84	553 896	553 922	
	85	85	567 162	567 162	Cylindre.

$$\mathbf{D = 0^m.86}$$

DIAMÈTRE à la base ou D.	DIAMÈTRE au sommet ou d.	DIAMÈTRE moyen ou $\frac{D+d}{2}$.	VOLUME CYLINDRIQUE. Cubage approxim. ou CA.	VOLUME TRONCONIQUE. Cubage vrai ou CV.	CA = CV pour le cône et pour le cylindre.
0.86	0.00	»	0.193 528	0.193 528	Cône.
	02	0.44	151 976	198 134	
	04	45	158 962	202 948	
	06	46	166 106	207 972	
	08	47	173 406	213 206	
	10	48	180 864	218 648	
	12	49	188 478	224 300	
	14	50	196 250	230 162	
	16	51	204 178	236 232	
	18	52	212 264	242 512	
	20	53	220 506	249 002	
	22	54	228 906	255 700	
	24	55	237 462	262 608	
	26	56	246 176	269 726	
	28	57	255 046	277 052	
	30	58	264 074	284 588	
	32	59	273 258	292 334	
	34	60	282 600	300 288	
	36	61	292 098	308 452	
	38	62	301 754	316 826	
	40	63	311 566	325 408	
	42	64	321 536	334 200	
	44	65	331 662	343 202	
	46	66	341 946	352 412	
	48	67	352 386	361 832	
	50	68	362 984	371 462	
	52	69	373 738	381 300	
	54	70	384 650	391 348	
	56	71	395 718	401 606	
	58	72	406 944	412 072	
	60	73	418 326	422 748	
	62	74	429 866	433 634	
	64	75	441 562	444 728	
	66	76	453 416	456 032	
	68	77	465 426	467 546	
	70	78	477 594	479 268	
	72	79	489 918	491 200	
	74	80	502 400	503 342	
	76	81	515 038	515 692	
	78	82	527 834	528 252	
	80	83	540 786	541 022	

TABLE FONDAMENTALE

(Pour 1 m. de hauteur.)

DIAMÈTRE à la base ou D.	DIAMÈTRE au sommet ou d.	DIAMÈTRE moyen ou $\frac{D+d}{2}$.	VOLUME CYLINDRIQUE. Cubage approxim.f ou CA.	VOLUME TRONCONIQUE. Cubage usuel ou CV.	CA = CV pour le cône et pour le cylindre.
m.	m.	m.	m.c.	m.c.	
0.86	0.82	0.84	0.553 896	0.554 000	
	84	85	567 162	567 188	
	86	86	580 586	580 586	Cylindre.
D = 0m.87					
0.87	0.00	D	0.198 055	0.198 055	Cône.
	01	0.44	151 976	200 358	
	03	45	158 962	205 120	
	05	46	166 106	210 092	
	07	47	173 406	215 278	
	09	48	180 864	220 663	
	11	49	188 478	226 263	
	13	50	196 250	232 072	
	15	51	204 178	238 090	
	17	52	212 264	244 318	
	19	53	220 506	250 755	
	21	54	228 906	257 401	
	23	55	237 462	264 257	
	25	56	246 176	271 322	
	27	57	255 046	278 596	
	29	58	264 074	286 080	
	31	59	273 258	293 772	
	33	60	282 600	301 675	
	35	61	292 098	309 787	
	37	62	301 754	318 108	
	39	63	311 566	326 638	
	41	64	321 536	335 378	
	43	65	331 662	344 327	
	45	66	341 946	353 485	
	47	67	352 386	362 853	
	49	68	362 984	372 430	
	51	69	373 738	382 216	
	53	70	384 650	392 242	
	55	71	395 718	402 447	
	57	72	406 944	412 831	
	59	73	418 326	423 455	
	61	74	429 866	434 288	
	63	75	441 562	445 330	
	65	76	453 416	456 582	
	67	77	465 426	468 043	
	69	78	477 594	479 743	
	71	79	489 918	491 593	
	73	80	502 400	503 682	
	75	81	515 038	515 980	
	77	82	527 834	528 488	
	79	83	540 786	541 205	
	81	84	553 896	554 131	
	83	85	567 162	567 267	
	85	86	580 586	580 612	
	87	87	594 166	594 166	Cylindre.
D = 0m.88					
0.88	0.00	D	0.202 634	0.202 634	Cône.
	02	0.45	158 962	207 344	
	04	46	166 106	212 264	
	06	47	173 406	217 392	
	08	48	180 864	222 730	

(Pour 1 m. de hauteur.)

DIAMÈTRE à la base ou **D**.	DIAMÈTRE au sommet ou **d**.	DIAMÈTRE moyen ou $\dfrac{D+d}{2}$.	VOLUME CYLINDRIQUE. Cubage approxim ou CA.	VOLUME TRONCONIQUE. Cubage vrai ou CV.	CA = CV pour le cône et pour le cylindre.
m.	m.	m.	m.c.	m.c.	
0.88	0.40	0.49	0.188 478	0.228 278	
	12	50	196 250	234 034	
	14	51	204 178	240 000	
	16	52	212 264	246 176	
	18	53	220 506	252 560	
	20	54	228 906	259 154	
	22	55	237 462	265 958	
	24	56	246 176	272 970	
	26	57	255 046	280 192	
	28	58	264 074	287 624	
	30	59	273 258	295 264	
	32	60	282 600	303 114	
	34	61	292 098	311 174	
	36	62	301 754	319 442	
	38	63	311 566	327 920	
	40	64	321 536	336 608	
	42	65	331 662	345 504	
	44	66	341 946	354 610	
	46	67	352 386	363 926	
	48	68	362 984	373 450	
	50	69	373 738	383 184	
	52	70	384 650	393 128	
	54	71	395 718	403 280	
	56	72	406 944	413 642	
	58	73	418 326	424 214	
	60	74	429 866	434 994	
	62	75	441 562	445 984	
	64	76	453 416	457 184	
	66	77	465 426	468 592	
	68	78	477 594	480 210	
	70	79	489 918	492 038	
	72	80	502 400	504 074	
	74	81	515 038	516 320	
	76	82	527 834	528 776	
	78	83	540 786	541 440	
	80	84	553 896	554 314	
	82	85	567 162	567 398	
	84	86	580 586	580 690	
	86	87	594 166	594 192	
	88	88	607 904	607 904	Cylindre.

$$D = 0^m.89$$

DIAMÈTRE à la base ou **D**.	DIAMÈTRE au sommet ou **d**.	DIAMÈTRE moyen ou $\dfrac{D+d}{2}$.	VOLUME CYLINDRIQUE. Cubage approxim ou CA.	VOLUME TRONCONIQUE. Cubage vrai ou CV.	CA = CV pour le cône et pour le cylindre.
0.89	0.00	»	0.207 266	0.207 266	Cône.
	01	0.45	158 962	209 621	
	03	46	166 106	214 488	
	05	47	173 400	219 661	
	07	48	180 864	224 850	
	09	49	188 478	230 345	
	11	50	196 250	236 049	
	13	51	204 178	241 963	
	15	52	212 264	248 086	
	17	53	220 506	254 418	
	19	54	228 906	260 960	
	21	55	237 462	267 711	
	23	56	246 176	274 671	
	25	57	255 046	281 841	
	27	58	264 074	289 220	
	29	59	273 258	296 808	

TABLE FONDAMENTALE

(Pour 1 m. de hauteur.)

DIAMÈTRE à la base ou D.	DIAMÈTRE au sommet ou d.	DIAMÈTRE moyen ou $\frac{D+d}{2}$.	VOLUME CYLINDRIQUE. Cubage approxim. ou CA.	VOLUME TRONCONIQUE. Cubage vrai ou CV.	CA = CV pour le cône et pour le cylindre.
m.	m.	m.	m.c.	m.c.	
0.89	0.31	0.60	0.282 600	0.304 606	
	33	61	292 098	312 613	
	35	62	301 754	320 829	
	37	63	311 566	329 255	
	39	64	321 536	337 890	
	41	65	331 662	346 734	
	43	66	341 946	355 788	
	45	67	352 386	365 051	
	47	68	362 984	374 523	
	49	69	373 738	384 205	
	51	70	384 650	394 096	
	53	71	395 718	404 196	
	55	72	406 944	414 506	
	57	73	418 326	425 025	
	59	74	429 866	435 753	
	61	75	441 562	446 691	
	63	76	453 416	457 838	
	65	77	465 426	469 194	
	67	78	477 594	480 760	
	69	79	489 918	492 535	
	71	80	502 400	504 519	
	73	81	515 038	516 713	
	75	82	527 834	529 116	
	77	83	540 786	541 728	
	79	84	553 896	554 550	
	81	85	567 162	567 581	
	83	86	580 586	580 821	
	85	87	594 166	594 271	
	87	88	607 904	607 930	
	89	89	621 798	621 798	Cylindre.

$$D = 0^m.90$$

DIAMÈTRE à la base ou D.	DIAMÈTRE au sommet ou d.	DIAMÈTRE moyen ou $\frac{D+d}{2}$.	VOLUME CYLINDRIQUE. Cubage approxim. ou CA.	VOLUME TRONCONIQUE. Cubage vrai ou CV.	CA = CV pour le cône et pour le cylindre.
0.90	0.00	»	0.211 950	0.211 950	Cône.
	02	0.46	166 106	216 764	
	04	47	173 406	221 788	
	06	48	180 864	227 022	
	08	49	188 478	232 464	
	10	50	196 250	238 116	
	12	51	204 178	243 978	
	14	52	212 264	250 048	
	16	53	220 506	256 328	
	18	54	228 906	262 818	
	20	55	237 462	269 516	
	22	56	246 176	276 424	
	24	57	255 046	283 542	
	26	58	264 074	290 868	
	28	59	273 258	298 404	
	30	60	282 600	306 150	
	32	61	292 098	314 104	
	34	62	301 754	322 268	
	36	63	311 566	330 642	
	38	64	321 536	339 224	
	40	65	331 662	348 016	
	42	66	341 946	357 018	
	44	67	352 386	366 228	
	46	68	362 984	375 648	
	48	69	373 738	385 278	
	50	70	384 650	395 116	

(Pour 1 m. de hauteur.)

DIAMÈTRE à la base ou **D.**	DIAMÈTRE au sommet ou **d.**	DIAMÈTRE moyen ou $\frac{D + d}{2}$.	VOLUME CYLINDRIQUE. Cubage approxim. ou **CA.**	VOLUME TRONCONIQUE. Cubage vrai ou **CV.**	CA $=$ CV pour le cône et pour le cylindre.
m. 0.90	m. 0.52	m. 0.71	m.c. 0.395 718	m.c. 0.405 164	
	54	72	406 944	415 422	
	56	73	418 326	425 888	
	58	74	429 866	436 564	
	60	75	441 562	447 450	
	62	76	453 416	458 544	
	64	77	465 426	469 848	
	66	78	477 594	481 362	
	68	79	489 918	493 084	
	70	80	502 400	505 016	
	72	81	515 038	517 158	
	74	82	527 834	529 508	
	76	83	540 786	542 068	
	78	84	553 896	554 838	
	80	85	567 162	567 816	
	82	86	580 586	581 004	
	84	87	594 166	594 402	
	86	88	607 904	608 008	
	88	89	621 798	621 824	
	90	90	635 850	635 850	Cylindre.

D $=$ 0^m.91

DIAMÈTRE à la base ou **D.**	DIAMÈTRE au sommet ou **d.**	DIAMÈTRE moyen ou $\frac{D + d}{2}$.	VOLUME CYLINDRIQUE. Cubage approxim. ou **CA.**	VOLUME TRONCONIQUE. Cubage vrai ou **CV.**	CA $=$ CV pour le cône et pour le cylindre.
0.91	0.00	»	0.216 686	0.216 686	Cône.
	01	46	166 106	219 093	
	03	47	173 406	224 065	
	05	48	180 864	229 246	
	07	49	188 478	234 636	
	09	50	196 250	240 236	
	11	51	204 178	246 045	
	13	52	212 264	252 063	
	15	53	220 506	258 291	
	17	54	228 906	264 728	
	19	55	237 462	271 374	
	21	56	246 176	278 230	
	23	57	255 046	285 295	
	25	58	264 074	292 569	
	27	59	273 258	300 053	
	29	60	282 600	307 746	
	31	61	292 098	315 648	
	33	62	301 754	323 760	
	35	63	311 566	332 081	
	37	64	321 536	340 611	
	39	65	331 662	349 351	
	41	66	341 946	358 300	
	43	67	352 386	367 458	
	45	68	369 984	376 826	
	47	69	373 738	386 403	
	49	70	384 650	396 189	
	51	71	395 718	406 185	
	53	72	406 944	416 390	
	55	73	418 326	426 804	
	57	74	429 866	437 428	
	59	75	441 562	448 261	
	61	76	453 416	459 303	
	63	77	465 426	470 555	
	65	78	477 594	482 016	
	67	79	489 918	493 686	
	69	80	502 400	505 566	

TABLE FONDAMENTALE

(Pour 1 m. de hauteur.)

DIAMÈTRE à la base ou D.	DIAMÈTRE au sommet ou d.	DIAMÈTRE moyen ou $\frac{D+d}{2}$	VOLUME CYLINDRIQUE. Cubage approxim ou CA.	VOLUME TRONCONIQUE. Cubage vrai ou CV.	CA=CV pour le cône et pour le cylindre.
m.	m.	m.	m.c.	m.c.	
0.91	0.74	0.84	0.515 038	0.517 655	
	73	82	527 834	529 953	
	75	83	540 786	542 461	
	77	84	553 896	555 178	
	79	85	567 162	568 104	
	81	86	580 586	581 240	
	83	87	594 166	594 585	
	85	88	607 904	608 139	
	87	89	621 798	621 903	
	89	90	635 850	635 876	
	91	91	650 058	650 058	Cylindre.

$$D = 0^{m}.92$$

DIAMÈTRE à la base ou D.	DIAMÈTRE au sommet ou d.	DIAMÈTRE moyen ou $\frac{D+d}{2}$	VOLUME CYLINDRIQUE. Cubage approxim ou CA.	VOLUME TRONCONIQUE. Cubage vrai ou CV.	CA=CV pour le cône et pour le cylindre.
0.92	0.00	»	0.221 474	0.221 474	Cône.
	02	0.47	173 406	226 394	
	04	48	180 864	231 522	
	06	49	188 478	236 860	
	08	50	196 250	242 408	
	10	51	204 178	248 164	
	12	52	212 264	254 130	
	14	53	220 506	260 306	
	16	54	228 906	266 690	
	18	55	237 462	273 284	
	20	56	246 176	280 088	
	22	57	255 046	287 100	
	24	58	264 074	294 322	
	26	59	273 258	301 754	
	28	60	282 600	309 394	
	30	61	292 098	317 244	
	32	62	301 754	325 804	
	34	63	311 566	333 573	
	36	64	321 536	342 050	
	38	65	331 662	350 788	—
	40	66	341 946	359 684	
	42	67	352 386	368 740	
	44	68	362 984	378 056	
	46	69	373 738	387 580	
	48	70	384 650	397 314	
	50	71	395 718	407 258	
	52	72	406 944	417 410	
	54	73	418 326	427 772	
	56	74	429 866	438 344	
	58	75	441 562	449 124	
	60	76	453 416	460 114	
	62	77	465 426	471 314	
	64	78	477 594	482 722	
	66	79	489 918	494 340	
	68	80	502 400	506 168	
	70	81	515 038	516 204	
	72	82	527 834	530 450	
	74	83	540 786	542 906	
	76	84	553 896	555 570	
	78	85	567 162	568 444	
	80	86	580 586	581 528	
	82	87	594 166	594 820	
	84	88	607 904	608 322	
	86	89	621 798	622 034	
	88	90	635 850	635 954	

(Pour 1 m. de hauteur.)

DIAMÈTRE à la base ou **D**.	DIAMÈTRE au sommet ou **d**.	DIAMÈTRE moyen ou $\frac{D+d}{2}$.	VOLUME CYLINDRIQUE. Cubage approxim. ou CA.	VOLUME TRONCONIQUE. Cubage vrai ou CV.	CA = CV pour le cône et pour le cylindre.
m. 0.92	m. 0.90	m. 0.91	m.c. 0.650 058	m.c. 0.650 084	
	92	92	664 424	664 424	Cylindre.

D = 0^m.93

DIAMÈTRE à la base ou **D**.	DIAMÈTRE au sommet ou **d**.	DIAMÈTRE moyen ou $\frac{D+d}{2}$.	VOLUME CYLINDRIQUE. Cubage approxim. ou CA.	VOLUME TRONCONIQUE. Cubage vrai ou CV.	CA = CV pour le cône et pour le cylindre.
0.93	0.00	»	0.226 315	0.226 315	Cône.
	01	0.47	173 406	228 775	
	03	48	180 864	233 851	
	05	49	188 478	239 137	
	07	50	196 250	244 632	
	09	51	204 178	250 336	
	11	52	212 264	256 250	
	13	53	220 506	262 373	
	15	54	228 906	268 705	
	17	55	237 462	275 247	
	19	56	246 176	281 998	
	21	57	255 046	288 953	
	23	58	264 074	296 128	
	25	59	273 258	303 507	
	27	60	282 600	311 095	
	29	61	292 098	318 893	
	31	62	301 754	326 900	
	33	63	311 566	335 116	
	35	64	321 536	343 542	
	37	65	331 662	352 177	
	39	66	341 946	361 021	
	41	67	352 386	370 075	
	43	68	362 984	379 338	
	45	69	373 738	388 810	
	47	70	384 650	398 492	
	49	71	395 718	408 383	
	51	72	406 944	418 483	
	53	73	418 326	428 793	
	55	74	429 866	439 312	
	57	75	441 562	450 040	
	59	76	453 416	460 978	
	61	77	465 426	472 125	
	63	78	477 594	483 481	
	65	79	489 918	495 047	
	67	80	502 400	506 822	
	69	81	515 038	518 806	
	71	82	527 834	531 000	
	73	83	540 786	543 403	
	75	84	553 896	556 015	
	77	85	567 162	568 837	
	79	86	580 586	581 868	
	81	87	594 166	595 108	
	83	88	607 904	608 558	
	85	89	621 798	622 217	
	87	90	635 850	636 085	
	89	91	650 058	650 163	
	91	92	664 424	664 450	
	93	93	678 946	678 946	Cylindre.

D = 0^m.94

DIAMÈTRE à la base ou **D**.	DIAMÈTRE au sommet ou **d**.	DIAMÈTRE moyen ou $\frac{D+d}{2}$.	VOLUME CYLINDRIQUE. Cubage approxim. ou CA.	VOLUME TRONCONIQUE. Cubage vrai ou CV.	CA = CV pour le cône et pour le cylindre.
0.94	0.00	»	0.231 208	0.231 208	Cône.
	02	0.48	180 864	236 232	
	04	49	188 478	241 466	

TABLE FONDAMENTALE

(Pour 1 m. de hauteur.)

DIAMÈTRE à la base ou **D**.	DIAMÈTRE au sommet ou **d**.	DIAMÈTRE moyen ou $\frac{D+d}{2}$.	VOLUME CYLINDRIQUE. Cubage approxim. ou **CA**.	VOLUME TRONCONIQUE. Cubage vrai ou **GV**.	CA = GV pour le cône et pour le cylindre.
m. 0.94	m. 0.06	m .0.50	m.c. 0.196 250	m.c. 0.246 908	
	08	51	204 178	252 560	
	10	52	212 264	258 422	
	12	53	220 506	264 492	
	14	54	228 906	270 772	
	16	55	237 462	277 262	
	18	56	246 176	283 960	
	20	57	255 046	290 868	
	22	58	264 074	297 986	
	24	59	273 258	305 312	
	26	60	282 600	312 848	
	28	61	292 098	320 594	
	30	62	301 754	328 548	
	32	63	311 566	336 712	
	34	64	321 536	345 086	
	36	65	331 662	353 668	
	38	66	341 946	362 460	
	40	67	352 386	371 462	
	42	68	362 984	380 672	
	44	69	373 738	390 092	
	46	70	384 650	399 722	
	48	71	395 718	409 560	
	50	72	406 944	419 608	
	52	73	418 326	429 866	
	54	74	429 866	440 332	
	56	75	441 562	451 008	
	58	76	453 416	461 894	
	60	77	465 426	472 988	
	62	78	477 594	484 292	
	64	79	489 918	495 806	
	66	80	502 400	507 528	
	68	81	515 038	519 460	
	70	82	527 834	531 602	
	72	83	540 786	543 952	
	74	84	553 896	556 512	
	76	85	567 162	569 282	
	78	86	580 586	582 260	
	80	87	594 166	595 448	
	82	88	607 904	608 846	
	84	89	621 798	622 452	
	86	90	635 850	636 268	
	88	91	650 058	650 294	
	90	92	664 424	664 528	
	92	93	678 946	678 972	
	94	94	693 626	693 626	Cylindre.

$$D = 0^{m}.95$$

DIAMÈTRE à la base ou **D**.	DIAMÈTRE au sommet ou **d**.	DIAMÈTRE moyen ou $\frac{D+d}{2}$.	VOLUME CYLINDRIQUE. Cubage approxim. ou **CA**.	VOLUME TRONCONIQUE. Cubage vrai ou **GV**.	CA = GV pour le cône et pour le cylindre.
0.95	0.00	»	0.236 154	0.236 154	Cône.
	01	0.48	180 864	238 666	
	03	49	188 478	243 847	
	05	50	196 250	249 237	
	07	51	204 178	254 837	
	09	52	212 264	260 646	
	11	53	220 506	266 664	
	13	54	228 906	272 892	
	15	55	237 462	279 329	
	17	56	246 176	285 975	
	19	57	255 046	292 831	

(Pour 1 m. de hauteur.)

DIAMÈTRE à la base ou **D.**	DIAMÈTRE au sommet ou ***d***	DIAMÈTRE moyen ou $\dfrac{D+d}{2}$.	VOLUME CYLINDRIQUE. Cubage approxim. ou **CA.**	VOLUME TRONCONIQUE. Cubage vrai ou **CV.**	CA=GV *pour le cône et pour le cylindre.*
m.	m.	m.	m.c.	m.c.	
0.95	0.21	0.58	0.264 074	0.299 896	
	23	59	273 258	307 170	
	25	60	282 600	314 654	
	27	61	292 098	322 347	
	29	62	301 754	330 249	
	31	63	311 566	338 361	
	33	64	321 536	346 682	
	35	65	331 662	355 212	
	37	66	341 946	363 952	
	39	67	352 386	372 901	
	41	68	362 984	382 059	
	43	69	373 738	391 427	
	45	70	384 650	401 004	
	47	71	395 718	410 790	
	49	72	406 944	420 786	
	51	73	418 326	430 991	
	53	74	429 866	441 405	
	55	75	441 562	452 029	
	57	76	453 416	462 862	
	59	77	465 426	473 904	
	61	78	477 594	485 156	
	63	79	489 918	496 617	
	65	80	502 400	508 287	
	67	81	515 038	520 167	
	69	82	527 834	532 256	
	71	83	540 786	544 554	
	73	84	553 896	557 062	
	75	85	567 162	569 779	
	77	86	580 586	582 705	
	79	87	594 166	595 841	
	81	88	607 904	609 186	
	83	89	621 798	622 740	
	85	90	635 850	636 504	
	87	91	650 058	650 477	
	89	92	664 424	664 659	
	91	93	678 946	679 051	
	93	94	693 626	693 652	
	95	95	708 462	708 462	Cylindre.

$$D = 0^{\mathrm{m}}.96$$

DIAMÈTRE à la base ou **D.**	DIAMÈTRE au sommet ou ***d***	DIAMÈTRE moyen ou $\dfrac{D+d}{2}$.	VOLUME CYLINDRIQUE. Cubage approxim. ou **CA.**	VOLUME TRONCONIQUE. Cubage vrai ou **CV.**	CA=GV *pour le cône et pour le cylindre.*
0.96	0.00	»	0.241 152	0.241 152	Cône.
	02	0.49	188 478	246 280	
	04	50	196 250	251 618	
	06	51	204 178	257 166	
	08	52	212 264	262 922	
	10	53	220 506	268 888	
	12	54	228 906	275 064	
	14	55	237 462	281 448	
	16	56	246 176	288 042	
	18	57	255 046	294 846	
	20	58	264 074	301 858	
	22	59	273 258	309 080	
	24	60	282 600	316 512	
	26	61	292 098	324 152	
	28	62	301 754	332 002	
	30	63	311 566	340 062	
	32	64	321 536	348 330	
	34	65	331 662	356 808	

TABLE FONDAMENTALE

(Pour 1 m. de hauteur.)

DIAMÈTRE à la base ou **D.**	DIAMÈTRE au sommet ou **d.**	DIAMÈTRE moyen ou $\frac{D+d}{2}$.	VOLUME CYLINDRIQUE. Cubage approxim ou **CA.**	VOLUME TRONCONIQUE. Cubage vrai ou **CV.**	CA=CV pour le cône et pour le cylindre.
m.	m.	m.	m.c.	m.c.	
0.96	0.36	0.66	0.341 946	0.365 496	
	38	67	352 386	374 392	
	40	68	362 984	383 498	
	42	69	373 738	392 814	
	44	70	384 650	402 338	
	46	71	395 718	412 072	
	48	72	406 944	422 016	
	50	73	418 326	432 168	
	52	74	429 866	442 530	
	54	75	441 562	453 402	
	56	76	453 416	463 882	
	58	77	465 426	474 872	
	60	78	477 594	486 072	
	62	79	489 918	497 480	
	64	80	502 400	509 098	
	66	81	515 038	520 926	
	68	82	527 834	532 962	
	70	83	540 786	545 208	
	72	84	553 896	557 664	
	74	85	567 162	570 328	
	76	86	580 586	583 202	
	78	87	594 166	596 286	
	80	88	607 904	609 578	
	82	89	621 798	623 080	
	84	90	635 850	636 792	
	86	91	650 058	650 712	
	88	92	664 424	664 842	
	90	93	678 946	679 182	
	92	94	693 626	693 730	
	94	95	708 462	708 488	
	96	96	723 456	723 456	Cylindre.

D = 0ᵐ.97

DIAMÈTRE à la base ou **D.**	DIAMÈTRE au sommet ou **d.**	DIAMÈTRE moyen ou $\frac{D+d}{2}$.	VOLUME CYLINDRIQUE. Cubage approxim ou **CA.**	VOLUME TRONCONIQUE. Cubage vrai ou **CV.**	CA=CV pour le cône et pour le cylindre.
0.97	0.00	m.	0.246 202	0.246 202	Cône.
	01	0.49	188 478	248 766	
	03	50	196 250	254 052	
	05	51	204 178	259 547	
	07	52	212 264	265 251	
	09	53	220 506	271 165	
	11	54	228 906	277 288	
	13	55	237 462	283 620	
	15	56	246 176	290 162	
	17	57	255 046	296 913	
	19	58	264 074	303 873	
	21	59	273 258	311 043	
	23	60	282 600	318 422	
	25	61	292 098	326 010	
	27	62	301 754	333 808	
	29	63	311 566	341 815	
	31	64	321 536	350 021	
	33	65	331 662	358 457	
	35	66	341 946	357 092	
	37	67	352 386	375 936	
	39	68	362 984	384 990	
	41	69	373 738	394 253	
	43	70	384 650	403 725	
	45	71	395 718	413 407	
	47	72	406 944	423 298	

(Pour 1 m. de hauteur.)

DIAMÈTRE à la base ou **D**.	DIAMÈTRE au sommet ou **d**.	DIAMÈTRE moyen ou $\frac{D+d}{2}$.	VOLUME CYLINDRIQUE. Cubage approxim. ou **CA**.	VOLUME TRONCONIQUE. Cubage vrai ou **GV**.	**CA = GV** pour le cône et pour le cylindre.
m. 0.97	m. 0.49	m. 0.73	m.c. 0.418 326	m.c. 0.433 398	
	51	74	429 866	443 708	
	53	75	441 562	454 227	
	55	76	453 416	464 955	
	57	77	465 426	475 893	
	59	78	477 594	487 040	
	61	79	489 918	498 396	
	63	80	502 400	509 962	
	65	81	515 038	521 737	
	67	82	527 834	533 721	
	69	83	540 786	545 915	
	71	84	553 896	558 318	
	73	85	567 162	570 930	
	75	86	580 586	583 752	
	77	87	594 166	596 783	
	79	88	607 904	610 023	
	81	89	621 798	623 473	
	83	90	635 850	637 132	
	85	91	650 058	651 000	
	87	92	664 424	665 078	
	89	93	678 946	679 365	
	91	94	693 626	683 861	
	93	95	708 462	708 567	
	95	96	723 456	723 482	
	97	97	738 606	738 606	Cylindre.

$$D = 0^m.98$$

DIAMÈTRE à la base ou **D**.	DIAMÈTRE au sommet ou **d**.	DIAMÈTRE moyen ou $\frac{D+d}{2}$.	VOLUME CYLINDRIQUE. Cubage approxim. ou **CA**.	VOLUME TRONCONIQUE. Cubage vrai ou **GV**.	**CA = GV** pour le cône et pour le cylindre.
0.98	0.00	»	0.251 304	0.251 304	Cône.
	02	0.50	196 250	256 538	
	04	51	204 178	261 980	
	06	52	212 264	267 632	
	08	53	220 506	273 494	
	10	54	228 906	279 564	
	12	55	237 462	285 844	
	14	56	246 176	292 334	
	16	57	255 046	299 032	
	18	58	264 074	305 940	
	20	59	273 258	313 058	
	22	60	282 600	320 384	
	24	61	292 098	327 920	
	26	62	301 754	335 666	
	28	63	311 566	343 620	
	30	64	321 536	351 784	
	32	65	331 662	360 158	
	34	66	341 946	368 740	
	36	67	352 386	377 532	
	38	68	362 984	386 534	
	40	69	373 738	395 744	
	42	70	384 650	405 164	
	44	71	395 718	414 794	
	46	72	406 944	424 632	
	48	73	418 326	434 680	
	50	74	429 866	444 938	
	52	75	441 562	455 404	
	54	76	453 416	466 080	
	56	77	465 426	476 966	
	58	78	477 594	488 060	
	60	79	489 918	499 364	

TABLE FONDAMENTALE

(Pour 1 m. de hauteur.)

DIAMÈTRE à la base ou D.	DIAMÈTRE au sommet ou d.	DIAMÈTRE moyen ou $\frac{D+d}{2}$.	VOLUME CYLINDRIQUE. Cubage approxim. ou CA.	VOLUME TRONCONIQUE. Cubage vrai ou CV.	CA = CV pour le cône et pour le cylindre.
m.	m.	m.	m.c.	m.c.	
0.98	0.62	0.80	0.502 400	0.510 878	
	64	81	515 038	522 600	
	66	82	527 834	534 532	
	68	83	540 786	546 674	
	70	84	553 896	559 024	
	72	85	567 162	571 584	
	74	86	580 586	584 354	
	76	87	594 166	597 332	
	78	88	607 904	610 520	
	80	89	621 798	623 918	
	82	90	635 850	637 524	
	84	91	650 058	651 340	
	86	92	664 424	665 366	
	88	93	678 946	679 600	
	90	94	693 626	694 044	
	92	95	708 462	708 698	
	94	96	723 456	723 560	
	96	97	738 606	738 632	
	98	98	753 914	753 914	Cylindre.

$$D = 0^m.99$$

DIAMÈTRE à la base ou D.	DIAMÈTRE au sommet ou d.	DIAMÈTRE moyen ou $\frac{D+d}{2}$.	VOLUME CYLINDRIQUE. Cubage approxim. ou CA.	VOLUME TRONCONIQUE. Cubage vrai ou CV.	CA = CV pour le cône et pour le cylindre.
0.99	0.00	»	0.256 459	0.256 459	Cône.
	01	0.50	196 250	259 076	
	03	51	204 178	264 466	
	05	52	212 264	270 066	
	07	53	220 506	275 875	
	09	54	228 906	281 893	
	11	55	237 462	288 121	
	13	56	246 176	294 558	
	15	57	255 046	301 204	
	17	58	264 074	308 060	
	19	59	273 258	315 125	
	21	60	282 600	322 399	
	23	61	292 098	329 883	
	25	62	301 754	337 576	
	27	63	311 566	345 478	
	29	64	321 536	353 590	
	31	65	331 662	361 911	
	33	66	341 946	370 441	
	35	67	352 386	379 181	
	37	68	362 984	388 130	
	39	69	373 738	397 288	
	41	70	384 650	406 656	
	43	71	395 718	416 233	
	45	72	406 944	426 019	
	47	73	418 326	436 015	
	49	74	429 866	446 220	
	51	75	441 562	456 634	
	53	76	453 416	467 258	
	55	77	465 426	478 091	
	57	78	477 594	489 133	
	59	79	489 918	500 385	
	61	80	502 400	511 846	
	63	81	515 038	523 516	
	65	82	527 834	535 396	
	67	83	540 786	547 485	
	69	84	553 896	559 783	
	71	85	567 162	572 291	

(Pour 1 m. de hauteur.)

DIAMÈTRE à la base ou **D.**	DIAMÈTRE au sommet ou **d.**	DIAMÈTRE moyen ou $\dfrac{D+d}{2}$.	VOLUME CYLINDRIQUE. Cubage approxim. ou **CA.**	VOLUME TRONCONIQUE. Cubage vrai ou **CV.**	CA = CV pour le cône et pour le cylindre.
m.	m.	m.	m.c.	m.c.	
0.99	0.73	0.86	0.580 586	0.585 008	
	75	87	594 166	597 934	
	77	88	607 904	611 070	
	79	89	621 798	624 415	
	81	90	635 850	637 969	
	83	91	650 058	651 733	
	85	92	664 424	665 706	
	87	93	678 946	679 888	
	89	94	693 626	694 280	
	91	95	708 462	708 881	
	93	96	723 456	723 691	
	95	97	738 606	738 711	
	97	98	753 914	753 940	
	99	99	769 378	769 378	Cylindre.

$$D = 1^{m}.00$$

DIAMÈTRE à la base ou **D.**	DIAMÈTRE au sommet ou **d.**	DIAMÈTRE moyen ou $\dfrac{D+d}{2}$.	VOLUME CYLINDRIQUE. Cubage approxim. ou **CA.**	VOLUME TRONCONIQUE. Cubage vrai ou **CV.**	CA = CV pour le cône et pour le cylindre.
1.00	0 00	D	0.261 666	0.261 666	Cône.
	02	0.51	204 178	267 004	
	04	52	212 264	272 552	
	06	53	220 506	278 308	
	08	54	228 906	284 274	
	10	55	237 462	290 450	
	12	56	246 176	296 834	
	14	57	255 046	303 428	
	16	58	264 074	310 232	
	18	59	273 258	317 244	
	20	60	282 600	324 466	
	22	61	292 098	331 898	
	24	62	301 754	339 538	
	26	63	311 566	347 388	
	28	64	321 536	355 448	
	30	65	331 662	363 716	
	32	66	341 946	372 194	
	34	67	352 386	380 882	
	36	68	362 984	389 778	
	38	69	373 738	398 884	
	40	70	384 650	408 200	
	42	71	395 718	417 724	
	44	72	406 944	427 458	
	46	73	418 326	437 402	
	48	74	429 866	447 554	
	50	75	441 562	457 916	
	52	76	453 416	468 488	
	54	77	465 426	479 268	
	56	78	477 594	490 258	
	58	79	489 918	501 458	
	60	80	502 400	512 866	
	62	81	515 038	524 484	
	64	82	527 834	536 312	
	66	83	540 786	548 348	
	68	84	553 896	560 594	
	70	85	567 162	573 050	
	72	86	580 586	585 714	
	74	87	594 166	598 588	
	76	88	607 904	611 672	
	78	89	621 798	624 964	
	80	90	635 850	638 466	
	82	91	650 058	652 178	

TABLE FONDAMENTALE

(Pour 1 m. de hauteur.)

DIAMÈTRE à la base ou D.	DIAMÈTRE au sommet ou d.	DIAMÈTRE moyen ou $\frac{D+d}{2}$.	VOLUME CYLINDRIQUE. Cubage approxim. ou CA.	VOLUME TRONCONIQUE. Cubage vrai ou CV.	CA = CV pour le cône et pour le cylindre.
m.	m.	m.	m.c.	m.c.	
1.00	0.84	0.92	0.664 424	0.666 098	
	86	93	678 946	680 228	
	88	94	693 626	694 568	
	90	95	708 462	709 116	
	92	96	723 456	723 874	
	94	97	738 606	738 842	
	96	98	753 914	754 018	
	98	99	769 378	769 404	
	1.00	1.00	785 000	785 000	Cylindre.

$$D = 1^m.01$$

DIAMÈTRE à la base ou D.	DIAMÈTRE au sommet ou d.	DIAMÈTRE moyen ou $\frac{D+d}{2}$.	VOLUME CYLINDRIQUE. Cubage approxim. ou CA.	VOLUME TRONCONIQUE. Cubage vrai ou CV.	CA = CV pour le cône et pour le cylindre.
1.01	0.00	»	0.266 926	0.266 926	Cône.
	01	51	204 178	269 595	
	03	52	212 264	275 090	
	05	53	220 506	280 794	
	07	54	228 906	286 708	
	09	55	237 462	292 831	
	11	56	246 176	299 163	
	13	57	255 046	305 705	
	15	58	264 074	312 456	
	17	59	273 258	319 416	
	19	60	282 600	326 586	
	21	61	292 098	333 965	
	23	62	301 754	341 553	
	25	63	311 566	349 351	
	27	64	321 536	357 358	
	29	65	331 662	365 574	
	31	66	341 946	374 000	
	33	67	352 386	382 635	
	35	68	362 984	391 479	
	37	69	373 738	400 533	
	39	70	384 650	409 796	
	41	71	395 718	419 268	
	43	72	406 944	428 950	
	45	73	418 326	438 841	
	47	74	429 866	448 941	
	49	75	441 562	459 251	
	51	76	453 416	469 770	
	53	77	465 426	480 498	
	55	78	477 594	491 436	
	57	79	489 918	502 583	
	59	80	502 400	513 939	
	61	81	515 038	525 505	
	63	82	527 834	537 280	
	65	83	540 786	549 264	
	67	84	553 896	561 458	
	69	85	567 162	573 861	
	71	86	580 586	586 473	
	73	87	594 166	599 295	
	75	88	607 904	612 326	
	77	89	621 798	625 566	
	79	90	635 850	639 016	
	81	91	650 058	652 675	
	83	92	664 424	666 543	
	85	93	678 946	680 621	
	87	94	693 626	694 908	
	89	95	708 462	709 404	
	91	96	723 456	724 110	

(Pour 1 m. de hauteur.)

DIAMÈTRE à la base ou D.	DIAMÈTRE au sommet ou d.	DIAMÈTRE moyen ou $\frac{D+d}{2}$.	VOLUME CYLINDRIQUE. Cubage approxim. ou CA.	VOLUME TRONCONIQUE. Cubage vrai ou CV.	CA = CV pour le cône et pour le cylindre.
m.	m.	m.	m.c.	m.c.	
1.01	0.93	0.97	0.738 606	0.739 025	
	95	98	753 914	754 149	
	97	99	769 378	769 483	
	99	1.00	785 000	785 026	
	1.01	01	800 778	800 778	Cylindre.

$$D = 1^{m}.02$$

DIAMÈTRE à la base ou D.	DIAMÈTRE au sommet ou d.	DIAMÈTRE moyen ou $\frac{D+d}{2}$.	VOLUME CYLINDRIQUE. Cubage approxim. ou CA.	VOLUME TRONCONIQUE. Cubage vrai ou CV.	CA = CV pour le cône et pour le cylindre.
1.02	0.00	»	0.272 238	0.272 248	Cône.
	02	0.52	212 264	277 680	
	04	53	220 506	283 332	
	06	54	228 906	289 194	
	08	55	237 462	295 264	
	10	56	246 176	301 544	
	12	57	255 046	308 034	
	14	58	264 074	314 732	
	16	59	273 258	321 640	
	18	60	282 600	328 758	
	20	61	292 098	336 084	
	22	62	301 754	343 620	
	24	63	311 566	351 366	
	26	64	321 536	359 320	
	28	65	331 662	367 484	
	30	66	341 946	375 858	
	32	67	352 386	384 440	
	34	68	362 984	393 232	
	36	69	373 738	402 234	
	38	70	384 650	411 444	
	40	71	395 718	420 864	
	42	72	406 944	430 494	
	44	73	418 326	440 332	
	46	74	429 866	450 380	
	48	75	441 562	460 638	
	50	76	453 416	471 104	
	52	77	465 426	481 780	
	54	78	477 594	492 666	
	56	79	489 918	503 760	
	58	80	502 400	515 064	
	60	81	515 038	526 578	
	62	82	527 834	538 300	
	64	83	540 786	550 232	
	66	84	553 896	562 374	
	68	85	567 162	574 724	
	70	86	580 586	587 284	
	72	87	594 166	600 054	
	74	88	607 904	610 032	
	76	89	621 798	626 220	
	78	90	635 850	639 618	
	80	91	650 058	653 224	
	82	92	664 424	667 040	
	84	93	678 946	681 066	
	86	94	693 626	695 300	
	88	95	708 462	709 744	
	90	96	723 456	724 398	
	92	97	738 606	739 260	
	94	98	753 914	754 332	
	96	99	769 378	769 614	
	98	1.00	785 000	785 104	

TABLE FONDAMENTALE

(Pour 1 m. de hauteur.)

DIAMÈTRE à la base ou **D.**	DIAMÈTRE au sommet ou **d.**	DIAMÈTRE moyen ou $\dfrac{D+d}{2}$.	VOLUME CYLINDRIQUE. Cubage approxim. ou **CA.**	VOLUME TRONCONIQUE. Cubage vrai ou **CV.**	CA = CV pour le cône et pour le cylindre.
m. 1,02	m. 1.00	m. 1.01	m.c. 0.800 778	m.c. 0.800 804	
	02	02	816 714	816 714	Cylindre.

D = 1ᵐ.03

1.03	0,00	»	0.277 602	0.277 602	Cône.
	01	0.52	212 264	280 323	
	03	53	220 506	285 923	
	05	54	228 906	291 732	
	07	55	237 462	297 750	
	09	56	246 176	303 978	
	11	57	255 046	310 415	
	13	58	264 074	317 061	
	15	59	273 258	323 917	
	17	60	282 600	330 982	
	19	61	292 098	338 256	
	21	62	301 754	345 740	
	23	63	311 566	353 433	
	25	64	321 536	361 335	
	27	65	331 662	369 447	
	29	66	341 946	377 768	
	31	67	352 386	386 298	
	33	68	362 984	395 038	
	35	69	373 738	403 987	
	37	70	384 650	413 145	
	39	71	395 718	422 513	
	41	72	406 944	432 090	
	43	73	418 326	441 876	
	45	74	429 866	451 872	
	47	75	441 562	462 077	
	49	76	453 416	472 491	
	51	77	465 426	483 115	
	53	78	477 594	493 948	
	55	79	489 918	504 990	
	57	80	502 400	516 242	
	59	81	515 038	527 703	
	61	82»	527 834	539 373	
	63	83	540 786	551 253	
	65	84	553 896	563 342	
	67	85	567 162	575 640	
	69	86	580 586	588 148	
	71	87	594 166	600 865	
	73	88	607 904	613 791	
	75	89	621 798	626 927	
	77	90	635 850	640 272	
	79	91	650 058	653 826	
	81	92	664 424	667 590	
	83	93	678 946	681 563	
	85	94	693 626	695 745	
	87	95	708 462	710 137	
	89	96	723 456	724 738	
	91	97	738 606	739 548	
	93	98	753 914	754 568	
	95	99	769 378	769 797	
	97	1.00	785 000	785 235	
	99	01	800 778	800 883	
	1.01	02	816 714	816 740	
	03	03	832 806	832 806	Cylindre.

(Pour 1 m. de hauteur.)

DIAMÈTRE à la base ou D.	DIAMÈTRE au sommet ou d.	DIAMÈTRE moyen ou $\frac{D+d}{2}$.	VOLUME CYLINDRIQUE. Cubage approxim. ou CA.	VOLUME TRONCONIQUE. Cubage vrai ou CV.	CA = CV pour le cône et pour le cylindre.
			D = 1ᵐ.04		
m. 1.04	m. 0.00	m. D	m.c. 0.283 018	m.c. 0.283 018	Cône.
	02	0.53	220 506	283 566	
	04	54	228 906	294 322	
	06	55	237 462	300 288	
	08	56	246 176	306 464	
	10	57	255 046	312 848	
	12	58	264 074	319 442	
	14	59	273 258	326 246	
	16	60	282 600	333 258	
	18	61	292 098	340 480	
	20	62	301 754	347 912	
	22	63	311 566	355 552	
	24	64	321 536	363 402	
	26	65	331 662	371 462	
	28	66	341 946	379 730	
	30	67	352 386	388 208	
	32	68	362 984	396 896	
	34	69	373 738	405 792	
	36	70	384 650	411 898	
	38	71	395 718	424 214	
	40	72	406 944	433 738	
	42	73	418 326	443 472	
	44	74	429 866	453 416	
	46	75	441 562	463 568	
	48	76	453 416	473 930	
	50	77	465 426	484 502	
	52	78	477 594	495 282	
	54	79	489 918	506 272	
	56	80	502 400	517 472	
	58	81	515 038	528 880	
	60	82	527 834	540 498	
	62	83	540 786	552 326	
	64	84	553 896	564 362	
	66	85	567 162	576 608	
	68	86	580 586	589 064	
	70	87	594 166	601 728	
	72	88	607 904	614 602	
	74	89	621 798	627 686	
	76	90	635 850	640 978	
	78	91	650 058	654 480	
	80	92	664 424	668 192	
	82	93	678 946	682 112	
	84	94	693 626	696 242	
	86	95	708 462	710 582	
	88	96	723 456	725 130	
	90	97	738 606	739 888	
	92	98	753 914	754 856	
	94	99	769 378	770 032	
	96	1.00	785 000	785 418	
	98	01	800 778	801 014	
	1.00	02	816 714	816 818	
	02	03	832 806	832 832	
	04	04	849 056	849 056	Cylindre.

TABLE FONDAMENTALE

(Pour 1 m. de hauteur.)

$D = 1^m.05$

DIAMÈTRE à la base ou D.	DIAMÈTRE au sommet ou d.	DIAMÈTRE moyen ou $\frac{D+d}{2}$.	VOLUME CYLINDRIQUE. Cubage approxim. ou C	VOLUME TRONCONIQUE. Cubage vrai ou CV.	CA = CV pour le cône et pour le cylindre.
m.	m.	m.	m.c.	m.c.	
1.05	0.00	»	0.288 487	0.288 487	Cône.
	01	0.53	220 506	291 261	
	03	54	228 906	296 965	
	05	55	237 462	302 879	
	07	56	246 176	309 002	
	09	57	255 046	315 334	
	11	58	264 074	321 876	
	13	59	273 258	328 627	
	15	60	282 600	335 587	
	17	61	292 098	342 757	
	19	62	301 754	350 136	
	21	63	311 566	357 724	
	23	64	321 536	365 522	
	25	65	331 662	373 529	
	27	66	341 946	381 745	
	29	67	352 386	390 171	
	31	68	362 984	398 806	
	33	69	373 738	407 650	
	35	70	384 650	416 704	
	37	71	395 718	425 967	
	39	72	406 944	435 439	
	41	73	418 326	445 121	
	43	74	429 866	455 012	
	45	75	441 562	465 112	
	47	76	453 416	475 422	
	49	77	465 426	485 941	
	51	78	477 594	496 669	
	53	79	489 918	507 607	
	55	80	502 400	518 754	
	57	81	515 038	530 110	
	59	82	527 834	541 676	
	61	83	540 786	553 451	
	63	84	553 896	565 435	
	65	85	567 162	577 629	
	67	86	580 586	590 032	
	69	87	594 166	602 644	
	71	88	607 904	615 466	
	73	89	621 798	628 497	
	75	90	635 850	641 737	
	77	91	650 058	655 187	
	79	92	664 424	668 846	
	81	93	678 946	682 714	
	83	94	693 626	696 792	
	85	95	708 462	711 079	
	87	96	723 456	725 575	
	89	97	738 606	740 381	
	91	98	753 914	755 196	
	93	99	769 378	770 320	
	95	1.00	785 000	785 054	
	97	01	800 778	801 197	
	99	02	816 714	816 949	
	1.01	03	832 806	832 914	
	03	04	849 056	849 082	
	05	05	865 462	865 462	Cylindre.

(Pour 1 m. de hauteur.)

DIAMÈTRE à la base ou D.	DIAMÈTRE au sommet ou d.	DIAMÈTRE moyen ou $\dfrac{D+d}{2}$.	VOLUME CYLINDRIQUE. Cubage approxim. ou CA.	VOLUME TRONCONIQUE. Cubage vrai ou CV.	CA = CV pour le cône et pour le cylindre.
			$D = 1^{m}.06$		
m.	m.	m.	m. c.	m. c.	
1.06	0.00	"	0.294 008	0.294 008	Cône.
	.02	0.54	228 900	299.660	
	.04	55	237 462	305.522	
	.06	56	246 176	311.592	
	.08	57	255 046	317.872	
	.10	58	264 074	324 362	
	.12	59	273 258	331 060	
	.14	60	282 600	337.968	
	.16	61	292 098	345 086	
	.18	62	301 754	352.412	
	.20	63	311 566	359 948	
	.22	64	321 536	367 694	
	.24	65	331 662	375.648	
	.26	66	341 946	383 812	
	.28	67	352 386	392.186	
	.30	68	362 984	400 768	
	.32	69	373 738	409.560	
	.34	70	384 650	418.562	
	.36	71	395 718	427.772	
	.38	72	406 944	437.192	
	.40	73	418 326	446.822	
	.42	74	429 866	456.660	
	.44	75	441 562	466.708	
	.46	76	453 416	476 966	
	.48	77	465 426	487.432	
	.50	78	477 594	498.108	
	.52	79	489 918	508.994	
	.54	80	502 400	520 088	
	.56	81	515 038	531 392	
	.58	82	527 834	542.906	
	.60	83	540 786	554.628	
	.62	84	553 896	566.560	
	.64	85	567 162	578.702	
	.66	86	580 586	591.052	
	.68	87	594.166	603.612	
	.70	88	607 904	616.382	
	.72	89	621 798	629.360	
	.74	90	635 850	642.548	
	.76	91	650 058	655.946	
	.78	92	664 424	669.552	
	.80	93	678 946	683.368	
	.82	94	693 626	697.304	
	.84	95	708 462	711.628	
	.86	96	723 456	726.072	
	.88	97	738 606	740.726	
	.90	98	753 914	755.588	
	.92	99	769 378	770.660	
	.94	1.00	785 000	785.042	
	.96	01	800 778	801.432	
	.98	02	816 714	817.432	
	1.00	03	832 806	833.042	
	.02	04	849 056	849.160	
	.04	05	865 462	865.488	
	.06	06	882 026	882.026	Cylindre.

TABLE FONDAMENTALE

(Pour 1 m. de hauteur.)

DIAMÈTRE à la base ou **D.**	DIAMÈTRE au sommet ou **d.**	DIAMÈTRE moyen ou $\frac{D+d}{2}$.	VOLUME **CYLINDRIQUE.** Cubage approxim. ou **CA.**	VOLUME **TRONCONIQUE.** Cubage vrai ou **CV.**	CA = CV pour le cône et pour le cylindre.
			D = 1ᵐ.07		
m. 1.07	m. 0.00	m. »	m.c. 0.299 582	m.c. 0.299 582	Cône.
	01	0.54	228 906	302 408	
	03	55	237 462	308 217	
	05	56	246 176	314 235	
	07	57	255 046	320 463	
	09	58	264 074	326 900	
	11	59	273 258	333 546	
	13	60	282 600	340 402	
	15	61	292 098	347 467	
	17	62	301 754	354 741	
	19	63	311 566	362 225	
	21	64	321 536	369 918	
	23	65	331 662	377 820	
	25	66	341 946	385 932	
	27	67	352 386	394 253	
	29	68	362 984	402 783	
	31	69	373 738	411 523	
	33	70	384 650	420 472	
	35	71	395 718	429 630	
	37	72	406 944	438 998	
	39	73	418 326	448 575	
	41	74	429 866	458 361	
	43	75	441 562	468 357	
	45	76	453 416	478 562	
	47	77	465 426	488 976	
	49	78	477 594	499 600	
	51	79	489 918	510 433	
	53	80	502 400	521 475	
	55	81	515 038	532 727	
	57	82	527 834	544 188	
	59	83	540 786	555 858	
	61	84	553 896	567 738	
	63	85	567 162	579 827	
	65	86	580 586	592 125	
	67	87	594 166	604 633	
	69	88	607 904	617 350	
	71	89	621 798	630 276	
	73	90	635 850	643 412	
	75	91	650 058	656 757	
	77	92	664 424	670 311	
	79	93	678 946	684 075	
	81	94	693 626	698 048	
	83	95	708 462	712 230	
	85	96	723 456	726 622	
	87	97	738 606	741 223	
	89	98	753 914	756 033	
	91	99	769 378	771 053	
	93	1.00	785 000	786 282	
	95	01	800 778	801 720	
	97	02	816 714	817 368	
	99	03	832 806	833 225	
	1.01	04	849 056	849 291	
	03	05	865 462	865 567	
	05	06	882 026	882 052	
	07	07	898 746	898 746	Cylindre.

(Pour 1 m. de hauteur.)

DIAMÈTRE à la base ou D.	DIAMÈTRE au sommet ou d.	DIAMÈTRE moyen ou $\frac{D+d}{2}$.	VOLUME CYLINDRIQUE. Cubage approxim. ou CA.	VOLUME TRONCONIQUE. Cubage vrai ou CV.	CA = CV pour le cône et pour le cylindre.
			D = 1ᵐ.08		
m. 1.08	m. 0.00	m. »	m.c. 0.305 208	m.c. 0.305 208	Cône.
	02	0.55	237 462	310 964	
	04	56	246 176	316 930	
	06	57	255 046	323 106	
	08	58	264 074	329 490	
	10	59	273 258	336 084	
	12	60	282 600	342 888	
	14	61	292 098	349 900	
	16	62	301 754	357 122	
	18	63	311 566	364 554	
	20	64	321 536	372 194	
	22	65	331 662	380 044	
	24	66	341 946	388 104	
	26	67	352 386	396 372	
	28	68	362 984	404 850	
	30	69	373 738	413 538	
	32	70	384 650	422 434	
	34	71	395 718	431 540	
	36	72	406 944	440 856	
	38	73	418 326	450 380	
	40	74	429 866	460 114	
	42	75	441 562	470 058	
	44	76	453 416	480 210	
	46	77	465 426	490 572	
	48	78	477 594	501 144	
	50	79	489 918	511 924	
	52	80	502 400	522 914	
	54	81	515 088	534 114	
	56	82	527 834	545 522	
	58	83	540 786	557 140	
	60	84	553 896	568 968	
	62	85	567 162	581 004	
	64	86	580 586	593 250	
	66	87	594 166	605 706	
	68	88	607 904	618 370	
	70	89	621 798	631 244	
	72	90	635 850	644 328	
	74	91	650 058	657 620	
	76	92	664 424	671 122	
	78	93	678 946	684 834	
	80	94	693 626	698 754	
	82	95	708 462	712 884	
	84	96	723 456	727 224	
	86	97	738 606	741 772	
	88	98	753 914	756 530	
	90	99	769 378	771 498	
	92	1.00	785 000	786 674	
	94	01	800 778	802 060	
	96	02	816 714	817 656	
	98	03	832 806	833 460	
	1.00	04	849 056	849 474	
	02	05	865 462	865 698	
	04	06	882 026	882 130	
	06	07	898 746	898 772	
	08	08	915 624	915 624	Cylindre.

TABLE FONDAMENTALE

(Pour 1 m. de hauteur.)

DIAMÈTRE à la base ou D	DIAMÈTRE au sommet ou d	DIAMÈTRE moyen ou $\frac{D+d}{2}$	VOLUME CYLINDRIQUE. Cubage approxim. ou CA.	VOLUME TRONCONIQUE. Cubage vrai ou GV.	CA = GV pour le cône et pour le cylindre.
			D = 1ᵐ.09		
m.	m.	m.	m.c.	m.c.	
1.09	0.00	»	0.310 886	0.310 886	Cône.
	01	0.55	237 462	313 764	
	03	56	246 176	319 678	
	05	57	255 046	325 801	
	07	58	264 074	332 133	
	09	59	273 258	338 675	
	11	60	282 600	345 426	
	13	61	292 098	352 386	
	15	62	301 754	359 556	
	17	63	311 566	366 935	
	19	64	321 536	374 523	
	21	65	331 662	382 321	
	23	66	341 946	390 328	
	25	67	352 386	398 544	
	27	68	362 984	406 970	
	29	69	373 738	415 605	
	31	70	384 650	424 449	
	33	71	395 718	433 503	
	35	72	406 944	442 766	
	37	73	418 326	452 238	
	39	74	429 866	461 920	
	41	75	441 562	471 811	
	43	76	453 416	481 911	
	45	77	465 426	492 221	
	47	78	477 594	502 740	
	49	79	489 918	513 468	
	51	80	502 400	524 406	
	53	81	515 038	535 553	
	55	82	527 834	546 909	
	57	83	540 786	558 475	
	59	84	553 896	570 250	
	61	85	567 162	582 234	
	63	86	580 586	594 428	
	65	87	594 166	606 831	
	67	88	607 904	619 443	
	69	89	621 798	632 265	
	71	90	635 850	645 296	
	73	91	650 058	658 536	
	75	92	664 424	671 986	
	77	93	678 946	685 645	
	79	94	693 626	699 513	
	81	95	708 462	713 591	
	83	96	723 456	727 878	
	85	97	738 606	742 374	
	87	98	753 914	757 080	
	89	99	769 378	771 995	
	91	1.00	785 000	787 119	
	93	01	800 778	802 453	
	95	02	816 714	817 996	
	97	03	832 806	833 748	
	99	04	849 056	849 710	
	1.01	05	865 462	865 881	
	03	06	882 026	882 261	
	05	07	898 746	898 851	
	07	08	915 624	915 650	
	09	09	932 658	932 658	Cylindre.

(Pour 1 m. de hauteur.)

DIAMÈTRE à la base ou D.	DIAMÈTRE au sommet ou d.	DIAMÈTRE moyen ou $\frac{D+d}{2}$	VOLUME CYLINDRIQUE. Cubage approxim. ou CA.	VOLUME TRONCONIQUE. Cubage vrai ou CV.	CA = CV pour le cône et pour le cylindre.
				D = 1ᵐ.10	
m. 1.10	m. 0.00	m. »	m.c. 0.316 616	m.c. 0.316 616	Cône.
	02	0.56	246 176	322 478	
	04	57	255 046	328 548	
	06	58	264 074	334 828	
	08	59	273 258	341 318	
	10	60	282 600	348 016	
	12	61	292 098	354 924	
	14	62	301 754	362 042	
	16	63	311 566	369 368	
	18	64	321 536	376 904	
	20	65	331 662	384 650	
	22	66	341 946	392 604	
	24	67	352 386	400 768	
	26	68	362 984	409 142	
	28	69	373 738	417 724	
	30	70	384 650	426 516	
	32	71	395 718	435 518	
	34	72	406 944	444 728	
	36	73	418 326	454 148	
	38	74	429 866	463 778	
	40	75	441 562	473 616	
	42	76	453 416	483 664	
	44	77	465 426	493 922	
	46	78	477 594	504 388	
	48	79	489 918	515 064	
	50	80	502 400	525 950	
	52	81	515 038	537 044	
	54	82	527 834	548 348	
	56	83	540 786	559 862	
	58	84	553 896	571 584	
	60	85	567 162	583 516	
	62	86	580 586	595 658	
	64	87	594 166	608 008	
	66	88	607 904	620 568	
	68	89	621 798	633 338	
	70	90	635 850	646 316	
	72	91	650 058	659 504	
	74	92	664 424	672 902	
	76	93	678 946	686 508	
	78	94	693 626	700 324	
	80	95	708 462	714 350	
	82	96	723 456	728 584	
	84	97	738 606	743 028	
	86	98	753 014	757 602	
	88	99	769 378	772 544	
	90	1.00	785 000	787 616	
	92	01	800 778	802 898	
	94	02	816 714	818 388	
	96	03	832 806	834 088	
	98	04	849 056	849 998	
	1.00	05	865 462	866 116	
	02	06	882 026	882 444	
	04	07	898 746	898 982	
	06	08	915 624	915 728	
	08	09	932 658	932 684	
	10	10	949 850	949 850	Cylindre.

TABLE FONDAMENTALE

(Pour 1 m. de hauteur.)

DIAMÈTRE à la base ou D.	DIAMÈTRE au sommet ou d.	DIAMÈTRE moyen ou $\frac{D+d}{2}$.	VOLUME CYLINDRIQUE. Cubage approxim. ou CA.	VOLUME TRONCONIQUE. Cubage vrai ou CV.	CA = CV pour le cône et pour le cylindre.
			D = 1ᵐ.11		
m. 1.11	m. 0.00	m. »	m.c. 0.322 399	m.c. 0.322 399	Cône.
	01	0.56	246 176	325 330	
	03	57	255 046	331 348	
	05	58	264 074	337 576	
	07	59	273 258	344 013	
	09	60	282 600	350 659	
	11	61	292 098	357 515	
	13	62	301 754	364 580	
	15	63	311 566	371 854	
	17	64	321 536	379 338	
	19	65	331 662	387 031	
	21	66	341 946	394 933	
	23	67	352 386	403 045	
	25	68	362 984	411 366	
	27	69	373 738	419 896	
	29	70	384 650	428 636	
	31	71	395 718	437 585	
	33	72	406 944	446 743	
	35	73	418 326	456 111	
	37	74	429 866	465 688	
	39	75	441 562	475 474	
	41	76	453 416	485 470	
	43	77	465 426	495 675	
	45	78	477 594	506 089	
	47	79	489 918	516 713	
	49	80	502 400	527 546	
	51	81	515 038	538 588	
	53	82	527 834	549 840	
	55	83	540 786	561 301	
	57	84	553 896	572 971	
	59	85	567 162	584 851	
	61	86	580 586	596 940	
	63	87	594 166	609 238	
	65	88	607 904	621 746	
	67	89	621 798	634 463	
	69	90	635 850	647 389	
	71	91	650 058	660 525	
	73	92	664 424	673 870	
	75	93	678 946	687 424	
	77	94	693 626	701 188	
	79	95	708 462	715 161	
	81	96	723 456	729 343	
	83	97	738 606	743 735	
	85	98	753 914	758 336	
	87	99	769 378	773 146	
	89	1.00	785 000	788 166	
	91	01	800 778	803 395	
	93	02	816 714	818 833	
	95	03	832 806	834 481	
	97	04	849 056	850 338	
	99	05	865 462	866 404	
	1.01	06	882 026	882 680	
	03	07	898 746	899 165	
	05	08	915 624	915 859	
	07	09	932 658	932 763	

(Pour 1 m. de hauteur.)

DIAMÈTRE à la base ou **D.**	DIAMÈTRE au sommet ou **d.**	DIAMÈTRE moyen ou $\frac{D+d}{2}$.	VOLUME CYLINDRIQUE. Cubage approxim. ou **CA.**	VOLUME TRONCONIQUE. Cubage vrai ou **CV.**	CA = CV pour le cône et pour le cylindre.
m. 1.11	m. 1.09 11	m. 1.10 11	m.c. 0.949 854 967 198	m.c. 0.949 876 967 198	Cylindre.

D = 1^m.12

DIAMÈTRE à la base ou **D.**	DIAMÈTRE au sommet ou **d.**	DIAMÈTRE moyen ou $\frac{D+d}{2}$.	VOLUME CYLINDRIQUE. Cubage approxim. ou **CA.**	VOLUME TRONCONIQUE. Cubage vrai ou **CV.**	CA = CV pour le cône et pour le cylindre.
1.12	0.00	»	0.328 234	0.328 234	Cône.
	02	0.57	255 046	334 200	
	04	58	264 074	340 376	
	06	59	273 258	346 760	
	08	60	282 600	353 354	
	10	61	292 098	360 158	
	12	62	301 754	367 170	
	14	63	311 566	374 392	
	16	64	321 536	381 824	
	18	65	331 662	389 464	
	20	66	341 946	397 314	
	22	67	352 386	405 374	
	24	68	362 984	413 642	
	26	69	373 738	422 120	
	28	70	384 650	430 808	
	30	71	395 718	439 704	
	32	72	406 944	448 810	
	34	73	418 326	458 126	
	36	74	429 866	467 650	
	38	75	441 562	477 384	
	40	76	453 416	487 328	
	42	77	465 426	497 480	
	44	78	477 594	507 812	
	46	79	489 918	518 414	
	48	80	502 400	529 194	
	50	81	515 038	540 184	
	52	82	527 834	551 384	
	54	83	540 786	562 792	
	56	84	553 896	574 410	
	58	85	567 162	586 238	
	60	86	580 586	598 274	
	62	87	594 166	610 520	
	64	88	607 904	622 976	
	66	89	621 798	635 640	
	68	90	635 850	648 514	
	70	91	650 058	661 598	
	72	92	664 424	674 890	
	74	93	678 946	688 392	
	76	94	693 626	702 104	
	78	95	708 462	716 024	
	80	96	723 456	730 154	
	82	97	738 606	744 494	
	84	98	753 914	759 042	
	86	99	769 378	773 800	
	88	1.00	785 000	788 768	
	90	01	800 778	803 944	
	92	02	816 714	819 330	
	94	03	832 806	834 926	
	96	04	849 056	850 730	
	98	05	865 462	866 744	
	1.00	06	882 026	882 968	
	02	07	898 746	899 400	
	04	08	915 624	916 042	
	06	09	932 658	932 894	

TABLE FONDAMENTALE

(Pour 1 m. de hauteur.)

DIAMÈTRE à la base ou **D**	DIAMÈTRE au sommet ou **d**	DIAMÈTRE moyen ou $\frac{D+d}{2}$	VOLUME CYLINDRIQUE. Cubage approxim. ou **CA.**	VOLUME TRONCONIQUE. Cubage vrai ou **CV.**	CA = CV pour le cône et pour le cylindre.
m.	m.	m.	m.c.	m.c.	
1.12	1.08	1.10	0.949 850	0.949 954	
	10	11	967 198	967 224	
	12	12	984 704	984 704	Cylindre.
D = 1ᵐ.13					
1.13	0.00	»	0.334 122	0.334 122	Cône.
	01	0.57	255 046	337 105	
	03	58	264 074	343 228	
	05	59	273 258	349 560	
	07	60	282 600	356 102	
	09	61	292 098	362 853	
	11	62	301 754	369 813	
	13	63	311 566	376 988	
	15	64	321 536	384 362	
	17	65	331 662	391 950	
	19	66	341 946	399 748	
	21	67	352 386	407 755	
	23	68	362 984	415 974	
	25	69	373 738	424 397	
	27	70	384 650	433 032	
	29	71	395 718	441 870	
	31	72	406 944	450 930	
	33	73	418 326	460 193	
	35	74	429 866	469 665	
	37	75	441 562	479 347	
	39	76	453 416	489 238	
	41	77	465 426	499 338	
	43	78	477 594	509 648	
	45	79	489 918	520 167	
	47	80	502 400	530 895	
	49	81	515 038	541 833	
	51	82	527 834	552 980	
	53	83	540 786	564 336	
	55	84	553 896	575 902	
	57	85	567 162	587 677	
	59	86	580 586	599 661	
	61	87	594 166	611 855	
	63	88	607 904	624 258	
	65	89	621 798	636 870	
	67	90	635 850	649 692	
	69	91	650 058	662 723	
	71	92	664 424	675 963	
	73	93	678 946	689 413	
	75	94	693 626	703 072	
	77	95	708 462	716 940	
	79	96	723 456	731 018	
	81	97	738 606	745 305	
	83	98	753 914	759 801	
	85	99	769 378	774 507	
	87	1.00	785 000	789 422	
	89	01	800 778	804 546	
	91	02	816 714	819 880	
	93	03	832 806	835 423	
	95	04	849 056	851 175	
	97	05	865 462	867 137	
	99	06	882 026	883 308	
	1.01	07	898 746	899 688	
	03	08	915 624	916 278	

(Pour 1 m. de hauteur.)

DIAMÈTRE à la base ou D.	DIAMÈTRE au sommet ou d.	DIAMÈTRE moyen ou $\frac{D+d}{2}$.	VOLUME CYLINDRIQUE. Cubage approxim. ou CA.	VOLUME TRONCONIQUE. Cubage vrai ou CV.	CA = CV pour le cône et pour le cylindre.
m.	m.	m.	m.c.	m.c.	
1.13	1.05	1.09	0.932 058	0.933 077	
	07	10	949 850	950 085	
	09	11	967 198	967 303	
	11	12	984 704	984 730	
	13	13	1.002 366	1.002 366	Cylindre.

$$D = 1^{m}.14$$

DIAMÈTRE à la base ou D.	DIAMÈTRE au sommet ou d.	DIAMÈTRE moyen ou $\frac{D+d}{2}$.	VOLUME CYLINDRIQUE. Cubage approxim. ou CA.	VOLUME TRONCONIQUE. Cubage vrai ou CV.	CA = CV pour le cône et pour le cylindre.
1.14	0.00	»	0.340 062	0.340 062	Cône.
	02	58	264 074	346 132	
	04	59	273 258	352 412	
	06	60	282 600	358 902	
	08	61	292 098	365 600	
	10	62	301 754	372 508	
	12	63	311 566	379 626	
	14	64	321 536	386 952	
	16	65	331 662	394 488	
	18	66	341 946	402 234	
	20	67	352 386	410 188	
	22	68	362 984	418 352	
	24	69	373 738	426 726	
	26	70	384 650	435 308	
	28	71	395 718	444 100	
	30	72	406 944	453 102	
	32	73	418 326	462 312	
	34	74	429 866	471 732	
	36	75	441 562	481 362	
	38	76	453 416	491 200	
	40	77	465 426	501 248	
	42	78	477 594	511 506	
	44	79	489 918	521 972	
	46	80	502 400	532 648	
	48	81	515 038	543 534	
	50	82	527 834	554 628	
	52	83	540 786	565 932	
	54	84	553 896	577 446	
	56	85	567 162	589 168	
	58	86	580 586	601 100	
	60	87	594 166	613 242	
	62	88	607 904	625 592	
	64	89	621 798	638 152	
	66	90	635 850	650 922	
	68	91	650 058	663 900	
	70	92	664 424	677 088	
	72	93	678 946	690 486	
	74	94	693 626	704 092	
	76	95	708 462	717 908	
	78	96	723 456	731 934	
	80	97	738 606	746 168	
	82	98	753 914	760 612	
	84	99	769 378	775 266	
	86	1.00	785 000	790 128	
	88	01	800 778	805 200	
	90	02	816 714	820 482	
	92	03	832 806	835 972	
	94	04	849 056	851 672	
	96	05	865 462	867 582	
	98	06	882 026	883 700	
	1.00	07	898 746	900 028	

TABLE FONDAMENTALE

(Pour 1 m. de hauteur.)

DIAMÈTRE à la base ou D.	DIAMÈTRE au sommet ou d.	DIAMÈTRE moyen ou $\frac{D+d}{2}$.	VOLUME CYLINDRIQUE. Cubage approxim ou CA.	VOLUME TRONCONIQUE. Cubage vrai ou CV.	CA=CV pour le cône et pour le cylindre.
m.	m.	m.	m.c.	m.c.	
1.14	1.02	1.08	0.915 624	0.916 566	
	04	09	932 658	933 312	
	06	10	949 850	950 268	
	08	11	967 198	967 434	
	10	12	984 704	984 808	
	12	13	1.002 366	1.002 392	
	14	14	020 186	020 186	Cylindre.

D = 1ᵐ.15

DIAMÈTRE à la base ou D.	DIAMÈTRE au sommet ou d.	DIAMÈTRE moyen ou $\frac{D+d}{2}$.	VOLUME CYLINDRIQUE. Cubage approxim ou CA.	VOLUME TRONCONIQUE. Cubage vrai ou CV.	CA=CV pour le cône et pour le cylindre.
1.15	0.00	o	0.346 054	0.346 054	Cône.
	01	0.58	264 074	349 089	
	03	59	273 258	355 317	
	05	60	282 600	361 754	
	07	61	292 098	368 400	
	09	62	301 754	375 256	
	11	63	311 566	382 321	
	13	64	321 536	389 595	
	15	65	331 662	397 079	
	17	66	341 946	404 772	
	19	67	352 386	412 674	
	21	68	362 984	420 786	
	23	69	373 738	429 107	
	25	70	384 650	437 637	
	27	71	395 718	446 377	
	29	72	406 914	455 326	
	31	73	418 326	464 484	
	33	74	429 866	473 852	
	35	75	441 562	483 429	
	37	76	453 416	493 215	
	39	77	465 426	503 211	
	41	78	477 594	513 416	
	43	79	489 918	523 830	
	45	80	502 400	534 454	
	47	81	515 038	545 287	
	49	82	527 834	556 329	
	51	83	540 786	567 581	
	53	84	553 896	579 042	
	55	85	567 162	590 712	
	57	86	580 586	602 592	
	59	87	594 166	614 681	
	61	88	607 904	626 979	
	63	89	621 798	639 487	
	65	90	635 850	652 204	
	67	91	650 058	665 130	
	69	92	664 424	678 266	
	71	93	678 946	691 611	
	73	94	693 626	705 165	
	75	95	708 462	718 929	
	77	96	723 456	732 902	
	79	97	738 606	747 084	
	81	98	753 914	761 476	
	83	99	769 378	776 077	
	85	1.00	785 000	790 887	
	87	01	800 778	805 907	
	89	02	816 714	821 136	
	91	03	832 806	836 574	
	93	04	849 056	852 222	
	95	05	865 462	868 079	

(Pour 1 m. de hauteur.)

DIAMÈTRE à la base ou D.	DIAMÈTRE au sommet ou d.	DIAMÈTRE moyen ou $\frac{D+d}{2}$.	VOLUME CYLINDRIQUE. Cubage approxim. ou CA.	VOLUME TRONCONIQUE. Cubage vrai ou CV.	CA = CV pour le cône et pour le cylindre.
m. 1.15	m. 0,97	m. 1.06	m.c. 0.882 026	m.c. 0.884 145	
	99	07	898 746	900 421	
	1.01	08	915 624	916 906	
	03	09	932 658	933 600	
	05	10	949 850	950 504	
	07	11	967 198	967 617	
	09	12	984 704	984 939	
	11	13	1.002 366	1.002 471	
	13	14	020 186	020 212	
	15	15	038 162	038 162	Cylindre.

$$D = 1^m.16$$

DIAMÈTRE à la base ou D.	DIAMÈTRE au sommet ou d.	DIAMÈTRE moyen ou $\frac{D+d}{2}$.	VOLUME CYLINDRIQUE. Cubage approxim. ou CA.	VOLUME TRONCONIQUE. Cubage vrai ou CV.	CA = CV pour le cône et pour le cylindre.
1.16	0.00	»	0.352 098	0.352 098	Cône.
	02	0.59	273 258	358 274	
	04	60	282 600	364 658	
	06	61	292 098	371 252	
	08	62	301 754	378 056	
	10	63	311 566	385 068	
	12	64	321 536	392 290	
	14	65	331 662	399 722	
	16	66	341 946	407 362	
	18	67	352 386	415 212	
	20	68	362 984	423 272	
	22	69	373 738	431 540	
	24	70	384 650	440 018	
	26	71	395 718	448 706	
	28	72	406 944	457 602	
	30	73	418 326	466 708	
	32	74	429 866	476 024	
	34	75	441 562	485 548	
	36	76	453 416	495 282	
	38	77	465 426	505 226	
	40	78	477 594	515 378	
	42	79	489 918	525 740	
	44	80	502 400	536 312	
	46	81	515 038	547 092	
	48	82	527 834	558 082	
	50	83	540 786	569 282	
	52	84	553 896	580 690	
	54	85	567 162	592 308	
	56	86	580 586	604 136	
	58	87	594 166	616 172	
	60	88	607 904	628 418	
	62	89	621 798	640 874	
	64	90	635 850	653 538	
	66	91	650 058	666 412	
	68	92	664 424	679 496	
	70	93	678 946	692 788	
	72	94	693 626	706 290	
	74	95	708 462	720 002	
	76	96	723 456	733 922	
	78	97	738 606	748 052	
	80	98	753 914	762 392	
	82	99	769 378	776 940	
	84	1.00	785 000	791 698	
	86	01	800 778	806 666	
	88	02	816 714	821 842	
	90	03	832 806	837 228	

TABLE FONDAMENTALE

(Pour 1 m. de hauteur.)

DIAMÈTRE à la base ou D.	DIAMÈTRE au sommet ou d.	DIAMÈTRE moyen ou $\frac{D+d}{2}$.	VOLUME CYLINDRIQUE. Cubage approxim. ou CA.	VOLUME TRONCONIQUE. Cubage vrai ou GV.	CA = GV pour le cône et pour le cylindre.
m.	m.	m.	m.c.	m.c.	
1.16	0.92	1.04	0.849 056	0.852 824	
	94	05	865 462	868 628	
	96	06	882 026	884 642	
	98	07	898 746	900 866	
	1.00	08	915 624	917 298	
	02	09	932 658	933 940	
	04	10	949 850	950 792	
	06	11	967 198	967 852	
	08	12	984 704	985 122	
	10	13	1.002 366	1.002 602	
	12	14	020 186	020 290	
	14	15	038 162	038 188	
	16	16	056 296	056 296	Cylindre.

D = 1^m.17

DIAMÈTRE à la base ou D.	DIAMÈTRE au sommet ou d.	DIAMÈTRE moyen ou $\frac{D+d}{2}$.	VOLUME CYLINDRIQUE. Cubage approxim. ou CA.	VOLUME TRONCONIQUE. Cubage vrai ou GV.	CA = GV pour le cône et pour le cylindre.
1.17	0.00	»	0.358 195	0.358 195	Cône.
	01	0.59	273 258	361 283	
	03	60	282 600	367 615	
	05	61	292 098	374 157	
	07	62	301 754	380 908	
	09	63	311 566	387 868	
	11	64	321 536	395 038	
	13	65	331 662	402 417	
	15	66	341 946	410 005	
	17	67	352 386	417 803	
	19	68	362 984	425 810	
	21	69	373 738	434 026	
	23	70	384 650	442 452	
	25	71	395 718	451 087	
	27	72	406 944	459 931	
	29	73	418 326	468 985	
	31	74	429 866	478 248	
	33	75	441 562	487 720	
	35	76	453 416	497 402	
	37	77	465 426	507 293	
	39	78	477 594	517 393	
	41	79	489 918	527 703	
	43	80	502 400	538 222	
	45	81	515 038	548 950	
	47	82	527 834	559 888	
	49	83	540 786	571 035	
	51	84	553 896	582 391	
	53	85	567 162	593 957	
	55	86	580 586	605 732	
	57	87	594 166	617 715	
	59	88	607 904	629 910	
	61	89	621 798	642 313	
	63	90	635 850	654 925	
	65	91	650 058	667 747	
	67	92	664 424	680 778	
	69	93	678 946	694 018	
	71	94	693 626	707 468	
	73	95	708 462	721 127	
	75	96	723 456	734 995	
	77	97	738 606	740 073	
	79	98	753 914	763 360	
	81	99	769 378	777 856	
	83	1.00	785 000	792 562	

(Pour 1 m. de hauteur.)

DIAMÈTRE à la base ou D.	DIAMÈTRE au sommet ou d.	DIAMÈTRE moyen ou $\frac{D+d}{2}$.	VOLUME CYLINDRIQUE. Cubage approxim. ou CA.	VOLUME TRONCONIQUE. Cubage vrai ou CV.	CA = CV pour le cône et pour le cylindre.
m. 1.17	m. 0.85	m. 1.01	m.c. 0.800 778	m.c. 0.807 477	
	87	02	816 714	822 601	
	89	03	832 806	837 935	
	91	04	849 056	853 478	
	93	05	865 462	869 230	
	95	06	882 026	885 192	
	97	07	898 746	901 363	
	99	08	915 624	917 743	
	1.01	09	932 658	934 333	
	03	10	949 850	951 132	
	05	11	967 198	968 140	
	07	12	984 704	985 358	
	09	13	1.002 366	1.002 785	
	11	14	020 186	020 421	
	13	15	033 162	038 267	
	15	16	056 296	056 322	
	17	17	074 586	074 586	Cylindre.

D = 1^m.18

DIAMÈTRE à la base ou D.	DIAMÈTRE au sommet ou d.	DIAMÈTRE moyen ou $\frac{D+d}{2}$.	VOLUME CYLINDRIQUE. Cubage approxim. ou CA.	VOLUME TRONCONIQUE. Cubage vrai ou CV.	CA = CV pour le cône et pour le cylindre.
1.18	0.00	»	0.364 344	0.364 344	Cône.
	02	0.60	282 600	370 624	
	04	61	292 098	377 114	
	06	62	301 754	383 812	
	08	63	311 566	390 720	
	10	64	324 536	397 838	
	12	65	331 662	405 164	
	14	66	341 946	412 700	
	16	67	352 386	420 446	
	18	68	362 984	428 400	
	20	69	373 738	436 564	
	22	70	384 650	444 938	
	24	71	395 718	453 520	
	26	72	406 944	462 312	
	28	73	418 326	471 314	
	30	74	429 866	480 524	
	32	75	441 562	489 944	
	34	76	453 416	499 574	
	36	77	465 426	509 412	
	38	78	477 594	519 460	
	40	79	489 918	529 718	
	42	80	502 400	540 184	
	44	81	515 038	550 860	
	46	82	527 834	561 746	
	48	83	540 786	572 840	
	50	84	553 896	584 144	
	52	85	567 162	595 658	
	54	86	580 586	607 380	
	56	87	594 166	619 312	
	58	88	607 904	631 454	
	60	89	621 798	643 804	
	62	90	635 850	656 364	
	64	91	650 058	669 134	
	66	92	664 424	682 112	
	68	93	678 946	695 300	
	70	94	693 626	708 698	
	72	95	708 462	722 304	
	74	96	723 456	736 120	
	76	97	738 606	750 146	

TABLE FONDAMENTALE

(Pour 1 m. de hauteur.)

DIAMÈTRE à la base ou D.	DIAMÈTRE au sommet ou d.	DIAMÈTRE moyen ou $\frac{D+d}{2}$.	VOLUME CYLINDRIQUE. Cubage approxim. ou CA	VOLUME TRONCONIQUE. Cubage vrai ou CV.	CA = CV pour le cône et pour le cylindre.
m.	m.	m	m.c.	m.c	
1.18	0.78	98	0.753 914	0.764 380	
	80	99	769 378	778 824	
	82	1.00	785 000	793 478	
	84	01	800 778	808 340	
	86	02	816 714	823 412	
	88	03	832 806	838 694	
	90	04	849 056	854 184	
	92	05	865 462	869 884	
	94	06	882 026	885 794	
	96	07	898 746	901 912	
	98	08	915 624	918 240	
	1.00	09	932 658	934 778	
	02	10	949 850	951 524	
	04	11	967 198	968 480	
	06	12	984 704	985 646	
	08	13	1.002 366	1.003 020	
	10	14	020 186	020 604	
	12	15	038 162	038 398	
	14	16	056 296	056 400	
	16	17	074 586	074 612	
	18	18	093 034	093 034	Cylindre.

$$D = 1^m.19$$

DIAMÈTRE à la base ou D.	DIAMÈTRE au sommet ou d.	DIAMÈTRE moyen ou $\frac{D+d}{2}$.	VOLUME CYLINDRIQUE. Cubage approxim. ou CA	VOLUME TRONCONIQUE. Cubage vrai ou CV.	CA = CV pour le cône et pour le cylindre.
1.19	0.00	»	0.370 546	0.370 546	Cône.
	01	0.60	282 000	373 686	
	03	61	292 098	380 123	
	05	62	301 754	386 769	
	07	63	311 566	393 625	
	09	64	321 536	400 690	
	11	65	331 662	407 964	
	13	66	341 946	415 448	
	15	67	352 386	423 141	
	17	68	362 984	431 043	
	19	69	373 738	439 155	
	21	70	384 650	447 476	
	23	71	395 718	456 006	
	25	72	406 944	464 746	
	27	73	418 326	473 695	
	29	74	429 866	482 853	
	31	75	441 562	492 221	
	33	76	453 416	501 798	
	35	77	465 426	511 584	
	37	78	477 594	521 580	
	39	79	489 918	531 785	
	41	80	502 400	542 199	
	43	81	515 038	552 823	
	45	82	527 834	563 656	
	47	83	540 786	574 698	
	49	84	553 896	585 950	
	51	85	567 162	597 411	
	53	86	580 586	609 081	
	55	87	594 166	620 961	
	57	88	607 904	633 050	
	59	89	621 798	645 348	
	61	90	635 850	657 856	
	63	91	650 058	670 573	
	65	92	664 424	683 499	

(Pour 1 m. de hauteur.)

DIAMÈTRE à la base ou **D.**	DIAMÈTRE au sommet ou **d.**	DIAMÈTRE moyen ou $\frac{D+d}{2}$.	VOLUME CYLINDRIQUE. Cubage approxim. ou **CA.**	VOLUME TRONCONIQUE. Cubage vrai ou **CV.**	CA = CV pour le cône et pour le cylindre.
m. 1.19	m. 0.67	m. 0.93	m.c. 0.678 946	m.c. 0.696 635	
	69	94	693 626	709 980	
	71	95	708 462	723 534	
	73	96	723 456	737 298	
	75	97	738 606	751 271	
	77	98	753 914	765 453	
	79	99	769 378	779 845	
	81	1.00	785 000	794 446	
	83	01	800 778	809 256	
	85	02	816 714	824 276	
	87	03	832 806	839 505	
	89	04	849 056	854 943	
	91	05	865 462	870 591	
	93	06	882 026	886 448	
	95	07	898 746	902 514	
	97	08	915 624	918 790	
	99	09	932 658	935 275	
	1.01	10	949 850	951 969	
	03	11	967 198	968 873	
	05	12	984 704	985 986	
	07	13	1.002 366	1.003 308	
	09	14	020 186	020 840	
	11	15	038 162	038 581	
	13	16	056 296	056 531	
	15	17	074 586	074 691	
	17	18	093 034	093 060	
	19	19	111 638	111 638	Cylindre.

$$D = 1^m.20$$

DIAMÈTRE à la base ou **D.**	DIAMÈTRE au sommet ou **d.**	DIAMÈTRE moyen ou $\frac{D+d}{2}$.	VOLUME CYLINDRIQUE. Cubage approxim. ou **CA.**	VOLUME TRONCONIQUE. Cubage vrai ou **CV.**	CA = CV pour le cône et pour le cylindre.
1.20	0.00	»	0.376 800	0.376 800	Cône.
	02	0.61	292 098	383 184	
	04	62	301 754	389 778	
	06	63	311 566	396 582	
	08	64	321 536	403 594	
	10	65	331 662	410 816	
	12	66	341 946	418 248	
	14	67	352 386	425 888	
	16	68	362 984	433 738	
	18	69	373 738	441 798	
	20	70	384 650	450 066	
	22	71	395 718	458 544	
	24	72	406 944	467 232	
	26	73	418 326	476 128	
	28	74	429 866	485 234	
	30	75	441 562	494 550	
	32	76	453 410	504 074	
	34	77	465 426	513 808	
	36	78	477 594	523 752	
	38	79	489 918	533 904	
	40	80	502 400	544 266	
	42	81	515 038	554 838	
	44	82	527 834	565 618	
	46	83	540 786	576 608	
	48	84	553 896	587 808	
	50	85	567 162	599 216	
	52	86	580 586	610 834	
	54	87	594 166	622 662	
	56	88	607 904	634 698	

TABLE FONDAMENTALE

(Pour 1 m. de hauteur.)

DIAMÈTRE à la base ou D.	DIAMÈTRE au sommet ou d.	DIAMÈTRE moyen ou $\frac{D+d}{2}$.	VOLUME CYLINDRIQUE. Cubage approxim. ou CA.	VOLUME TRONCONIQUE. Cubage vrai ou CV.	CA = CV pour le cône et pour le cylindre.
m.	m.	m.	m. c.	m. c.	
1.20	0.58	0.89	0.621 798	0.646 944	
	60	90	635 850	659 400	
	62	91	650 058	672 064	
	64	92	664 424	684 938	
	66	93	678 946	698 022	
	68	94	693 626	711 314	
	70	95	708 462	724 816	
	72	96	723 456	738 528	
	74	97	738 606	752 448	
	76	98	753 914	766 578	
	78	99	769 378	780 918	
	80	1.00	785 000	795 466	
	82	01	800 778	810 234	
	84	02	816 714	825 192	
	86	03	832 806	840 368	
	88	04	849 056	855 754	
	90	05	865 462	871 350	
	92	06	882 026	887 154	
	94	07	898 746	903 168	
	96	08	915 624	919 392	
	98	09	932 658	935 824	
	1.00	10	949 850	952 466	
	02	11	967 198	969 318	
	04	12	984 704	986 378	
	06	13	1.002 366	1.003 648	
	08	14	020 186	021 128	
	10	15	038 162	038 816	
	12	16	056 296	056 714	
	14	17	074 586	074 822	
	16	18	093 034	093 138	
	18	19	111 638	111 664	
	20	20	130 400	130 400	Cylindre.

$$D = 1^m.21$$

DIAMÈTRE à la base ou D.	DIAMÈTRE au sommet ou d.	DIAMÈTRE moyen ou $\frac{D+d}{2}$.	VOLUME CYLINDRIQUE. Cubage approxim. ou CA.	VOLUME TRONCONIQUE. Cubage vrai ou CV.	CA = CV pour le cône et pour le cylindre.
1.21	0.00	»	0.383 106	0.383 106	Cône.
	01	0.61	292 098	386 298	
	03	62	301 754	392 840	
	05	63	311 566	399 591	
	07	64	321 536	406 551	
	09	65	331 662	413 724	
	11	66	341 946	421 100	
	13	67	352 386	428 698	
	15	68	362 984	436 486	
	17	69	373 738	444 493	
	19	70	384 650	452 709	
	21	71	395 718	461 135	
	23	72	406 944	469 770	
	25	73	418 326	478 614	
	27	74	429 866	487 668	
	29	75	441 562	496 931	
	31	76	453 416	506 403	
	33	77	465 426	516 085	
	35	78	477 594	525 978	
	37	79	489 918	536 078	
	39	80	502 400	546 386	
	41	81	515 038	556 905	
	43	82	527 834	567 635	
	45	83	540 786	578 571	

(Pour 1 m. de hauteur.)

DIAMÈTRE à la base ou **D.**	DIAMÈTRE au sommet ou **d.**	DIAMÈTRE moyen ou $\frac{D+d}{2}$	VOLUME CYLINDRIQUE. Cubage approxim. ou CA.	VOLUME TRONCONIQUE. Cubage vrai ou CV.	CA = CV pour le cône et pour le cylindre.
m. 1.21	m. 0.47	m. 0.84	m.c. 0.553 896	m.c. 0.589 718	
	49	85	567 162	601 074	
	51	86	580 586	612 640	
	53	87	594 166	624 415	
	55	88	607 904	636 399	
	57	89	621 798	648 593	
	59	90	635 850	660 996	
	61	91	650 058	673 608	
	63	92	664 424	686 430	
	65	93	678 946	699 464	
	67	94	693 626	712 701	
	69	95	708 462	726 151	
	71	96	723 456	739 810	
	73	97	738 606	753 678	
	75	98	753 914	767 756	
	77	99	769 378	782 043	
	79	1.00	785 000	796 539	
	81	01	800 778	811 245	
	83	02	816 714	826 160	
	85	03	832 806	841 284	
	87	04	849 056	856 618	
	89	05	865 462	872 161	
	91	06	882 026	887 913	
	93	07	898 746	903 875	
	95	08	915 624	920 046	
	97	09	932 658	936 426	
	99	10	949 850	953 016	
	1.01	11	967 198	969 815	
	03	12	984 704	986 823	
	05	13	1.002 366	1.004 041	
	07	14	020 186	021 468	
	09	15	038 162	039 104	
	11	16	056 296	056 930	
	13	17	074 586	075 005	
	15	18	093 034	093 269	
	17	19	111 638	111 743	
	19	20	130 400	130 426	
	21	21	149 318	149 318	Cylindre.

D = 1ᵐ.22

DIAMÈTRE à la base ou **D.**	DIAMÈTRE au sommet ou **d.**	DIAMÈTRE moyen ou $\frac{D+d}{2}$	VOLUME CYLINDRIQUE. Cubage approxim. ou CA.	VOLUME TRONCONIQUE. Cubage vrai ou CV.	CA = CV pour le cône et pour le cylindre.
1.22	0.00	»	0.389 464	0.389 464	Cône.
	02	0.62	301 754	395 954	
	04	63	311 566	402 652	
	06	64	321 536	409 560	
	08	65	331 662	416 678	
	10	66	341 940	424 004	
	12	67	352 386	431 540	
	14	68	352 984	439 286	
	16	69	373 738	447 240	
	18	70	384 650	455 404	
	20	71	395 718	463 778	
	22	72	406 944	472 360	
	24	73	418 326	481 152	
	26	74	429 866	490 154	
	28	75	441 562	499 364	
	30	76	453 416	508 784	
	32	77	465 426	518 414	
	34	78	477 594	528 252	

TABLE FONDAMENTALE

(Pour 1 m. de hauteur.)

DIAMÈTRE à la base ou **D.**	DIAMÈTRE au sommet ou **d.**	DIAMÈTRE moyen ou $\dfrac{D+d}{2}$.	VOLUME CYLINDRIQUE. Cubage approxim. ou **CA.**	VOLUME TRONCONIQUE. Cubage vrai ou **CV.**	CA = CV pour le cône et pour le cylindre.
m. 1.22	m. 0.36	m. 0.79	m c. 0.489 918	m. c. 0.538 300	
	38	80	502 400	548 558	
	40	81	515 038	559 024	
	42	82	527 834	569 700	
	44	83	540 786	580 586	
	46	84	553 896	591 680	
	48	85	567 162	602 984	
	50	86	580 586	614 498	
	52	87	594 166	626 220	
	54	88	607 904	638 152	
	56	89	621 798	650 294	
	58	90	635 850	662 644	
	60	91	650 058	675 204	
	62	92	664 424	687 974	
	64	93	678 946	700 952	
	66	94	693 626	714 140	
	68	95	708 462	727 538	
	70	96	723 456	741 144	
	72	97	738 606	754 960	
	74	98	753 914	768 986	
	76	99	769 378	783 220	
	78	1.00	785 000	797 664	
	80	01	800 778	812 318	
	82	02	816 714	827 180	
	84	03	832 806	842 252	
	86	04	849 056	857 534	
	88	05	865 462	873 024	
	90	06	882 026	888 724	
	92	07	898 746	904 634	
	94	08	915 624	920 752	
	96	09	932 658	937 080	
	98	10	949 850	953 618	
	1.00	11	967 198	970 364	
	02	12	984 704	987 320	
	04	13	1.002 366	1.004 486	
	06	14	020 186	021 860	
	08	15	038 162	039 444	
	10	16	056 296	057 238	
	12	17	074 586	075 240	
	14	18	093 034	093 452	
	16	19	111 638	111 874	
	18	20	130 400	130 504	
	20	21	149 318	149 344	
	22	22	168 394	168 394	Cylindre.

D = 1ᵐ.23

DIAMÈTRE à la base ou **D.**	DIAMÈTRE au sommet ou **d.**	DIAMÈTRE moyen ou $\dfrac{D+d}{2}$.	VOLUME CYLINDRIQUE. Cubage approxim. ou **CA.**	VOLUME TRONCONIQUE. Cubage vrai ou **CV.**	CA = CV pour le cône et pour le cylindre.
1.23	0.00	»	0.395 875	0.395 875	Cône.
	01	0.62	301 754	399 120	
	03	63	311 566	405 766	
	05	64	321 536	412 622	
	07	65	331 662	419 687	
	09	66	341 946	426 961	
	11	67	352 386	434 445	
	13	68	362 984	442 138	
	15	69	373 738	450 040	
	17	70	384 650	458 152	
	19	71	395 718	466 473	
	21	72	406 944	475 003	

(Pour 1 m. de hauteur.)

DIAMÈTRE à la base ou **D.**	DIAMÈTRE au sommet ou **d.**	DIAMÈTRE moyen ou $\dfrac{D+d}{2}$.	VOLUME CYLINDRIQUE. Cubage approxim ou **CA.**	VOLUME TRONCONIQUE. Cubage vrai ou **CV.**	CA = CV pour le cône et pour le cylindre.
m.	m.	m.	m.c.	m.c.	
1.23	0.23	0.73	0.418 326	0.483 743	
	25	74	429 866	492 692	
	27	75	441 562	501 850	
	29	76	453 416	511 218	
	31	77	465 426	520 795	
	33	78	477 594	530 581	
	35	79	489 918	540 577	
	37	80	502 400	550 782	
	39	81	515 038	561 196	
	41	82	527 834	571 820	
	43	83	540 786	582 653	
	45	84	553 896	593 695	
	47	85	567 162	604 947	
	49	86	580 586	616 408	
	51	87	594 166	628 078	
	53	88	607 904	639 958	
	55	89	621 798	652 047	
	57	90	635 850	664 345	
	59	91	650 058	676 853	
	61	92	664 424	689 570	
	63	93	678 946	702 496	
	65	94	693 626	715 632	
	67	95	708 462	728 977	
	69	96	723 456	742 531	
	71	97	738 606	756 295	
	73	98	753 914	770 268	
	75	99	769 378	784 450	
	77	1.00	785 000	798 842	
	79	01	800 778	813 443	
	81	02	816 714	828 253	
	83	03	832 806	843 273	
	85	04	849 056	858 502	
	87	05	865 462	873 940	
	89	06	882 026	889 588	
	91	07	898 746	905 445	
	93	08	915 624	921 511	
	95	09	932 658	937 787	
	97	10	949 850	954 272	
	99	11	967 198	970 966	
	1.01	12	984 704	987 870	
	03	13	1.002 366	1.004 983	
	05	14	020 186	022 305	
	07	15	038 162	039 837	
	09	16	056 296	057 578	
	11	17	074 586	075 528	
	13	18	093 034	093 688	
	15	19	111 638	112 057	
	17	20	130 400	130 635	
	19	21	149 318	149 423	
	21	22	168 394	168 420	
	23	23	187 626	187 626	Cylindre.

$$D = 1^{m}.24$$

1.24	0.00	»	0.402 338	0.402 338	Cône.
	02	0.63	311 566	408 932	
	04	64	321 536	415 736	
	06	65	331 662	422 748	

TABLE FONDAMENTALE

(Pour 1 m. de hauteur.)

DIAMÈTRE à la base ou D.	DIAMÈTRE au sommet ou d.	DIAMÈTRE moyen ou $\frac{D+d}{2}$.	VOLUME CYLINDRIQUE. Cubage approxim. ou CA.	VOLUME TRONCONIQUE. Cubage vrai ou CV.	CA = CV pour le cône et pour le cylindre.
m. 1.24	m. 0.08	m. 0.66	m.c. 0.341 946	m.c. 0.429 970	
	.10	67	.352 386	437 402	
	.12	68	.362 984	445 042	
	.14	69	.373 738	452 892	
	16	70	384 650	460 952	
	.18	7.1	.395 718	469 220	
	.20	72	.406 944	477 698	
	.22	73	418 326	486 386	
	.24	74	429 866	.495 282	
	26	75	441 562	504 388	
	28	76	453 416	513 704	
	30	77	465 426	523 228	
	32	78	477 594	532 962	
	.34	79	.489 918	542 906	
	36	80	502 400	553 058	
	38	81	.515 038	563 420	
	40	82	527 834	573 992	
	42	83	.540 786	584 772	
	44	84	553 896	595 762	
	.46	85	567 162	606 962	
	.48	86	.580 586	618 370	
	50	87	.594 166	629 988	
	.52	88	.607 904	641 816	
	54	89	621 798	653 852	
	56	90	635 850	666 098	
	58	91	650 058	678 554	
	60	92	664 424	691 218	
	.62	93	678 946	704 092	
	.64	94	.693 626	717 176	
	66	95	.708 462	730 468	
	68	96	723 456	743 970	
	70	97	738 606	757 682	
	.72	98	753 914	771 602	
	.74	99	769 378	785 732	
	76	1.00	785 000	800 072	
	78	01	.800 778	814 620	
	80	02	816 714	829 378	
	82	03	832 806	844 346	
	.84	04	.849 056	859 522	
	.86	05	.865 462	874 908	
	.88	06	.882 026	890 504	
	.90	07	.898 746	906 308	
	92	08	.915 624	922 322	
	94	09	932 658	938 546	
	96	10	949 850	954 978	
	.98	11	.967 198	971 620	
	1.00	12	984 704	988 472	
	.02	13	1.002 366	1.005 532	
	.04	14	020 186	022 802	
	.06	15	038 162	040 282	
	08	16	056 296	057 970	
	10	17	074 586	075 868	
	12	18	093 034	093 976	
	14	19	.111 638	112 292	
	16	20	130 400	130 818	
	18	21	149 318	.149 554	
	20	22	168 394	.168 498	
	.22	23	187 626	.187 652	
	.24	24	207 016	.207 016	Cylindre.

(Pour 1 m. de hauteur.)

DIAMÈTRE à la base ou **D.**	DIAMÈTRE au sommet ou **d.**	DIAMÈTRE moyen ou $\frac{D+d}{2}$.	VOLUME CYLINDRIQUE. Cubage approxim. ou **CA.**	VOLUME TRONCONIQUE. Cubage vrai ou **CV.**	CA = CV pour le cône et pour le cylindre.
				D = 1ᵐ.25	
m.	m.	m.	m.c.	m.c.	
1.25	0.00	»	0.408 854	0.408 854	Cône.
	01	0.63	411 566	412 151	
	03	64	321 536	418 902	
	05	65	331 662	425 862	
	07	66	341 946	433 032	
	09	67	352 386	440 411	
	11	68	362 984	447 999	
	13	69	373 738	455 797	
	15	70	384 650	463 804	
	17	71	395 718	472 020	
	19	72	406 944	480 446	
	21	73	418 326	489 081	
	23	74	429 866	497 925	
	25	75	441 562	506 979	
	27	76	453 416	516 242	
	29	77	465 426	525 714	
	31	78	477 594	535 396	
	33	79	489 918	545 287	
	35	80	502 400	555 387	
	37	81	515 038	565 697	
	39	82	527 834	576 216	
	41	83	540 786	586 944	
	43	84	553 896	597 882	
	45	85	567 162	609 029	
	47	86	580 586	620 385	
	49	87	594 166	631 951	
	51	88	607 904	643 726	
	53	89	621 798	655 710	
	55	90	635 850	667 904	
	57	91	650 058	680 307	
	59	92	664 424	692 919	
	61	93	678 946	705 741	
	63	94	693 626	718 772	
	65	95	708 462	732 012	
	67	96	723 456	745 462	
	69	97	738 606	759 121	
	71	98	753 914	772 989	
	73	99	769 378	787 067	
	75	1.00	785 000	801 354	
	77	01	800 778	815 850	
	79	02	816 714	830 556	
	81	03	832 806	845 471	
	83	04	849 056	860 595	
	85	05	865 462	875 929	
	87	06	882 026	891 472	
	89	07	898 746	907 224	
	91	08	915 624	923 186	
	93	09	932 658	939 357	
	95	10	949 850	955 737	
	97	11	967 198	972 327	
	99	12	984 704	989 126	
	1.01	13	1.002 366	1.006 134	
	03	14	020 186	023 352	
	05	15	038 162	040 779	
	07	16	056 296	058 415	
	09	17	074 586	076 261	

TABLE FONDAMENTALE

(Pour 1 m. de hauteur.)

DIAMÈTRE à la base ou **D.**	DIAMÈTRE au sommet ou **d.**	DIAMÈTRE moyen ou $\dfrac{D+d}{2}$.	VOLUME CYLINDRIQUE. Cubage approxim. ou **CA.**	VOLUME TRONCONIQUE. Cubage vrai ou **CV.**	CA = CV pour le cône et pour le cylindre.
m. 1.25	m. 1.11	m. 1.18	m.c. 1.093 034	m c. 1.094 316	
	13	19	111 638	112 580	
	15	20	130 400	131 054	
	17	21	149 318	149 737	
	19	22	168 394	168 629	
	21	23	187 626	187 730	
	23	24	207 016	207 041	
	25	25	226 562	226 562	Cylindre.

$$D = 1^m.26$$

DIAMÈTRE à la base ou **D.**	DIAMÈTRE au sommet ou **d.**	DIAMÈTRE moyen ou $\dfrac{D+d}{2}$.	VOLUME CYLINDRIQUE. Cubage approxim. ou **CA.**	VOLUME TRONCONIQUE. Cubage vrai ou **CV.**	CA = CV pour le cône et pour le cylindre.
1.26	0.00	»	0.415 422	0.415 422	Cône.
	02	0.64	321 536	422 120	
	04	65	331 662	429 028	
	06	66	341 946	436 146	
	08	67	352 386	443 472	
	10	68	362 984	451 008	
	12	69	373 738	458 754	
	14	70	384 650	466 708	
	16	71	395 718	474 872	
	18	72	406 944	483 246	
	20	73	418 326	491 828	
	22	74	429 866	500 620	
	24	75	441 562	509 622	
	26	76	453 416	518 832	
	28	77	465 426	528 252	
	30	78	477 594	537 882	
	32	79	489 918	547 720	
	34	80	502 400	557 768	
	36	81	515 038	568 026	
	38	82	527 834	578 492	
	40	83	540 786	589 168	
	42	84	553 896	600 054	
	44	85	567 162	611 148	
	46	86	580 586	622 452	
	48	87	594 166	633 960	
	50	88	607 904	645 688	
	52	89	621 798	657 620	
	54	90	635 850	669 762	
	56	91	650 058	682 112	
	58	92	664 424	694 672	
	60	93	678 946	707 442	
	62	94	693 626	720 420	
	64	95	708 462	733 608	
	66	96	723 456	747 006	
	68	97	738 606	760 612	
	70	98	753 914	774 428	
	72	99	769 378	788 454	
	74	1.00	785 000	802 688	
	76	01	800 778	817 132	
	78	02	816 714	831 786	
	80	03	832 806	846 648	
	82	04	849 056	861 720	
	84	05	865 462	877 002	
	86	06	882 026	892 492	
	88	07	898 746	908 192	
	90	08	915 624	924 102	
	92	09	932 658	940 220	
	94	10	949 850	956 548	

(Pour 1 m. de hauteur.)

DIAMÈTRE à la base ou **D.**	DIAMÈTRE au sommet ou **d.**	DIAMÈTRE moyen ou $\frac{D+d}{2}$.	VOLUME CYLINDRIQUE. Cubage approxim. ou **CA.**	VOLUME TRONCONIQUE. Cubage vrai ou **CV.**	CA $=$ CV *pour le cône et pour le cylindre.*
m. 1.26	m. 0.96	m. 1.11	m.c. 0.967 198	m.c. 0.973 086	
	98	12	984 704	989 832	
	1.00	13	1.002 366	1.006 788	
	02	14	020 186	023 954	
	04	15	038 162	041 328	
	06	16	056 296	058 912	
	08	17	074 586	076 706	
	10	18	093 034	094 708	
	12	19	111 638	112 920	
	14	20	130 400	131 342	
	16	21	149 318	149 972	
	18	22	168 394	168 812	
	20	23	187 626	187 862	
	22	24	207 016	207 120	
	24	25	226 562	226 588	
	26	26	246 266	246 266	Cylindre.

$$D = 1^m.27$$

DIAMÈTRE à la base ou **D.**	DIAMÈTRE au sommet ou **d.**	DIAMÈTRE moyen ou $\frac{D+d}{2}$.	VOLUME CYLINDRIQUE. Cubage approxim. ou **CA.**	VOLUME TRONCONIQUE. Cubage vrai ou **CV.**	CA $=$ CV *pour le cône et pour le cylindre.*
1.27	0.00	⁰	0.422 042	0.422 042	Cône.
	01	0.64	321 536	425 391	
	03	65	331 662	432 247	
	05	66	341 946	439 312	
	07	67	352 386	446 586	
	09	68	362 984	454 070	
	11	69	373 738	461 763	
	13	70	384 650	469 665	
	15	71	395 718	477 777	
	17	72	406 944	486 098	
	19	73	418 326	494 628	
	21	74	429 866	503 368	
	23	75	441 562	512 317	
	25	76	453 416	521 475	
	27	77	465 426	530 843	
	29	78	477 594	540 420	
	31	79	489 918	550 206	
	33	80	502 400	560 202	
	35	81	515 038	570 407	
	37	82	527 834	580 821	
	39	83	540 786	591 445	
	41	84	553 896	602 278	
	43	85	567 162	613 320	
	45	86	580 586	624 572	
	47	87	594 166	636 033	
	49	88	607 904	647 703	
	51	89	621 798	659 583	
	53	90	635 850	671 672	
	55	91	650 058	683 970	
	57	92	664 424	696 478	
	59	93	678 946	709 195	
	61	94	693 626	722 121	
	63	95	708 462	735 257	
	65	96	723 456	748 602	
	67	97	738 606	762 156	
	69	98	753 914	775 920	
	71	99	769 378	789 893	
	73	1.00	785 000	804 075	
	75	01	800 778	818 467	
	77	02	816 714	833 068	

7

TABLE FONDAMENTALE

(Pour 1 m. de hauteur.)

DIAMÈTRE à la base ou D.	DIAMÈTRE au sommet ou d.	DIAMÈTRE moyen ou $\frac{D+d}{2}$.	VOLUME CYLINDRIQUE. Cubage approxim. ou CA.	VOLUME TRONCONIQUE. Cubage vrai ou CV.	GA = CV pour le cône et pour le cylindre.
m.	m.	m.	m.c.	m.c.	
1.27	0.79	1.03	0.832 806	0.847 878	
	81	04	849 056	862 898	
	83	05	.865 462	878 127	
	85	06	.882 026	893 565	
	87	07	.898 746	909 213	
	89	08	915 624	925 070	
	91	09	.932 658	941 136	
	93	10	949 850	957 442	
	95	11	967 198	973 897	
	97	12	984 704	990 591	
	99	13	1.002 366	1.007 495	
	1.01	14	020 186	024 603	
	03	15	038 162	041 930	
	05	16	056 296	059 462	
	07	17	074 586	077 203	
	09	18	093 034	095 153	
	11	19	111 638	113 313	
	13	20	130 400	131 682	
	15	21	149 318	150 260	
	17	22	168 394	169 048	
	19	23	187 626	188 045	
	21	24	207 016	207 251	
	23	25	226 562	226 667	
	25	26	246 266	246 292	
	27	27	266 126	266 126	Cylindre.

$$D = 1^{m}.28$$

DIAMÈTRE à la base ou D.	DIAMÈTRE au sommet ou d.	DIAMÈTRE moyen ou $\frac{D+d}{2}$.	VOLUME CYLINDRIQUE. Cubage approxim. ou CA.	VOLUME TRONCONIQUE. Cubage vrai ou CV.	GA = CV pour le cône et pour le cylindre.
1.28	0.00	»	0.428 714	0.428 714	Cône.
	02	0.65	331 662	435 518	
	04	66	341 946	442 530	
	06	67	352 386	449 752	
	08	68	362 984	457 184	
	10	69	373 738	464 824	
	12	70	384 650	472 674	
	14	71	395 718	480 734	
	16	72	406 944	489 002	
	18	73	418 326	497 480	
	20	74	429 866	506 168	
	22	75	441 562	515 064	
	24	76	453 416	524 170	
	26	77	465 426	533 486	
	28	78	477 594	543 010	
	30	79	489 918	552 744	
	32	80	502 400	562 688	
	34	81	515 038	572 840	
	36	82	527 834	583 202	
	38	83	540 786	593 774	
	40	84	553 898	604 554	
	42	85	567 162	615 544	
	44	86	580 586	626 744	
	46	87	594 166	638 152	
	48	88	607 904	649 770	
	50	89	621 798	661 598	
	52	90	635 850	673 634	
	54	91	650 058	685 880	
	56	92	664 424	698 336	
	58	93	678 946	711 000	
	60	94	693 626	723 874	

(Pour 1 m. de hauteur.)

DIAMÈTRE à la base ou **D.**	DIAMÈTRE au sommet ou **d.**	DIAMÈTRE moyen ou $\frac{D+d}{2}$.	VOLUME CYLINDRIQUE. Cubage approxim. ou **CA.**	VOLUME TRONCONIQUE. Cubage vrai ou **CV.**	CA=CV pour le cône et pour le cylindre.
m.	m.	m.	m.c.	m.c.	
1.28	0.62	0.95	0.708 462	0.736 958	
	64	96	723 456	750 250	
	66	97	738 606	763 752	
	68	98	753 914	777 464	
	70	99	769 378	791 384	
	72	1.00	785 000	805 514	
	74	01	800 778	819 854	
	76	02	816 714	834 402	
	78	03	832 806	849 160	
	80	04	849 056	864 128	
	82	05	865 462	879 304	
	84	06	882 026	894 690	
	86	07	898 746	910 286	
	88	08	915 624	926 090	
	90	09	932 658	942 104	
	92	10	949 850	958 328	
	94	11	967 198	974 760	
	96	12	984 704	991 402	
	98	13	1.002 366	1.008 254	
	1.00	14	020 186	025 314	
	02	15	038 162	042 584	
	04	16	056 296	060 064	
	06	17	074 586	077 752	
	08	18	093 034	095 650	
	10	19	111 638	113 758	
	12	20	130 400	132 074	
	14	21	149 318	150 600	
	16	22	168 394	169 336	
	18	23	187 626	188 280	
	20	24	207 016	207 434	
	22	25	226 562	226 798	
	24	26	246 266	246 370	
	26	27	266 126	266 152	
	28	28	286 144	286 144	Cylindre.

$$D = 1^{m}.29$$

DIAMÈTRE à la base ou **D.**	DIAMÈTRE au sommet ou **d.**	DIAMÈTRE moyen ou $\frac{D+d}{2}$.	VOLUME CYLINDRIQUE. Cubage approxim. ou **CA.**	VOLUME TRONCONIQUE. Cubage vrai ou **CV.**	CA=CV pour le cône et pour le cylindre.
1.29	0.00	»	0.435 439	0.435 439	Cône.
	01	0.65	331 662	438 841	
	03	66	341 946	445 891	
	05	67	352 386	452 971	
	07	68	362 984	460 350	
	09	69	373 738	467 938	
	11	70	384 650	475 736	
	13	71	395 718	483 743	
	15	72	406 944	491 959	
	17	73	418 326	500 385	
	19	74	429 866	509 020	
	21	75	441 562	517 864	
	23	76	453 416	526 918	
	25	77	465 426	536 181	
	27	78	477 594	545 653	
	29	79	489 918	555 335	
	31	80	502 400	565 226	
	33	81	515 038	575 326	
	35	82	527 834	585 636	
	37	83	540 786	596 155	
	39	84	553 896	606 883	
	41	85	567 162	617 821	

TABLE FONDAMENTALE

(Pour 1 m. de hauteur.)

DIAMÈTRE à la base ou **D.**	DIAMÈTRE au sommet ou *d.*	DIAMÈTRE moyen ou $\frac{D+d}{2}$.	VOLUME CYLINDRIQUE. Cubage approxim. ou **CA.**	VOLUME TRONCONIQUE. Cubage vrai ou **CV.**	CA = CV *pour le cône et pour le cylindre.*
m. 1.29	m. 0.43	m. 0.86	m.c. 0.580 586	m.c. 0.628 968	
	45	87	594 166	640 324	
	47	88	607 904	651 890	
	49	89	621 798	663 665	
	51	90	635 850	675 649	
	53	91	650 058	687 843	
	55	92	664 424	700 246	
	57	93	678 946	712 858	
	59	94	693 626	725 680	
	61	95	708 462	738 711	
	63	96	723 456	751 951	
	65	97	738 606	765 401	
	67	98	753 914	779 060	
	69	99	769 378	792 928	
	71	1.00 c	785 000	807 006	
	73	01	800 778	821 293	
	75	02	816 714	835 789	
	77	03	832 806	850 495	
	79	04	849 056	865 410	
	81	05	865 462	880 534	
	83	06	882 026	895 868	
	85	07	898 746	911 411	
	87	08	915 624	927 163	
	89	09	932 658	943 125	
	91	10	949 850	959 296	
	93	11	967 198	975 676	
	95	12	984 704	992 266	
	97	13	1.002 366	1.009 065	
	99	14	020 186	026 073	
	1.01	15	038 162	043 291	
	03	16	056 296	060 718	
	05	17	074 586	078 354	
	07	18	093 034	096 200	
	09	19	111 638	114 255	
	11	20	130 400	132 519	
	13	21	149 318	150 993	
	15	22	168 394	169 676	
	17	23	187 626	188 568	
	19	24	207 016	207 670	
	21	25	226 562	226 981	
	23	26	246 266	246 501	
	25	27	266 126	266 231	
	27	28	286 144	286 170	
	29	29	306 318	306 318	Cylindre.

D = 1ᵐ.30

DIAMÈTRE à la base ou **D.**	DIAMÈTRE au sommet ou *d.*	DIAMÈTRE moyen ou $\frac{D+d}{2}$.	VOLUME CYLINDRIQUE. Cubage approxim. ou **CA.**	VOLUME TRONCONIQUE. Cubage vrai ou **CV.**	CA = CV *pour le cône et pour le cylindre.*
1.30	0.00	»	0.442 216	0.442 216	Cône.
	02	0.66	341 946	449 124	
	04	67	352 386	456 242	
	06	68	362 984	463 568	
	08	69	373 738	471 104	
	10	70	384 650	478 850	
	12	71	395 718	486 804	
	14	72	406 944	494 968	
	16	73	418 326	503 342	
	18	74	429 866	511 924	
	20	75	441 562	520 716	
	22	76	453 416	529 718	

(Pour 1 m. de hauteur.)

DIAMÈTRE à la base ou D.	DIAMÈTRE au sommet ou d.	DIAMÈTRE moyen ou $\frac{D+d}{2}$.	VOLUME CYLINDRIQUE. Cubage approxim. ou CA.	VOLUME TRONCONIQUE. Cubage vrai ou CV.	CA = CV pour le cône et pour le cylindre.
m.	m.	m.	m.c.	m.c.	
1.30	0.24	0.77	0.465 426	0.538 928	
	26	78	477 594	548 348	
	28	79	489 918	557 978	
	30	80	502 400	567 816	
	32	81	515 038	577 864	
	34	82	527 834	588 122	
	36	83	540 786	598 588	
	38	84	553 896	609 264	
	40	85	567 162	620 150	
	42	86	580 586	631 244	
	44	87	594 166	642 548	
	46	88	607 904	654 062	
	48	89	621 798	665 784	
	50	90	635 850	677 716	
	52	91	650 058	689 858	
	54	92	664 424	702 208	
	56	93	678 946	714 768	
	58	94	693 626	727 538	
	60	95	708 462	740 516	
	62	96	723 456	753 704	
	64	97	738 606	767 102	
	66	98	753 914	780 708	
	68	99	769 378	794 524	
	70	1.00	785 000	808 550	
	72	01	800 778	822 784	
	74	02	816 714	837 228	
	76	03	832 806	851 882	
	78	04	849 056	866 744	
	80	05	865 462	881 816	
	82	06	882 026	897 098	
	84	07	898 746	912 588	
	86	08	915 624	928 288	
	88	09	932 658	944 198	
	90	10	949 850	960 316	
	92	11	967 198	976 644	
	94	12	984 704	993 182	
	96	13	1.002 366	1.009 928	
	98	14	020 186	026 884	
	1.00	15	038 162	044 050	
	02	16	056 296	061 424	
	04	17	074 586	079 008	
	06	18	093 034	096 802	
	08	19	111 638	114 804	
	10	20	130 400	133 016	
	12	21	149 318	151 438	
	14	22	168 394	170 068	
	16	23	187 626	188 908	
	18	24	207 016	207 958	
	20	25	226 562	227 216	
	22	26	246 266	246 684	
	24	27	266 126	266 362	
	26	28	286 144	286 248	
	28	29	306 318	306 344	
	30	30	326 650	326 650	Cylindre.

TABLE II.

Table destinée aux coupes de futaie sur pied.

Le diamètre D se mesure à 1 mètre ou 1ᵐ.33 au-dessus du sol pour éviter le renflement produit par les attaches des racines.

Le diamètre réduit ou moyen est fixé par le taux de décroissance de la tige, et l'adoption de tel ou tel taux dépend ordinairement des expériences faites sur des arbres abattus de grosseur et de hauteur identiques.

Les réductions du diamètre sont indiquées exactement avec 2, 3 et 4 décimales et les volumes sont calculés en conséquence. Ces réductions, du reste, ne sont inscrites à la troisième colonne que comme élément justificatif et pour faire apprécier la forme de l'arbre.

La première et la deuxième colonne suffisent pour conduire au volume.

Soit $D = 0.10$, la hauteur $= 9$, et 20 % la décroissance adoptée. Dans le groupe $D = 0.10$ nous cherchons la décroissance 20 %, et sur la ligne où se trouve la hauteur 9, nous lisons le volume vrai en grume 0.046 et les volumes en prévision des divers équarrissages.

Sur la même ligne nous voyons le diamètre moyen 0.08. Du double de ce diamètre, soit de 0.16, si nous déduisons $D = 0.10$, nous avons $d = 0.06$. Nous arrivons ainsi à connaître les trois diamètres de notre arbre ou plutôt du solide régulier qui est son équivalent.

Plus amples explications au chapitre V.

Voir au chapitre IV ce qu'il y est dit des divers équarrissages. On ne perdra pas de vue que notre $1/_{10}$ n'est pas le vrai $1/_{10}$, mais le plus grand équarrissage possible, celui qui re pose sur un carré dont les quatre angles affleurent la circonférence.

TABLE TRONCONIQUE

DES CINQ CUBATURES.

(La Table commence au verso pour que l'œil embrasse facilement l'ensemble
de chaque groupe.)

D = 0^m.10

DIAMÈTRE à la base ou **D.**	A déduire de **D.**	DIAMÈTRE réduit ou moyen.	HAUTEUR	VOLUME en grume	au 1/4	au 1/10	au 1/6	au 1/5	CÔTÉ d'équarrissage.
m.		m.	m.	m.c.	m.c.	m.c.	m.c.	m.c.	m
0.10	50 %	Cône.	1	0.003	0.002	0.002	0.001	0.001	
			2	005	004	003	003	003	
			3	008	006	005	004	004	au 1/4 0.045
			4	010	008	007	006	005	
			5	013	010	008	007	007	au 1/10 0.041
			6	016	012	010	009	008	
			7	018	014	012	010	009	au 1/6 0.038
			8	021	016	013	011	011	au 1/5 0.036
			9	024	018	015	013	012	
			10	026	021	017	014	013	
0.10	45 %	0.055	1	0.003	0.002	0.002	0.002	0.001	
			2	006	005	004	003	003	
			3	009	007	006	005	004	au 1/4 0.048
			4	012	009	007	006	006	
			5	015	011	009	008	007	au 1/10 0.043
			6	017	014	011	009	009	au 1/6 0.040
			7	020	016	013	011	010	
			8	023	018	015	013	012	au 1/5 0.038
			9	026	021	017	014	013	
			10	029	023	018	016	015	
0.10	40 %	0.06	1	0.003	0.003	0.002	0.002	0.002	
			2	006	005	004	004	003	
			3	010	008	006	005	005	au 1/4 0.050
			4	013	010	008	007	007	
			5	016	013	010	009	008	au 1/10 0.045
			6	019	015	012	011	010	
			7	023	018	014	012	011	au 1/6 0.042
			8	026	020	017	014	013	au 1/5 0.040
			9	029	023	019	016	015	
			10	032	025	021	018	016	
0.10	35 %	0.065	1	0.004	0.003	0.002	0.002	0.002	
			2	007	006	005	004	004	
			3	011	009	007	006	005	au 1/4 0.053
			4	015	011	009	008	007	
			5	018	014	012	010	009	au 1/10 0.048
			6	022	017	014	012	011	au 1/6 0.044
			7	025	020	016	014	013	
			8	029	023	019	016	015	au 1/5 0.043
			9	033	026	021	018	016	
			10	036	029	023	020	018	
0.10	30 %	0.07	1	0.004	0.003	0.003	0.002	0.002	
			2	008	006	005	004	004	
			3	012	010	008	007	006	au 1/4 0.057
			4	016	013	010	009	008	
			5	020	016	013	011	010	au 1/10 0.051
			6	024	019	016	013	012	au 1/6 0.047
			7	029	022	018	016	014	
			8	033	026	021	018	016	au 1/5 0.045
			9	037	029	023	020	018	
			10	041	032	026	022	021	
0.10	25 %	0.075	1	0.005	0.004	0.003	0.002	0.002	
			2	009	007	006	005	005	
			3	014	011	009	007	007	
			4	018	014	012	010	009	

DIAMÈTRE à la base ou **D.**	A déduire de **D.**	DIAMÈTRE réduit ou moyen.	HAU-TEUR	VOLUME					CÔTÉ d'équarris-sage.	
				en grume	au 1/4	au 1/10	au 1/6	au 1/5		
m. 0.10	25 %	m. 0.075	m. 5	m.c. 0.023	m c. 0.018	m.c. 0.015	m.c. 0.012	m.c. 0.012	au 1/4	m. 0.060
			6	027	022	018	015	014	au 1/10	0.054
			7	032	025	020	017	016	au 1/6	0.050
			8	037	029	023	020	018	au 1/6	0.050
			9	041	032	026	022	021	au 1/5	0.048
			10	046	036	029	025	023		
0.10	20 %	0.08	1	0.005	0.004	0.003	0.003	0.003		
			2	010	008	007	006	005		
			3	015	012	010	008	008	au 1/4	0.063
			4	021	016	013	011	010		
			5	026	020	016	014	013	au 1/10	0.057
			6	031	024	020	017	015	au 1/6	0.053
			7	036	028	023	020	018		
			8	041	032	026	022	021	au 1/5	0.051
			9	046	036	029	025	023		
			10	051	040	033	028	026		
0.10	15 %	0.085	1	0.006	0.004	0.004	0.003	0.003		
			2	011	009	007	006	006		
			3	017	013	011	009	009	au 1/4	0.067
			4	023	018	015	012	012		
			5	029	022	018	016	014	au 1/10	0.060
			6	034	027	022	019	017	au 1/6	0.056
			7	040	031	026	022	020		
			8	046	036	029	025	023	au 1/5	0.054
			9	052	040	033	028	026		
			10	057	045	037	031	029		
0.10	10 %	0.09	1	0.006	0.005	0.004	0.003	0.003		
			2	013	010	008	007	006		
			3	019	015	012	010	010	au 1/4	0.071
			4	026	020	016	014	013		
			5	032	025	020	017	016	au 1/10	0.064
			6	038	030	024	021	019	au 1/6	0.059
			7	045	035	028	024	022		
			8	051	040	033	028	026	au 1/5	0.057
			9	057	045	037	031	029		
			10	064	050	041	035	032		
0.10	5 %	0.095	1	0.007	0.006	0.005	0.004	0.004		
			2	014	011	009	008	007		
			3	021	017	014	012	011	au 1/4	0.075
			4	028	022	018	015	014		
			5	035	028	023	019	018	au 1/10	0.067
			6	043	033	027	023	021	au 1/6	0.062
			7	050	039	032	027	025		
			8	057	045	036	031	029	au 1/5	0.060
			9	064	040	041	035	032		
			10	071	056	045	039	036		
0.10	0 %	Cylind.	1	0.008	0.006	0 005	0.004	0.004		
			2	016	012	010	009	008		
			3	024	018	015	013	012	au 1/4	0.078
			4	031	025	020	017	016		
			5	039	031	025	021	020	au 1/10	0.071
			6	047	037	030	026	024	au 1/6	0.065
			7	055	043	035	030	028		
			8	063	049	040	034	032	au 1/5	0.063
			9	071	055	045	039	035		
			10	078	062	050	043	039		

D = 0ᵐ.15

DIAMÈTRE à la base ou D.	À déduire de D.	DIAMÈTRE réduit ou moyen.	HAUTEUR	VOLUME en grume	au 1/4	au 1/10	au 1/6	au 1/5	CÔTÉ d'équarrissage
m.		m.	m.	m.c	m.c.	m.c.	m.c.	c.	
0.15	50 %	Côuc.	1	0.006	0.005	0.004	0.003	0.003	
			2	012	009	007	006	006	m.
			3	018	014	011	010	009	au 1/4 0.068
			4	024	018	015	013	012	
			5	029	023	019	016	015	au 1/10 0.061
			6	035	028	022	019	018	
			7	041	032	026	022	021	au 1/6 0.057
			8	047	037	030	026	024	au 1/5 0.054
			9	053	042	034	029	027	
			10	059	046	037	032	030	
0.15	45 %	0 0825	1	0.007	0.005	0.004	0.004	0.003	
			2	013	010	008	007	007	
			3	020	015	012	011	010	au 1/4 0.072
			4	026	021	017	014	013	
			5	033	026	021	018	016	au 1/10 0.064
			6	039	031	025	021	020	au 1/6 0.060
			7	046	036	029	025	023	
			8	052	041	033	028	026	au 1/5 0.057
			9	059	046	037	032	030	
			10	065	051	042	036	033	
0.15	40 %	0.09	1	0.007	0.006	0.005	0.004	0.004	
			2	015	011	009	008	007	
			3	022	017	014	012	011	au 1/4 0.076
			4	029	023	019	016	015	
			5	036	029	023	020	018	au 1/10 0.068
			6	044	034	028	024	022	au 1/6 0.063
			7	051	040	033	028	026	
			8	058	046	037	032	029	au 1/5 0.061
			9	066	052	042	036	033	
			10	073	057	046	040	037	
0.15	35 %	0.0975	1	0.008	0.006	0.005	0.004	0.004	
			2	016	013	010	009	008	
			3	025	019	016	013	012	au 1/4 0.080
			4	033	026	021	018	016	
			5	041	032	026	022	021	au 1/10 0.072
			6	049	039	031	027	025	au 1/6 0.067
			7	057	045	036	031	029	
			8	065	051	042	036	033	au 1/5 0.064
			9	074	058	047	040	037	
			10	082	064	052	045	041	
0.15	30 %	0.105	1	0.009	0.007	0.006	0.005	0.005	
			2	018	014	012	010	009	
			3	028	022	018	015	014	au 1/4 0.085
			4	037	029	023	020	018	
			5	046	036	029	025	023	au 1/10 0.076
			6	055	043	035	030	028	au 1/6 0.071
			7	064	050	041	035	032	
			8	073	058	047	040	037	au 1/5 0.068
			9	083	065	053	045	042	
			10	092	072	058	050	046	
0.15	25 %	0.1125	1	0.010	0.008	0.007	0.006	0.005	
			2	021	016	013	011	010	
			3	031	024	020	017	016	
			4	041	032	026	022	021	

DIAMÈTRE à la base ou **D.**	A déduire de **D.**	DIAMÈTRE réduit ou moyen.	HAUTEUR	VOLUME en grume	au 1/4	au 1/10	au 1/6	au 1/5	CÔTÉ d'équarrissage.	
m.		m.	m.	m.c.	m.c.	m.c.	m.c.	m.c.		m.
0.15	25 %	0.1125	5	0.052	0.040	0.033	0 028	0.026	au 1/4	0.090
			6	062	049	039	034	031	au 1/10	0.081
			7	072	057	046	039	036	au 1/6	0.075
			8	082	065	052	045	041	au 1/5	0.072
			9	093	073	059	051	047		
			10	103	081	066	056	052		
0.15	20 %	0.12	1	0.012	0.009	0.007	0.006	0.006		
			2	023	018	015	013	012		
			3	035	027	022	019	017	au 1/4	0.095
			4	046	036	029	025	023		
			5	058	045	037	031	029	au 1/10	0.086
			6	069	054	044	038	035	au 1/6	0.079
			7	081	063	051	044	041		
			8	092	072	059	050	046	au 1/5	0.076
			9	104	082	066	057	052		
			10	115	091	073	063	058		
0.15	15 %	0.1275	1	0.013	0.010	0.008	0.007	0.006		
			2	026	020	016	014	013		
			3	039	030	025	021	019	au 1/4	0.101
			4	052	040	033	028	026	au 1/10	0.091
			5	064	051	041	035	032		
			6	077	061	049	042	039	au 1/6	0.084
			7	090	071	057	049	045		
			8	103	081	066	056	052	au 1/5	0.081
			9	116	091	074	063	058		
			10	129	101	082	070	065		
0.15	10 %	0.135	1	0.014	0.011	0.009	0.008	0.007		
			2	029	023	018	016	014		
			3	043	034	027	023	022	au 1/4	0.106
			4	057	045	037	031	029		
			5	072	056	046	039	036	au 1/10	0.096
			6	086	068	055	047	043	au 1/6	0.087
			7	101	079	064	055	051		
			8	113	090	073	063	058	au 1/5	0.085
			9	129	101	082	070	065		
			10	144	113	091	078	072		
0.15	5 %	0.1425	1	0.016	0.013	0.010	0.009	0.008		
			2	032	025	020	017	016		
			3	048	038	030	026	024	au 1/4	0.112
			4	064	050	041	035	032		
			5	080	063	051	043	040	au 1/10	0.101
			6	096	075	061	052	048	au 1/6	0.093
			7	112	088	071	061	056		
			8	128	100	081	070	064	au 1/5	0.090
			9	144	113	091	078	072		
			10	160	125	102	087	080		
0.15	0 %	Cylind.	1	0.018	0.014	0.011	0.010	0.009		
			2	035	028	023	019	018		
			3	053	042	034	029	027	au 1/4	0.118
			4	071	055	045	039	035		
			5	088	069	056	048	044	au 1/10	0.106
			6	106	083	067	058	053	au 1/6	0.098
			7	124	097	079	067	062		
			8	141	111	090	077	071	au 1/5	0.094
			9	159	125	101	087	080		
			10	177	139	112	096	089		

D = 0ᵐ.20

DIAMÈTRE à la base ou D.	A déduire de D.	DIAMÈTRE réduit ou moyen.	HAUTEUR	VOLUME					CÔTÉ d'équarrissage.
				en grume	au 1/4	au 1/10	au 1/6	au 1/5	
m.		m.	m.	m.c.	m.c.	m.c.	m.c.	m.c.	
0.20	50 %	Cône.	1	0.010	0.008	0.007	0.006	0.005	
			2	021	016	013	011	011	
			3	031	025	020	017	016	au 1/4 0.091
			4	042	033	027	023	021	
			5	052	041	033	029	026	au 1/10 0.082
			6	063	049	040	034	032	
			7	073	058	047	040	037	au 1/6 0.076
			8	084	066	053	046	042	au 1/5 0.073
			9	094	074	060	051	047	
			10	105	082	067	057	053	
0.20	45 %	0.11	1	0.012	0.009	0.007	0.006	0.006	
			2	023	018	015	013	012	
			3	035	027	022	019	018	au 1/4 0.095
			4	046	036	030	025	023	
			5	058	046	037	032	029	au 1/10 0.086
			6	070	055	044	038	035	au 1/6 0.080
			7	081	064	052	044	041	
			8	093	073	059	051	047	au 1/5 0.076
			9	105	082	067	057	053	
			10	116	091	074	063	058	
0.20	40 %	0.12	1	0.013	0.010	0.008	0.007	0.007	
			2	026	020	017	014	013	
			3	039	031	025	021	020	au 1/4 0.101
			4	052	041	033	028	026	
			5	065	051	041	035	033	au 1/10 0.091
			6	078	061	050	042	039	au 1/6 0.084
			7	091	071	058	050	046	
			8	104	082	066	057	052	au 1/5 0.081
			9	117	092	074	064	059	
			10	130	102	083	071	065	
0.20	35 %	0.13	1	0.015	0.011	0.009	0.008	0.007	
			2	029	023	019	016	015	
			3	044	034	028	024	022	au 1/4 0.107
			4	058	046	037	032	029	
			5	073	057	046	040	037	au 1/10 0.096
			6	087	069	056	048	044	au 1/6 0.089
			7	102	080	065	056	051	
			8	116	091	074	063	058	au 1/5 0.086
			9	131	103	083	071	066	
			10	145	114	093	079	073	
0.20	30 %	0.14	1	0.016	0.013	0.010	0.009	0.008	
			2	033	026	021	018	016	
			3	049	038	031	027	025	au 1/4 0.113
			4	065	051	042	036	033	
			5	082	064	052	045	041	au 1/10 0.102
			6	098	077	062	053	049	au 1/6 0.094
			7	114	090	073	062	057	
			8	131	103	083	071	066	au 1/5 0.091
			9	147	115	094	080	074	
			10	163	128	104	089	082	
0.20	25 %	0.15	1	0.018	0.014	0.012	0.010	0.009	
			2	037	029	023	020	018	
			3	055	043	035	030	028	
			4	073	058	047	040	037	

DIAMÈTRE à la base ou D.	À déduire de D.	DIAMÈTRE réduit ou moyen.	HAUTEUR	VOLUME en grume	au 1/4	au 1/10	au 1/6	au 1/5	CÔTÉ d'équarrissage.
m.		m.	m.	m.c.	m.c.	m.c.	m.c.	m.c.	m.
0.20	25 %	0.15	5	0.092	0.072	0.058	0.030	0.046	au 1/4 0.120
			6	110	086	070	060	055	
			7	128	101	082	070	064	au 1/10 0.108
			8	147	115	093	080	074	au 1/6 0.100
			9	165	129	105	090	083	
			10	183	144	117	100	092	au 1/5 0.096
0.20	20 %	0.16	1	0.021	0.016	0.013	0.011	0.010	
			2	041	032	026	022	021	
			3	062	048	039	034	031	au 1/4 0.127
			4	082	064	052	045	041	
			5	103	081	065	056	052	au 1/10 0.114
			6	123	097	078	067	062	au 1/6 0.106
			7	144	113	091	078	072	
			8	164	129	105	089	082	au 1/5 0.102
			9	185	145	118	101	093	
			10	205	161	131	112	103	
0.20	15 %	0.17	1	0.023	0.018	0.015	0.012	0.012	
			2	046	036	029	025	023	
			3	069	054	044	037	035	au 1/4 0.134
			4	092	072	058	050	046	
			5	115	090	073	062	058	au 1/10 0.121
			6	138	108	088	075	069	au 1/6 0.112
			7	160	126	102	087	081	
			8	183	144	117	100	092	au 1/5 0.107
			9	206	162	131	112	104	
			10	229	180	146	125	115	
0.20	10 %	0.18	1	0.026	0.020	0.016	0.014	0.013	
			2	051	040	033	028	026	
			3	077	060	049	042	038	au 1/4 0.142
			4	102	080	065	056	051	
			5	128	100	081	069	064	au 1/10 0.128
			6	153	120	098	083	077	
			7	179	140	114	097	090	au 1/6 0.118
			8	204	160	130	111	103	au 1/5 0.113
			9	230	180	146	125	115	
			10	255	200	163	139	128	
0.20	5 %	0.19	1	0.028	0.022	0.018	0.015	0.014	
			2	057	045	036	031	029	
			3	085	067	054	046	043	au 1/4 0.149
			4	113	089	072	062	057	
			5	142	111	090	077	071	au 1/10 0.134
			6	170	134	108	093	086	au 1/6 0.124
			7	199	156	126	108	100	
			8	227	178	145	123	114	au 1/5 0.119
			9	255	200	163	139	128	
			10	284	223	181	154	143	
0.20	0 %	Cylind.	1	0.031	0.025	0.020	0.017	0.016	
			2	063	049	040	034	032	
			3	094	074	060	051	047	au 1/4 0.157
			4	126	099	080	068	063	
			5	157	123	100	086	079	au 1/10 0.141
			6	188	148	120	103	095	au 1/6 0.131
			7	220	173	140	120	110	
			8	251	197	160	137	126	au 1/5 0.126
			9	283	222	180	154	142	
			10	314	246	200	171	158	

D = 0ᵐ.25

DIAMÈTRE à la base ou **D.**	A déduire de **D.**	DIAMÈTRE réduit ou moyen.	HAU-TEUR	VOLUME en grume	au 1/4	au 1/10	au 1/6	au 1/5	CÔTÉ d'équarris-sage.
m.		m.	m.	m.c.	m.c.	m.C.	m.c.	m.c.	m.
0.25	50 %	Cône.	1	0.016	0.013	0.010	0.009	0.008	
			2	033	026	021	018	016	
			3	049	039	031	027	025	au 1/4 0.113
			4	065	051	042	036	033	
			5	082	064	052	045	041	au 1/10 0.102
			6	098	077	063	053	049	au 1/6 0.094
			7	114	090	073	062	058	
			8	131	103	083	071	066	au 1/5 0.091
			9	147	116	094	080	074	
			10	164	128	104	089	082	
0.25	45 %	0.1375	1	0.018	0.014	0.012	0.010	0.009	
			2	036	028	023	020	018	
			3	054	043	035	030	027	au 1/4 0.119
			4	073	057	046	040	036	
			5	091	071	058	049	046	au 1/10 0.108
			6	109	085	069	059	055	au 1/6 0.100
			7	127	100	081	069	064	
			8	145	114	092	079	073	au 1/5 0.096
			9	163	128	104	089	082	
			10	182	142	116	099	091	
0.25	40 %	0.15	1	0.020	0.016	0.013	0.011	0 010	
			2	041	032	026	022	020	
			3	061	048	039	033	031	au 1/4 0.126
			4	081	064	052	044	041	
			5	101	080	065	055	051	au 1/10 0.114
			6	122	096	078	066	061	au 1/6 0.105
			7	142	111	090	077	071	
			8	162	127	103	088	082	au 1/5 0.101
			9	183	143	116	099	092	
			10	203	159	129	111	102	
0.25	35 %	0.1625	1	0.023	0.018	0.014	0.012	0.011	
			2	045	036	029	025	023	
			3	068	054	043	037	034	au 1/4 0.134
			4	091	071	058	050	046	
			5	114	089	072	062	057	au 1/10 0.120
			6	136	107	087	074	069	au 1/6 0.111
			7	159	125	101	087	080	
			8	182	143	116	099	091	au 1/5 0.107
			9	205	161	130	112	103	
			10	227	178	145	124	114	
0.25	30 %	0.175	1	0.026	0.020	0.016	0.014	0.013	
			2	051	040	032	028	026	
			3	077	060	049	042	038	au 1/4 0.142
			4	102	080	065	056	051	
			5	128	100	081	070	064	au 1/10 0.127
			6	153	120	097	083	077	au 1/6 0.118
			7	179	140	114	097	090	
			8	204	160	130	111	103	au 1/5 0.113
			9	230	180	146	125	115	
			10	255	200	162	139	128	
0.25	25 %	0.1875	1	0.029	0.022	0.018	0.016	0.014	
			2	057	045	036	031	029	
			3	086	067	055	047	043	
			4	114	090	073	062	058	

DIAMÈTRE à la base ou **D.**	À déduire de **D.**	DIAMÈTRE réduit ou moyen.	HAU-TEUR	VOLUME					CÔTÉ d'équarris-sage.
				en grume	au 1/4	au 1/10	au 1/6	au 1/5	
m.		m.	m.	m.c	m.c.	m.c.	m.c.	m.c.	m.
0.25	25 %	0.1875	5	0.143	0.112	0.091	0.078	0.072	au 1/4 0.150
			6	172	135	109	094	086	au 1/10 0.135
			7	200	157	128	109	101	au 1/6 0.125
			8	229	180	146	125	115	au 1/5 0.120
			9	258	202	164	140	129	
			10	286	225	182	156	144	
0.25	20 %	0.20	1	0.032	0.025	0.020	0.017	0.016	
			2	064	050	041	035	032	
			3	096	075	061	052	048	au 1/4 0.159
			4	128	101	082	070	064	au 1/10 0.143
			5	160	126	102	087	081	au 1/6 0.132
			6	192	151	123	105	097	au 1/5 0.127
			7	224	176	143	122	113	
			8	256	201	163	140	129	
			9	288	226	184	157	145	
			10	321	252	204	175	161	
0.25	15 %	0.2125	1	0.036	0.028	0.023	0.020	0.018	
			2	072	056	046	039	036	
			3	107	084	068	059	054	au 1/4 0.168
			4	143	112	091	078	072	au 1/10 0.151
			5	179	141	114	098	090	au 1/6 0.140
			6	215	169	137	117	108	au 1/5 0.134
			7	251	197	160	137	126	
			8	287	225	182	156	144	
			9	322	253	205	176	162	
			10	358	281	228	195	180	
0.25	10 %	0.225	1	0.040	0.031	0.025	0.022	0.020	
			2	080	063	051	044	040	
			3	120	094	076	065	060	au 1/4 0.177
			4	160	125	102	087	080	au 1/10 0.159
			5	200	157	127	109	100	au 1/6 0.148
			6	239	188	153	131	120	au 1/5 0.142
			7	279	219	178	152	140	
			8	319	251	203	174	160	
			9	359	282	229	196	180	
			10	399	313	254	218	200	
0.25	5 %	0.2375	1	0.044	0.035	0.028	0.024	0.022	
			2	089	070	056	048	045	
			3	133	104	085	072	067	au 1/4 0.187
			4	177	139	113	097	089	au 1/10 0.168
			5	222	174	141	121	111	au 1/6 0.155
			6	266	209	169	145	134	au 1/5 0.149
			7	310	244	198	169	156	
			8	355	278	226	193	178	
			9	399	313	254	217	200	
			10	443	348	282	242	223	
0.25	0 %	Cylind.	1	0.049	0.039	0.031	0.027	0.025	
			2	098	077	062	053	049	
			3	147	116	094	080	074	au 1/4 0.196
			4	196	154	125	107	099	au 1/10 0.177
			5	245	193	156	134	123	au 1/6 0.164
			6	294	231	187	160	148	au 1/5 0.157
			7	343	270	219	187	173	
			8	392	308	250	214	197	
			9	442	347	281	241	222	
			10	491	385	312	267	246	

$D = 0^m.30$

DIAMÈTRE à la base ou D.	A déduire de D.	DIAMÈTRE réduit ou moyen.	HAUTEUR	VOLUME					CÔTÉ d'équarrissage.
				en grume	au 1/4	au 1/10	au 1/6	au 1/5	
m.		m.	m.	m c.	m c.	m c.	m c.	m c.	
0.30	50 %	Cône.	1	0.024	0.018	0.015	0.013	0.012	
			2	047	037	030	026	024	
			3	071	055	045	039	035	au 1/4 0.136
			4	094	074	060	051	047	
			5	118	092	075	064	059	au 1/10 0.122
			6	141	111	090	077	071	au 1/6 0.143
			7	165	129	105	090	083	
			8	188	148	120	103	095	au 1/5 0.109
			9	212	166	135	116	106	
			10	235	185	150	128	118	
0.30	45 %	0.165	1	0.026	0.021	0.017	0.014	0.013	
			2	052	041	033	028	026	
			3	078	062	050	043	039	au 1/4 0.143
			4	105	082	067	057	053	
			5	131	103	083	071	066	au 1/10 0.129
			6	157	123	100	085	079	au 1/6 0.119
			7	183	144	117	100	092	
			8	209	164	133	114	105	au 1/5 0.115
			9	235	185	150	128	118	
			10	261	205	166	142	131	
0.30	40 %	0.18	1	0.029	0.023	0.019	0.016	0.015	
			2	058	046	037	032	029	
			3	088	069	056	048	044	au 1/4 0.151
			4	117	092	074	064	059	
			5	146	115	093	080	073	au 1/10 0.136
			6	175	138	112	096	088	au 1/6 0.126
			7	204	160	130	111	103	
			8	234	183	149	127	117	au 1/5 0.121
			9	263	206	167	143	132	
			10	292	229	186	159	147	
0.30	35 %	0.195	1	0.033	0.026	0.021	0.018	0.016	
			2	065	051	042	036	033	
			3	098	077	063	054	049	au 1/4 0.160
			4	131	103	083	071	066	
			5	164	128	104	089	082	au 1/10 0.144
			6	196	154	125	107	099	au 1/6 0.133
			7	229	180	146	125	115	
			8	262	206	167	143	132	au 1/5 0.128
			9	295	231	188	161	148	
			10	327	257	208	178	164	
0.30	30 %	0.21	1	0.037	0.029	0.023	0.020	0.018	
			2	073	058	047	040	037	
			3	110	087	070	060	055	au 1/4 0.170
			4	147	115	094	080	074	
			5	184	144	117	100	092	au 1/10 0.153
			6	220	173	140	120	111	au 1/6 0.142
			7	257	202	164	140	129	
			8	294	231	187	160	148	au 1/5 0.136
			9	331	260	211	180	166	
			10	367	288	234	200	185	
0.30	25 %	0.225	1	0.041	0.032	0.026	0.022	0.021	
			2	082	065	052	045	041	
			3	124	097	079	067	062	
			4	165	129	105	090	083	

DIAMÈTRE à la base ou **D.**	A déduire de **D.**	DIAMÈTRE réduit ou moyen.	HAU-TEOR	VOLUME					CÔTÉ d'équarrissage.	
				en grume	au 1/4	au 1/10	au 1/6	au 1/5		
m.		m.	m.	m c.	m.c.	m.c.	m.c.	m.c.		m.
0.30	25 %	0.225	5	0.206	0.162	0.131	0.112	0.104	au 1/4	0.180
			6	247	194	157	135	124		
			7	288	226	184	157	145	au 1/10	0 162
			8	330	259	210	180	166	au 1/6	0.150
			9	374	291	236	202	186		
			10	412	324	262	225	207	au 1/5	0.144
0.30	20 %	0.24	1	0.046	0.036	0.029	0.025	0.023		
			2	092	072	059	050	046		
			3	138	109	088	075	070	au 1/4	0.190
			4	185	145	118	101	093		
			5	231	181	147	126	116	au 1/10	0.171
			6	277	217	176	151	139	au 1/6	0.159
			7	323	254	206	176	162		
			8	369	290	235	201	186	au 1/5	0.152
			9	415	326	265	226	209		
			10	462	362	294	252	232		
0.30	15 %	0.255	1	0.052	0.040	0.033	0.028	0.026		
			2	103	081	066	056	052		
			3	155	121	099	084	078	au 1/4	0.201
			4	206	162	131	112	104		
			5	258	202	164	141	130	au 1/10	0.181
			6	309	243	197	169	155	au 1/6	0.168
			7	361	283	230	197	181		
			8	413	324	263	225	207	au 1/5	0.161
			9	464	364	296	253	233		
			10	516	405	328	281	259		
0.30	10 %	0.27	1	0.057	0.045	0.037	0.031	0.029		
			2	115	090	073	063	058		
			3	172	135	110	094	087	au 1/4	0.212
			4	230	180	146	125	115		
			5	287	226	183	157	144	au 1/10	0.191
			6	345	271	220	188	173	au 1/6	0.177
			7	402	316	256	219	202		
			8	460	361	293	251	231	au 1/5	0.170
			9	517	406	329	282	260		
			10	575	451	366	313	289		
0.30	5 %	0.285	1	0.064	0.050	0.041	0.035	0.032		
			2	128	100	081	070	064		
			3	191	150	122	104	096	au 1/4	0.224
			4	255	200	163	139	128		
			5	319	250	203	174	160	au 1/10	0.202
			6	383	301	244	209	192	au 1/6	0.187
			7	447	351	285	244	224		
			8	511	401	325	278	257	au 1/5	0.179
			9	574	451	366	313	289		
			10	638	501	406	348	321		
0.30	0 %	Cylind.	1	0.071	0.055	0.045	0.039	0.035		
			2	141	111	090	077	071		
			3	212	166	135	116	106	au 1/4	0.236
			4	283	222	180	154	142		
			5	353	277	225	193	177	au 1/10	0.212
			6	424	333	270	231	213	au 1/6	0.196
			7	495	388	315	270	248		
			8	565	444	360	308	284	au 1/5	0.188
			9	636	499	405	347	319		
			10	706	555	450	385	355		

D = 0ᵐ.35

DIAMÈTRE à la base ou D.	À déduire de D.	DIAMÈTRE réduit ou moyen.	HAUTEUR	VOLUME en grume	au 1/4	au 1/10	au 1/6	au 1/5	CÔTÉ d'équarrissage.
m. 0.35	50 %	m. Cône.	1	0.032	0.025	0.020	0.017	0.016	
			2	064	050	041	035	032	m.
			3	096	075	061	052	048	au 1/4 0.159
			4	128	101	082	070	064	
			5	160	126	102	087	081	au 1/10 0.143
			6	192	151	123	105	097	
			7	224	176	143	122	113	au 1/6 0.132
			8	256	201	163	140	129	
			9	288	226	184	157	145	au 1/5 0.127
			10	321	252	204	175	161	
0.35	45 %	0.1925	1	0.036	0.028	0.023	0.019	0.018	
			2	071	056	045	039	036	
			3	107	084	068	058	054	au 1/4 0.167
			4	142	112	091	078	071	
			5	178	140	113	097	089	au 1/10 0.150
			6	213	168	136	116	107	
			7	249	196	159	136	125	au 1/6 0.139
			8	285	223	181	155	143	
			9	320	251	204	175	161	au 1/5 0.134
			10	356	279	227	194	179	
0.35	40 %	0.21	1	0.040	0.031	0.025	0.022	0.020	
			2	079	062	051	043	040	
			3	119	094	076	065	060	au 1/4 0.177
			4	159	125	101	087	080	
			5	199	156	127	108	100	au 1/10 0.159
			6	238	187	152	130	120	
			7	278	218	177	152	140	au 1/6 0.147
			8	318	250	203	173	160	
			9	358	281	228	195	180	au 1/5 0.141
			10	397	312	253	217	200	
0.35	35 %	0.2275	1	0.045	0.035	0.028	0.024	0.022	
			2	089	070	057	049	045	
			3	134	105	085	073	067	au 1/4 0.187
			4	178	140	114	097	090	
			5	223	175	142	121	112	au 1/10 0.168
			6	267	210	170	146	134	
			7	312	245	199	170	157	au 1/6 0.156
			8	356	280	227	194	179	
			9	401	315	255	219	201	au 1/5 0.150
			10	446	350	284	243	224	
0.35	30 %	0.245	1	0.050	0.039	0.032	0.027	0.025	
			2	100.	079	064	055	050	
			3	150	118	096	082	075	au 1/4 0.198
			4	200	157	127	109	100	
			5	250	196	159	136	126	au 1/10 0.178
			6	300	236	191	164	151	
			7	350	275	223	191	176	au 1/6 0.165
			8	400	314	255	218	201	
			9	450	353	287	245	226	au 1/5 0.159
			10	500	393	318	273	251	
0.35	25 %	0.2625	1	0.056	0.044	0.036	0.031	0.028	
			2	112	088	071	061	056	
			3	168	132	107	092	085	
			4	224	176	143	122	113	

DIAMÈTRE à la base ou **D.**	À déduire de **D.**	DIAMÈTRE réduit ou moyen.	HAUTEUR	VOLUME en grume	au 1/4	au 1/10	au 1/6	au 1/5	CÔTÉ d'équarrissage.
m.		m.	m.	m.c.	m.c.	m.c.	m.c.	m.c.	m.
0.35	25 %	0.2625	5	0.280	0.220	0.179	0.153	0.141	au 1/4 0.210
			6	337	264	214	183	169	au 1/10 0.189
			7	393	308	250	214	197	au 1/6 0.175
			8	449	352	286	245	225	au 1/5 0.168
			9	505	396	322	275	254	
			10	561	440	357	306	282	
0.35	20 %	0.28	1	0.063	0.049	0.040	0.034	0.032	
			2	126	099	080	068	063	
			3	188	148	120	103	095	au 1/4 0.222
			4	231	197	160	137	126	
			5	314	247	200	171	158	au 1/10 0.200
			6	377	296	240	205	189	
			7	440	345	280	240	221	au 1/6 0.185
			8	503	395	320	274	253	au 1/5 0.178
			9	565	444	360	308	284	
			10	628	493	400	342	316	
0.35	15 %	0 2975	1	0.070	0.055	0.045	0.038	0.035	
			2	140	110	089	077	071	
			3	211	165	134	115	106	au 1/4 0.235
			4	281	220	179	153	141	
			5	351	276	224	191	176	au 1/10 0.211
			6	421	331	268	230	212	au 1/6 0.196
			7	491	386	313	268	247	
			8	562	441	358	306	282	au 1/5 0.188
			9	632	496	402	344	317	
			10	702	551	447	383	353	
0.35	10 %	0.315	1	0.078	0.061	0.050	0.043	0.039	
			2	156	123	100	085	079	
			3	235	184	149	128	118	au 1/4 0.248
			4	313	246	199	171	157	
			5	391	307	249	213	196	au 1/10 0.223
			6	469	368	299	256	236	au 1/6 0.207
			7	547	430	349	298	275	
			8	626	491	399	341	314	au 1/5 0.198
			9	704	553	448	384	354	
			10	782	614	498	426	393	
0.35	5 %	0.3325	1	0.087	0.068	0.055	0.047	0.044	
			2	174	136	111	095	087	
			3	261	205	166	142	131	au 1/4 0.261
			4	247	273	221	189	175	
			5	434	341	277	237	218	au 1/10 0.235
			6	521	409	332	284	262	au 1/6 0.218
			7	608	477	387	331	305	
			8	695	546	443	379	349	au 1/5 0.209
			9	782	614	498	426	393	
			10	869	682	553	474	436	
0.35	0 %	Cylind.	1	0.096	0.075	0.061	0.052	0.048	
			2	192	151	122	105	097	
			3	288	226	184	157	145	au 1/4 0.275
			4	385	302	245	210	193	
			5	481	377	306	262	242	au 1/10 0.247
			6	577	453	367	315	290	au 1/6 0.229
			7	673	528	429	367	338	
			8	769	604	490	419	386	au 1/5 0.220
			9	865	679	551	472	433	
			10	962	755	612	524	483	

D = 0ᵐ.40

DIAMÈTRE à la base ou D.	A déduire de D.	DIAMÈTRE réduit ou moyen.	HAU-TEUR	VOLUME en grume	au 1/4	au 1/10	au 1/6	au 1/5	CÔTÉ d'équarrissage.
m. 0.40	50 %	m. Cône.	m. 1	m.c. 0.042	m.c. 0.033	m.c. 0.027	m.c. 0.023	m.c. 0.021	
			2	084	066	053	046	042	
			3	126	099	080	068	063	au 1/4 0.181
			4	167	131	107	091	084	
			5	209	164	133	114	105	au 1/10 0.163
			6	251	197	160	137	126	
			7	293	230	187	160	147	au 1/6 0.151
			8	335	263	213	183	168	au 1/5 0.145
			9	377	296	240	205	189	
			10	419	329	267	228	210	
0.40	45 %	0.22	1	0.046	0.036	0.030	0.025	0.023	
			2	093	073	059	051	047	
			3	139	109	089	076	070	au 1/4 0.191
			4	186	146	118	101	093	
			5	232	182	148	127	117	au 1/10 0.172
			6	279	219	178	152	140	
			7	325	255	207	177	163	au 1/6 0.159
			8	372	292	237	203	187	au 1/5 0.153
			9	418	328	266	228	210	
			10	465	365	296	253	233	
0.40	40 %	0 24	1	0 052	0.041	0.033	0.028	0 026	
			2	104	082	066	057	052	
			3	156	122	099	085	078	au 1/4 0.202
			4	208	163	132	113	104	
			5	260	204	165	142	130	au 1/10 0.182
			6	311	245	198	170	156	
			7	363	285	231	198	183	au 1/6 0.168
			8	415	326	265	226	209	au 1/5 0.162
			9	467	367	298	255	235	
			10	519	408	331	283	261	
0.40	35 %	0.26	1	0.058	0.046	0.037	0.032	0.029	
			2	116	091	074	063	058	
			3	175	137	111	095	088	au 1/4 0.214
			4	233	183	148	127	117	
			5	291	228	185	159	146	au 1/10 0.192
			6	349	274	222	190	175	
			7	407	320	259	222	205	au 1/6 0.178
			8	466	365	297	254	234	au 1/5 0.171
			9	524	411	334	286	263	
			10	582	457	371	317	292	
0.40	30 %	0.28	1	0.065	0.051	0.042	0.036	0.033	
			2	131	103	083	071	066	
			3	196	154	125	107	098	au 1/4 0.226
			4	261	205	166	142	131	
			5	327	256	208	178	164	au 1/10 0.204
			6	392	308	250	214	197	
			7	457	359	291	249	230	au 1/6 0.189
			8	522	410	333	285	263	au 1/5 0.181
			9	588	461	374	320	295	
			10	653	513	416	356	328	
0.40	25 %	0.30	1	0.073	0.058	0.047	0.040	0.037	
			2	147	115	093	080	074	
			3	220	173	140	120	110	
			4	293	230	187	160	147	

DIAMÈTRE à la base ou **D.**	À déduire de **D.**	DIAMÈTRE réduit ou moyen.	HAUTEUR	VOLUME en grume	au 1/4	au 1/10	au 1/6	au 1/5	CÔTÉ d'équarrissage.
s. 0.40	25 %	m. 0.30	m. 5	m.c. 0.366	m.c. 0.288	m.c. 0.233	m.c. 0.200	m.c 0.184	au 1/4 0.240
			6	440	345	280	240	221	
			7	513	403	327	280	258	au 1/10 0.216
			8	586	460	373	320	294	au 1/6 0.200
			9	659	518	420	359	331	
			10	733	575	467	399	368	au 1/5 0.192
0.40	20 %	0.32	1	0.082	0.064	0.052	0.045	0.041	
			2	164	129	105	089	082	
			3	246	193	157	134	124	au 1/4 0.254
			4	328	258	209	179	165	
			5	410	322	261	224	206	au 1/10 0.229
			6	492	386	314	268	247	au 1/6 0.212
			7	574	451	366	313	289	
			8	656	515	418	358	330	au 1/5 0.203
			9	739	580	470	403	371	
			10	821	664	523	447	412	
0.40	15 %	0.34	1	0.092	0.072	0.058	0.050	0.046	
			2	183	144	117	100	092	
			3	275	216	175	150	138	au 1/4 0.268
			4	367	288	234	200	184	au 1/10 0.242
			5	458	360	292	250	230	
			6	550	432	350	300	276	au 1/6 0.224
			7	642	504	409	350	322	au 1/5 0.215
			8	734	576	467	400	369	
			9	825	648	526	450	415	
			10	917	720	584	500	461	
0.40	10 %	0.36	1	0.102	0.080	0.065	0.056	0.051	
			2	204	160	130	111	103	
			3	306	241	195	167	154	au 1/4 0.283
			4	409	321	260	223	205	au 1/10 0.255
			5	511	401	325	278	257	
			6	613	481	390	334	308	au 1/6 0.236
			7	715	561	455	390	359	au 1/5 0.227
			8	817	642	521	446	411	
			9	919	722	586	501	462	
			10	1.022	802	651	557	513	
0.40	5 %	0.38	1	0.113	0.089	0.072	0.062	0.057	
			2	227	178	145	124	114	
			3	340	267	217	186	171	au 1/4 0.298
			4	454	356	289	247	228	au 1/10 0.269
			5	567	445	361	309	285	
			6	681	534	434	471	342	au 1/6 0.249
			7	794	623	506	533	399	au 1/5 0.239
			8	908	713	578	595	456	
			9	1.021	802	650	657	513	
			10	135	391	720	710	570	
0.40	0 %	Cylind.	1	0.126	0.099	0.080	0.068	0.063	
			2	251	197	160	137	126	
			3	377	296	240	205	189	au 1/4 0.314
			4	502	394	320	274	252	au 1/10 0.283
			5	628	493	400	342	316	
			6	754	592	480	411	379	au 1/6 0.262
			7	879	690	560	479	442	au 1/5 0.251
			8	1.005	789	640	548	505	
			9	130	887	720	616	568	
			10	256	986	800	685	631	

D = 0ᵐ.45

DIAMÈTRE à la base ou **D.**	A déduire de **D.**	DIAMÈTRE réduit ou moyen.	HAU-TEUR	VOLUME en grume	au $\frac{1}{4}$	au $\frac{1}{10}$	au $\frac{1}{6}$	au $\frac{1}{5}$	CÔTÉ d'équarris-sage.	
m.		m.	m.	m.c.	m.c.	m.c.	m.c.	m.c.		
0.45	50 %	Cône.	1	0.053	0.042	0 034	0.029	0.027		
			2	106	083	067	058	053		m
			3	159	125	101	087	080	au $\frac{1}{4}$	0.204
			4	211	166	135	116	106		
			5	265	208	169	144	133	au $\frac{1}{10}$	0.184
			6	318	250	202	173	160		
			7	371	291	236	202	186	au $\frac{1}{6}$	0.170
			8	424	333	270	231	213		
			9	477	374	304	260	240	au $\frac{1}{5}$	0.163
			10	530	416	337	289	266		
0.45	45 %	0.2475	1	0.059	0.046	0.037	0.032	0.030		
			2	118	092	075	064	059		
			3	176	139	112	096	089	au $\frac{1}{4}$	0.215
			4	235	185	150	128	118		
			5	294	231	187	160	148	au $\frac{1}{10}$	0.194
			6	353	277	225	192	177	au $\frac{1}{6}$	0.179
			7	412	323	262	224	207		
			8	471	369	300	257	236	au $\frac{1}{5}$	0.172
			9	529	416	337	289	266		
			10	588	462	375	321	295		
0.45	40 %	0.27	1	0.066	0.052	0.042	0.036	0.033		
			2	131	103	084	072	066		
			3	197	155	126	107	099	au $\frac{1}{4}$	0.227
			4	263	206	167	143	132		
			5	329	258	209	179	165	au $\frac{1}{10}$	0.205
			6	394	309	251	215	198		
			7	460	361	293	251	231	au $\frac{1}{6}$	0.189
			8	526	413	335	287	264		
			9	591	464	377	322	297	au $\frac{1}{5}$	0.182
			10	657	516	418	358	330		
0.45	35 %	0.2925	1	0.074	0.058	0.047	0.040	0.037		
			2	147	116	094	080	074		
			3	221	173	141	120	111	au $\frac{1}{4}$	0.240
			4	295	231	188	161	148		
			5	368	289	235	201	185	au $\frac{1}{10}$	0.217
			6	442	347	281	241	222		
			7	516	405	328	281	259	au $\frac{1}{6}$	0.200
			8	589	463	375	321	296		
			9	663	520	422	361	333	au $\frac{1}{5}$	0.192
			10	737	578	469	402	370		
0.45	30 %	0.315	1	0.083	0.065	0.053	0.045	0.042		
			2	165	130	105	090	083		
			3	248	195	158	135	125	au $\frac{1}{4}$	0.255
			4	331	260	211	180	166		
			5	413	324	263	225	208	au $\frac{1}{10}$	0.229
			6	496	389	316	270	249		
			7	579	454	369	315	291	au $\frac{1}{6}$	0.212
			8	661	519	421	360	332		
			9	744	584	474	406	374	au $\frac{1}{5}$	0.204
			10	827	649	526	451	415		
0.45	25 %	0.3375	1	0.093	0.073	0.059	0.051	0.047		
			2	185	146	118	101	093		
			3	278	218	177	152	140		
			4	371	291	236	202	186		

DIAMÈTRE à la base ou **D.**	A déduire de **D.**	DIAMÈTRE réduit ou moyen.	HAU-TEUR	VOLUME					CÔTÉ d'équarris-sage.	
				en grume	au $1/4$	au $1/10$	au $1/6$	au $1/5$		
m.		m.	m.	m.c.	m.c.	m.c.	m.c.	m.c.		m.
0.45	25 %	0.3375	5	0.464	0.364	0.295	0.253	0.233	au $1/4$	0.270
			6	556	437	354	303	280	au $1/10$	0.243
			7	649	510	413	354	326		
			8	742	582	472	404	373	au $1/6$	0.225
			9	835	655	532	455	419		
			10	927	728	591	505	466	au $1/5$	0.216
0.45	20 %	0.36	1	0.104	0.082	0.066	0.057	0.052		
			2	208	163	132	113	104		
			3	312	245	198	170	157	au $1/4$	0.286
			4	415	326	265	226	209	au $1/10$	0.257
			5	519	408	331	283	261		
			6	623	489	397	340	333	au $1/6$	0.238
			7	727	571	463	396	365	au $1/5$	0.229
			8	831	652	529	453	417		
			9	935	734	595	510	470		
			10	1.038	815	661	566	522		
0.45	15 %	0.3825	1	0.116	0.091	0.074	0.063	0.058		
			2	232	182	148	127	117		
			3	348	273	222	190	175	au $1/4$	0.302
			4	464	364	296	253	233	au $1/10$	0.272
			5	580	455	370	316	291		
			6	696	547	443	380	350	au $1/6$	0.251
			7	812	638	517	443	408	au $1/5$	0.241
			8	928	729	591	506	466		
			9	1.044	820	665	569	525		
			10	160	911	739	633	583		
0.45	10 %	0.405	1	0.129	0.101	0.082	0.070	0.065		
			2	259	203	165	141	130		
			3	388	304	247	211	195	au $1/4$	0.319
			4	517	406	339	282	260	au $1/10$	0.287
			5	646	507	412	353	325		
			6	776	609	494	423	390	au $1/6$	0.265
			7	905	710	576	493	455	au $1/5$	0.255
			8	1.034	812	659	564	520		
			9	164	913	741	634	585		
			10	293	1.015	823	705	650		
0.45	5 %	0.4275	1	0.144	0.113	0.091	0.078	0.072		
			2	287	225	183	157	144		
			3	431	338	274	235	216	au $1/4$	0.336
			4	574	451	366	313	289	au $1/10$	0.302
			5	718	564	457	391	361		
			6	862	676	549	470	433	au $1/6$	0.280
			7	1.005	789	640	548	505	au $1/5$	0.269
			8	149	902	732	626	577		
			9	292	1.015	823	705	649		
			10	436	127	915	783	721		
0.45	0 %	Cylind.	1	0.159	0.125	0.101	0.087	0.080		
			2	318	250	202	173	160		
			3	477	374	304	260	240	au $1/4$	0.353
			4	636	499	405	347	319	au $1/10$	0.318
			5	795	624	506	433	399		
			6	954	749	607	520	479	au $1/6$	0.294
			7	1.113	874	709	607	559	au $1/5$	0.283
			8	272	998	810	693	639		
			9	431	1.123	911	780	719		
			10	590	248	1.012	867	799		

D = 0m.50

DIAMÈTRE à la base ou D.	A déduire de D.	DIAMÈTRE réduit ou moyen.	HAUTEUR	en grume	au 1/4	au 1/10	au 1/6	au 1/5	CÔTÉ d'équarrissage.
m.		m.	m.	m.c.	m.c.	m.c.	m.c.	c.	m.
0.50	50 %	Cône.	1	0.065	0.051	0.042	0.036	0.033	
			2	131	103	083	071	066	
			3	196	154	125	107	099	au 1/4 0.227
			4	262	205	167	143	131	
			5	327	257	208	178	164	au 1/10 0.204
			6	393	308	250	214	197	au 1/6 0.189
			7	458	359	292	250	230	
			8	523	411	333	285	263	au 1/8 0.181
			9	589	462	375	321	296	
			10	654	513	417	357	329	
0.50	45 %	0.275	1	0.073	0.057	0.046	0.040	0.036	
			2	145	114	092	079	073	
			3	218	171	139	119	109	au 1/4 0.239
			4	290	228	185	158	146	
			5	363	285	231	198	182	au 1/10 0.215
			6	436	342	277	238	219	au 1/6 0.199
			7	508	399	324	277	255	
			8	581	456	370	317	292	au 1/8 0.191
			9	654	513	416	356	328	
			10	726	570	462	396	365	
0.50	40 %	0.30	1	0.081	0.064	0.052	0.044	0.041	
			2	162	127	103	088	082	
			3	243	191	155	133	122	au 1/4 0.252
			4	324	255	207	177	163	
			5	406	318	258	221	204	au 1/10 0.227
			6	487	382	310	265	245	au 1/6 0.210
			7	568	446	362	310	285	
			8	649	509	413	354	326	au 1/8 0.202
			9	730	573	465	398	367	
			10	811	637	517	442	408	
0.50	35 %	0.325	1	0.091	0.071	0.058	0.050	0.046	
			2	182	143	116	099	091	
			3	273	214	174	149	137	au 1/4 0.267
			4	364	286	232	198	183	
			5	455	357	290	248	228	au 1/10 0.241
			6	546	428	348	297	274	au 1/6 0.223
			7	637	500	405	347	320	
			8	727	571	463	397	365	au 1/8 0.214
			9	818	642	521	446	411	
			10	909	714	579	496	457	
0.50	30 %	0.35	1	0.102	0.080	0.065	0.056	0.051	
			2	204	160	130	111	103	
			3	306	240	195	167	154	au 1/4 0.283
			4	408	320	260	223	205	
			5	510	401	325	278	256	au 1/10 0.255
			6	612	481	390	334	308	au 1/6 0.236
			7	714	561	455	389	359	
			8	816	641	520	445	410	au 1/8 0.228
			9	918	721	585	501	461	
			10	1.020	801	650	556	513	
0.50	25 %	0.375	1	0.114	0.090	0.073	0.062	0.058	
			2	229	180	146	125	115	
			3	343	270	219	187	173	
			4	458	359	292	250	230	

DIAMÈTRE à la base ou **D.**	À déduire de **D.**	DIAMÈTRE réduit ou moyen.	HAU-TEUR	VOLUME en grume	au 1/4	au 1/10	au 1/6	au 1/8	CÔTÉ d'équarrissage.
m.		m.	m.	m.c.	m.c.	m.c.	m.c.	m.c.	m.
0.50	25 %	0.375	5	0.572	0.449	0.365	0.312	0.288	au 1/4 0.300
			6	687	539	438	374	345	
			7	801	629	510	437	403	au 1/10 0.270
			8	916	719	583	499	460	au 1/6 0.250
			9	1.030	809	656	562	518	
			10	145	899	729	624	575	au 1/5 0.240
0.50	20 %	0.40	1	0.128	0.101	0.082	0.070	0 064	
			2	256	201	163	140	129	
			3	385	302	245	210	193	au 1/4 0.317
			4	513	403	327	280	258	
			5	641	503	408	349	322	au 1/10 0.286
			6	769	604	490	419	386	au 1/6 0.264
			7	898	705	572	489	451	au 1/5 0.254
			8	1.026	805	653	559	515	
			9	154	906	735	629	580	
			10	282	1.006	817	699	644	
0.50	15 %	0.425	1	0.143	0.112	0.091	0.078	0.072	
			2	287	225	182	156	144	
			3	430	337	274	234	216	au 1/4 0.335
			4	573	450	365	312	288	
			5	716	562	456	390	360	au 1/10 0.302
			6	860	675	547	469	432	au 1/6 0.279
			7	1.003	787	639	547	504	au 1/5 0.268
			8	146	900	730	625	576	
			9	289	1.012	821	703	648	
			10	433	125	912	781	720	
0.50	10 %	0.45	1	0.160	0.125	0.102	0.087	0.080	
			2	319	251	203	174	160	
			3	479	376	305	261	241	au 1/4 0.354
			4	638	501	407	348	321	
			5	798	626	508	435	401	au 1/10 0.319
			6	958	752	610	522	481	au 1/6 0.295
			7	1.117	877	712	609	561	au 1/5 0.283
			8	277	1.002	813	696	642	
			9	437	128	915	783	722	
			10	596	253	1.017	870	802	
0.50	5 %	0.475	1	0.177	0.139	0.113	0.097	0.089	
			2	355	278	226	193	178	
			3	532	417	339	290	267	au 1/4 0.373
			4	709	557	452	387	356	
			5	886	696	565	483	445	au 1/10 0.336
			6	1.064	835	678	580	534	au 1/6 0.311
			7	241	974	790	676	623	au 1/5 0.298
			8	418	1.113	903	773	713	
			9	596	252	1 016	870	802	
			10	773	392	129	966	891	
0.50	0 %	Cylind.	1	0.196	0.154	0.125	0.107	0.099	
			2	392	308	250	214	197	
			3	589	462	375	321	296	au 1/4 0.393
			4	785	616	500	428	394	
			5	981	770	625	535	493	au 1/10 0.354
			6	1.177	924	750	642	592	au 1/6 0.327
			7	374	1.078	875	749	690	au 1/5 0.314
			8	570	232	1.000	856	789	
			9	765	387	125	963	897	
			10	962	541	250	1.070	986	

D = 0^m.55

DIAMÈTRE à la base ou D.	À déduire de D.	DIAMÈTRE réduit ou moyen.	HAUTEUR	VOLUME en grume	au 1/4	au 1/10	au 1/6	au 1/5	CÔTÉ d'équarrissage.
m.		m.	m.	m c.	m c.	m c.	m c.	m.c.	
0.55	50 %	Cône.	1	0.079	0.062	0.050	0.043	0.040	
			2	158	124	101	086	080	
			3	237	186	151	129	119	au 1/4 0.249
			4	317	249	202	173	159	
			5	396	311	252	216	199	au 1/10 0.225
			6	475	373	303	259	239	
			7	554	435	353	302	278	au 1/6 0.208
			8	633	497	403	345	318	
			9	712	559	454	388	358	au 1/5 0.199
			10	792	621	504	431	398	
0.55	45 %	0.3025	1	0.088	0.069	0.056	0.048	0.044	
			2	176	138	112	096	088	
			3	264	207	168	144	132	au 1/4 0.263
			4	351	276	224	192	177	
			5	439	345	280	239	221	au 1/10 0.237
			6	527	414	336	287	265	
			7	615	483	392	335	309	au 1/6 0.219
			8	703	552	448	383	353	
			9	791	621	504	431	397	au 1/5 0.210
			10	879	690	560	479	441	
0.55	40 %	0.33	1	0.098	0.077	0.063	0.054	0.049	
			2	196	154	125	107	099	
			3	294	231	188	161	148	au 1/4 0.278
			4	393	308	250	214	197	
			5	491	385	313	268	247	au 1/10 0.250
			6	589	462	375	321	296	
			7	687	539	438	375	345	au 1/6 0.231
			8	785	616	500	428	394	
			9	883	693	563	482	444	au 1/5 0.222
			10	982	770	625	535	493	
0.55	35 %	0.3575	1	0.110	0.086	0.070	0.060	0.055	
			2	220	173	140	120	111	
			3	330	259	210	180	166	au 1/4 0.294
			4	440	345	280	240	221	
			5	550	432	350	300	276	au 1/10 0.265
			6	660	518	420	360	332	
			7	770	605	491	420	387	au 1/6 0.245
			8	880	691	561	480	442	
			9	990	777	631	540	497	au 1/5 0.235
			10	1.100	864	701	600	553	
0.55	30 %	0.385	1	0.123	0.097	0.079	0.067	0.062	
			2	247	194	157	135	124	
			3	370	291	236	202	186	au 1/4 0.311
			4	494	388	315	269	248	
			5	617	485	393	337	310	au 1/10 0.280
			6	741	582	472	404	372	
			7	864	679	551	471	434	au 1/6 0.259
			8	988	775	629	539	496	
			9	1.111	872	708	606	558	au 1/5 0.249
			10	235	969	786	673	620	
0.55	25 %	0.4125	1	0.139	0.109	0.088	0.076	0.070	
			2	277	217	176	151	139	
			3	416	326	265	227	209	
			4	554	435	353	302	278	

DIAMÈTRE à la base ou D.	À déduire de D.	DIAMÈTRE réduit ou moyen.	HAUTEUR	VOLUME					CÔTÉ d'équarrissage.
				en grume	au 1/4	au 1/10	au 1/6	au 1/5	
m.		m.	m.	m c.	m.c.	m.c.	m.c.	m.c.	m.
0.55	25 %	0.4125	5	0.693	0.544	0.441	0.378	0.348	au 1/4 0.330
			6	831	652	529	453	418	au 1/10 0.297
			7	970	761	618	529	487	au 1/6 0.275
			8	1.108	870	706	604	557	au 1/5 0.264
			9	247	979	794	680	626	
			10	385	1.087	882	755	696	
0.55	20 %	0.44	1	0.155	0.122	0.099	0.085	0.078	
			2	310	244	198	169	156	
			3	465	365	296	254	234	au 1/4 0.349
			4	621	487	395	338	312	
			5	776	609	494	423	390	au 1/10 0.314
			6	931	731	593	507	468	
			7	1.086	853	692	592	546	au 1/6 0.291
			8	241	974	791	677	624	au 1/5 0.279
			9	396	1.096	889	761	701	
			10	551	218	988	846	779	
0.55	15 %	0.4675	1	0.173	0.136	0.110	0.094	0.087	
			2	347	272	221	189	174	
			3	520	408	331	283	261	au 1/4 0.369
			4	693	544	442	278	348	au 1/10 0.332
			5	867	680	552	472	435	
			6	1.040	816	662	567	523	au 1/6 0.307
			7	213	953	773	661	610	
			8	387	1.089	883	756	697	au 1/5 0.295
			9	-560	225	994	850	784	
			10	733	361	1.104	945	871	
0.55	10 %	0.495	1	0.193	0.152	0.123	0.105	0.097	
			2	386	303	246	211	194	
			3	579	455	369	316	291	au 1/4 0.389
			4	773	606	492	421	388	au 1/10 0.351
			5	966	758	615	526	485	
			6	1.159	910	738	632	582	au 1/6 0.325
			7	352	1.061	861	737	679	
			8	545	213	984	842	776	au 1/5 0.312
			9	738	365	1.107	948	873	
			10	931	516	230	1.053	970	
0.55	5 %	0.5225	1	0.215	0.168	0.137	0.117	0.108	
			2	429	337	273	234	216	
			3	644	505	410	351	323	au 1/4 0.410
			4	858	674	547	468	431	
			5	1.073	842	683	585	539	au /10 0.370
			6	287	1.010	820	702	647	au 1/6 0.342
			7	502	179	956	819	754	
			8	716	347	1.093	935	862	au 1/5 0.328
			9	931	515	230	1.052	970	
			10	2.145	684	366	169	1.078	
0.55	0 %	Cylind.	1	0.237	0.186	0.151	0.129	0.119	
			2	475	373	302	259	239	
			3	712	559	454	388	358	au 1/4 0.432
			4	950	746	605	518	477	
			5	1.187	932	756	647	597	au 1/10 0.389
			6	425	1.118	907	777	716	au 1/6 0.360
			7	662	305	1.059	906	835	
			8	900	491	210	1.036	954	au 1/5 0.345
			9	2.137	678	361	165	1.074	
			10	375	864	512	294	193	

TABLE TRONCONIQUE.

D = 0m.60

DIAMÈTRE à la base ou D.	À déduire de D.	DIAMÈTRE réduit ou moyen	HAUTEUR	VOLUME en grume	au 1/4	au 1/10	au 1/6	au 1/5	CÔTÉ d'équarrissage.
m.		m.	m.	m.c.	m.c.	m.c.	m.c.	m.t.	
0.60	50 %	Cône.	1	0.094	0.074	0.060	0.051	0.047	m.
			2	188	148	120	103	095	
			3	283	222	180	154	142	au 1/4 0.272
			4	377	296	240	205	189	au 1/10 0.245
			5	471	370	300	257	237	au 1/6 0.227
			6	565	444	360	308	284	au 1/5 0.218
			7	659	518	420	359	331	
			8	754	592	480	411	379	
			9	848	666	540	462	426	
			10	942	739	600	514	473	
0.60	45 %	0.33	1	0.105	0.082	0.067	0.057	0.053	
			2	209	164	133	114	105	
			3	314	246	200	171	158	au 1/4 0.286
			4	418	328	266	228	210	au 1/10 0.258
			5	523	410	333	285	263	au 1/6 0.239
			6	627	492	400	342	315	au 1/5 0.229
			7	732	575	466	399	368	
			8	836	657	533	456	420	
			9	941	739	599	513	473	
			10	1.046	821	666	570	525	
0.60	40 %	0.36	1	0.117	0.092	0.074	0.064	0.059	
			2	234	188	149	127	117	
			3	350	275	223	191	176	au 1/4 0.303
			4	467	367	298	255	235	au 1/10 0.273
			5	584	458	372	318	293	au 1/6 0.252
			6	701	550	446	382	352	au 1/5 0.242
			7	818	642	521	446	411	
			8	934	734	595	509	469	
			9	1.051	825	670	573	528	
			10	1.168	917	744	637	587	
0.60	35 %	0.39	1	0.131	0.103	0.083	0.071	0.066	
			2	262	206	167	143	132	
			3	393	308	250	214	197	au 1/4 0.321
			4	524	411	334	286	263	au 1/10 0.289
			5	655	514	417	357	329	au 1/6 0.267
			6	786	617	500	428	395	au 1/5 0.257
			7	917	720	584	500	460	
			8	1.048	822	667	571	526	
			9	1.178	925	751	642	592	
			10	1.309	1.028	834	714	658	
0.60	30 %	0.42	1	0.147	0.115	0.094	0.080	0.074	
			2	294	231	187	160	148	
			3	441	346	281	240	221	au 1/4 0.340
			4	588	461	374	320	295	au 1/10 0.306
			5	735	577	468	401	369	au 1/6 0.283
			6	882	692	562	481	443	au 1/5 0.272
			7	1.029	807	655	561	517	
			8	1.176	923	749	641	591	
			9	1.323	1.038	842	721	664	
			10	1.470	1.154	936	801	738	
0.60	25 %	0.45	1	0.165	0.129	0.105	0.090	0.083	
			2	330	259	210	180	166	
			3	495	388	315	270	248	
			4	659	518	420	359	331	

DIAMÈTRE à la base ou D.	A déduire de D.	DIAMÈTRE réduit ou moyen.	HAU-TEUR	VOLUME					CÔTÉ d'équarris-sage..	
				en grume	au 1/4	au 1/10	au 1/6	au 1/5		
m.		m.	m.	m.c.	m.c.	m.c.	m.c.	m.c.		m.
0.60	25 %	0.45	5	0.824	0.647	0.525	0.449	0.414	au 1/4	0.360
			6	989	776	630	539	497	au 1/10	0.324
			7	1.154	906	735	629	580	au 1/6	0.300
			8	319	1.035	840	719	663	au 1/6	0.300
			9	484	165	945	809	745		
			10	648	294	1.050	899	828	au 1/5	0.288
0.60	20 %	0.48	1	0.185	0.145	0.118	0.101	0.093		
			2	369	290	235	201	186		
			3	554	435	353	302	278	au 1/4	0.381
			4	739	580	470	403	371		
			5	923	725	588	503	464	au 1/10	0.343
			6	1.108	870	706	604	557	au 1/6	0.317
			7	292	1.015	823	705	649	au 1/5	0.305
			8	477	159	941	805	742		
			9	662	304	1.058	906	835		
			10	846	449	176	1.006	928		
0.60	15 %	0.51	1	0.206	0.162	0.131	0.112	0.104		
			2	413	324	263	225	207		
			3	619	486	394	337	311	au 1/4	0.402
			4	825	648	526	450	415		
			5	1.031	810	657	562	518	au 1/10	0.362
			6	238	972	788	675	622	au 1/6	0.335
			7	444	1 134	920	787	726	au 1/5	0.322
			8	650	296	1.051	900	829		
			9	857	457	183	1.012	933		
			10	2.063	619	314	125	1.036		
0.60	10 %	0.54	1	0.230	0.180	0.146	0.125	0.115		
			2	460	361	293	251	231		
			3	690	541	439	376	346	au 1/4	0.425
			4	919	722	586	501	462		
			5	1.149	902	732	626	577	au 1/10	0.383
			6	379	1.083	878	752	693	au 1/6	0.354
			7	609	263	1.025	877	808	au 1/5	0.340
			8	839	443	171	1.002	924		
			9	2.069	624	318	128	1 039		
			10	298	804	464	253	155		
0.60	5 %	0.57	1	0.255	0.200	0.163	0.139	0.128		
			2	511	401	325	278	257		
			3	766	601	488	417	385	au 1/4	0.448
			4	1.021	802	650	557	513		
			5	276	1.002	813	696	641	au 1/10	0.403
			6	532	202	976	835	770	au 1/6	0.373
			7	787	403	1.138	974	898	au 1/5	0.358
			8	2.042	603	301	113	1.020		
			9	298	804	463	252	154		
			10	553	2.004	626	392	283		
0.60	0 %	Cylind.	1	0.283	0.222	0.180	0.154	0.142		
			2	565	444	360	308	284		
			3	848	666	540	462	426	au 1/4	0.471
			4	1.130	887	720	616	568		
			5	413	1.109	900	770	710	au 1/10	0.421
			6	696	331	1.080	924	852	au 1/6	0.393
			7	978	553	260	1.078	994	au 1/5	0.377
			8	2.261	775	440	232	1.136		
			9	543	997	620	387	278		
			10	826	2.218	800	541	420		

D = 0ᵐ.65

DIAMÈTRE à la base ou D.	À déduire de D.	DIAMÈTRE réduit ou moyen.	HAUTEUR	VOLUME en grume	au $1/4$	au $1/10$	au $1/6$	au $1/5$	CÔTÉ d'équarrissage.	
m. 0.65	50 %	m. Cône.	1	m.c. 0.111	m.c. 0.087	m.c. 0.070	m.c. 0.060	m.c. 0.056		m.
			2	221	174	141	121	111		
			3	332	260	211	181	167	au $1/4$	0.295
			4	442	347	282	241	222		
			5	553	434	352	301	278	au $1/10$	0.265
			6	663	521	423	362	333		
			7	774	607	493	422	389	au $1/6$	0.246
			8	884	694	563	482	444	au $1/5$	0.236
			9	995	781	634	542	500		
			10	1.106	868	704	603	555		
0.65	45 %	0.3575	1	0.123	0.096	0.078	0.067	0.062		
			2	245	193	156	134	123		
			3	368	289	234	201	185	au $1/4$	0.310
			4	491	385	313	268	247		
			5	614	482	391	334	308	au $1/10$	0.280
			6	737	578	479	401	370	au $1/6$	0.259
			7	859	674	557	468	432	au $1/5$	0.248
			8	982	771	635	535	493		
			9	1.104	867	703	602	555		
			10	227	963	782	669	617		
0.65	40 %	0.39	1	0 137	0.108	0.087	0.075	0.069		
			2	274	215	175	149	138		
			3	411	323	262	224	207	au $1/4$	0.328
			4	548	430	349	299	275		
			5	685	538	437	374	344	au $1/10$	0.295
			6	823	646	524	448	413	au $1/6$	0.273
			7	960	753	611	523	482	au $1/5$	0.262
			8	1.097	861	699	598	551		
			9	234	969	786	673	620		
			10	371	1.076	873	747	689		
0.65	35 %	0.4225	1	0.154	0.121	0.098	0.084	0.077		
			2	307	241	196	168	154		
			3	461	362	294	251	232	au $1/4$	0.347
			4	615	483	392	335	309		
			5	768	603	489	419	386	au $1/10$	0.313
			6	922	724	587	503	463	au $1/6$	0.289
			7	1 076	844	685	586	540	au $1/5$	0.278
			8	229	965	783	670	618		
			9	383	1.086	881	754	695		
			10	537	206	979	838	772		
0.65	30 %	0.455	1	0.172	0.135	0.110	0.094	0.087		
			2	345	271	220	188	173		
			3	517	406	330	282	260	au $1/4$	0.368
			4	690	542	439	376	347		
			5	862	677	549	470	433	au $1/10$	0.331
			6	1.035	812	659	564	520	au $1/6$	0.307
			7	207	948	769	658	607	au $1/5$	0.294
			8	380	1.083	879	752	693		
			9	552	218	989	846	780		
			10	725	354	1.098	940	866		
0.65	25 %	0.4875	1	0.193	0.152	0.123	0.105	0.097		
			2	387	304	246	211	194		
			3	580	456	370	316	292		
			4	774	607	493	422	389		

DIAMÈTRE à la base ou **D.**	À déduire de **D.**	DIAMÈTRE réduit ou moyen.	HAUTEUR	VOLUME					CÔTÉ d'équarrissage.	
				en grume	au 1/4	au 1/10	au 1/6	au 1/8		
m.		m.	m.	m.c.	m.c.	m.c.	m.c.	m.c.		m.
0.65	25 %	0.4875	5	0.967	0.759	0.616	0.527	0.486	au 1/4	0.390
			6	1.161	911	739	633	583	au 1/10	0.351
			7	354	1.063	863	738	680	au 1/6	0.325
			8	548	215	986	844	778	au 1/5	0.312
			9	741	367	1.109	949	875		
			10	935	519	232	1.055	972		
0.65	20 %	0.52	1	0.217	0.170	0.138	0.118	0.109		
			2	433	340	276	236	218		
			3	650	510	414	354	327	au 1/4	0.412
			4	867	680	552	472	435	au 1/10	0.371
			5	1.083	850	690	591	544	au 1/6	0.344
			6	300	1.021	828	709	653	au 1/5	0.330
			7	517	191	966	827	762		
			8	733	361	1.104	945	871		
			9	950	531	242	1.063	980		
			10	2.167	701	380	181	1.089		
0.65	15 %	0.5525	1	0.242	0.190	0.154	0.132	0.122		
			2	484	380	308	264	243		
			3	726	570	463	396	365	au 1/4	0.436
			4	968	760	617	528	487	au 1/10	0.393
			5	1.211	950	771	660	608	au 1/6	0.364
			6	453	1.140	925	792	730	au 1/5	0.349
			7	695	330	1.079	924	851		
			8	937	520	234	1.056	973		
			9	2.179	711	388	188	1.095		
			10	421	901	542	320	216		
0.65	10 %	0.585	1	0.270	0.212	0.172	0.147	0.136		
			2	540	424	344	294	271		
			3	809	635	515	441	407	au 1/4	0.460
			4	1.079	847	687	588	542	au 1/10	0.414
			5	349	1.059	859	735	678	au 1/6	0.383
			6	619	271	1.031	882	813	au 1/5	0.368
			7	888	482	203	1.029	949		
			8	2.158	694	375	176	1.084		
			9	428	906	546	323	220		
			10	698	2.118	718	471	355		
0.65	5 %	0.6175	1	0.300	0.235	0.191	0.163	0.151		
			2	599	470	382	327	301		
			3	899	706	572	490	452	au 1/4	0.485
			4	1.198	941	763	653	602	au 1/10	0.437
			5	498	1.176	954	817	753	au 1/6	0.404
			6	798	411	1.145	980	903	au 1/5	0.388
			7	2.097	646	336	1.143	1.054		
			8	397	881	527	307	204		
			9	696	2.117	717	470	355		
			10	996	352	908	633	505		
0.65	0 %	Cylind.	1	0.332	0.260	0.211	0.181	0.167		
			2	663	521	422	362	333		
			3	995	781	634	542	500	au 1/4	0.510
			4	1.327	1.041	845	723	667	au 1/10	0.460
			5	658	302	1.056	904	833	au 1/6	0.425
			6	990	562	267	1.085	1.000	au 1/5	0.408
			7	2.322	822	479	266	166		
			8	653	2.083	690	446	333		
			9	985	343	901	627	500		
			10	3.317	604	2.112	808	666		

D = 0ᵐ.70

DIAMÈTRE à la base ou D.	A déduire de D.	DIAMÈTRE réduit ou moyen.	HAUTEUR	VOLUME en gramme	au 1/4	au 1/10	au 1/6	au 1/5	CÔTÉ d'équarrissage.
m.		m.	m.	m.c.	m.c.	m.c.	m.c.	m.c.	
0.70	50 %	Gône.	1	0.128	0.101	0.082	0.070	0.064	
			2	256	201	163	140	129	
			3	385	302	245	210	193	au 1/4 0.317
			4	513	403	327	280	258	
			5	641	503	408	349	322	au 1/10 0.286
			6	769	604	490	419	386	
			7	898	705	572	489	451	au 1/6 0.264
			8	1.026	805	653	559	515	au 1/5 0.254
			9	154	906	735	629	580	
			10	282	1.006	817	699	644	
0.70	45 %	0.385	1	0.142	0.112	0.091	0.078	0.072	
			2	285	223	181	155	143	
			3	427	335	272	233	215	au 1/4 0.334
			4	569	447	363	310	286	
			5	712	559	453	388	358	au 1/10 0.301
			6	854	670	544	466	429	
			7	996	782	635	543	501	au 1/6 0.279
			8	1.139	894	725	621	572	au 1/5 0.267
			9	281	1.005	816	698	644	
			10	423	117	906	776	715	
0.70	40 %	0.42	1	0.159	0.125	0.101	0.087	0.080	
			2	318	250	203	173	160	
			3	477	374	304	260	240	au 1/4 0.353
			4	636	499	405	347	320	
			5	795	624	506	438	399	au 1/10 0.318
			6	954	749	608	520	479	
			7	1.113	874	709	607	559	au 1/6 0.294
			8	272	998	810	693	639	au 1/5 0.283
			9	431	1.123	911	780	719	
			10	590	248	1.013	867	799	
0.70	35 %	0.455	1	0.178	0.140	0.114	0.097	0.090	
			2	356	280	227	194	179	
			3	535	420	341	291	269	au 1/4 0.374
			4	713	560	454	389	358	
			5	891	700	568	486	448	au 1/10 0.337
			6	1.069	839	684	583	537	
			7	248	979	795	680	627	au 1/6 0.312
			8	426	1.119	908	777	716	au 1/5 0.299
			9	604	259	1.022	874	806	
			10	782	399	135	972	895	
0.70	30 %	0.49	1	0.200	0.157	0.127	0.109	0.100	
			2	400	314	255	218	201	
			3	600	471	382	327	301	au 1/4 0.396
			4	800	628	510	436	402	
			5	1.000	785	637	545	502	au 1/10 0.357
			6	200	942	764	654	603	au 1/6 0.330
			7	400	1.099	892	763	703	
			8	600	256	1.019	872	804	au 1/5 0.317
			9	800	413	147	981	904	
			10	2.000	570	274	1.090	1.005	
0.70	25 %	0.525	1	0.224	0.176	0.143	0.122	0.113	
			2	449	352	286	245	225	
			3	673	528	429	367	338	
			4	898	705	572	469	451	

DIAMÈTRE à la base ou D.	À déduire de D.	DIAMÈTRE réduit ou moyen.	HAU-TEUR	VOLUME					CÔTÉ d'équarris-sage.
				en grume	au 1/4	au 1/10	au 1/6	au 1/5	
m.		m.	m.	m.c.	m.c.	m.c.	m.c.	m.c.	m.
0.70	25 %	0.525	5	1.122	0.881	0.715	0.612	0.564	au 1/4 0.420
			6	346	1.057	858	734	676	au 1/10 0.378
			7	571	233	1.000	856	789	au 1/6 0.350
			8	795	409	143	979	902	au 1/5 0.336
			9	2.019	585	286	1.101	1.015	
			10	244	761	429	223	127	
0.70	20 %	0.56	1	0.251	0.197	0.160	0.137	0.126	
			2	508	395	320	274	253	
			3	754	592	480	411	379	au 1/4 0.444
			4	1.005	789	640	548	505	au 1/10 0.400
			5	257	986	800	685	631	au 1/6 0.370
			6	508	1.184	960	822	758	au 1/5 0.355
			7	759	381	1.120	959	884	
			8	2.010	578	281	1.096	1.010	
			9	262	775	441	233	136	
			10	513	973	601	370	263	
0.70	15 %	0.595	1	0.281	0.220	0.179	0.153	0.141	
			2	562	441	358	306	282	
			3	842	661	537	459	423	au 1/4 0.469
			4	1.123	882	715	612	564	au 1/10 0.423
			5	404	1.102	894	765	705	au 1/6 0.391
			6	685	323	1.073	918	846	au 1/5 0.376
			7	966	543	252	1.072	987	
			8	2.246	763	431	225	1.129	
			9	527	984	-610	378	270	
			10	808	2.204	788	531	411	
0.70	10 %	0.63	1	0.313	0.246	0.199	0.171	0.157	
			2	626	491	399	341	314	
			3	939	737	598	512	472	au 1/4 0.496
			4	1.251	982	797	682	629	au 1/10 0.446
			5	564	1.228	996	853	786	au 1/6 0.413
			6	877	474	1.196	1.023	943	au 1/5 0.397
			7	2.190	719	395	194	1.100	
			8	503	965	594	364	257	
			9	816	2.210	793	535	415	
			10	3.128	456	993	705	572	
0.70	5 %	0.665	1	0.347	0.273	0.221	0.189	0.175	
			2	695	546	443	379	349	
			3	1.042	818	664	568	524	au 1/4 0.522
			4	390	1.091	885	758	693	au 1/10 0.470
			5	737	364	1.107	947	873	au 1/6 0.435
			6	2.085	637	328	1.137	1.047	au 1/5 0.418
			7	432	909	549	326	222	
			8	780	2.182	771	515	397	
			9	3.127	455	992	705	571	
			10	475	728	2.213	894	746	
0.70	0 %	Cylind.	1	0.385	0.302	0.245	0.210	0.193	
			2	769	604	490	419	386	
			3	1.154	906	735	629	580	au 1/4 0.549
			4	539	1.208	980	839	773	au 1/10 0.495
			5	923	510	1.225	1.048	966	au 1/6 0.458
			6	2.308	812	470	258	1.159	au 1/5 0.440
			7	698	2.114	715	468	353	
			8	3.077	416	960	678	546	
			9	462	718	2.205	887	739	
			10	846	3.019	450	2.097	932	

D = 0ᵐ.50

DIAMÈTRE à la base ou **D.**	A déduire de **D.**	DIAMÈTRE réduit ou moyen.	HAU-TEUR	VOLUME en grume	au 1/4	au 1/10	au 1/6	au 1/5	CÔTÉ d'équarris-sage
m. 0.75	50 %	Cône.	1	0.147	0.116	0.094	0.080	0.074	
			2	294	231	187	160	148	
			3	442	347	281	241	222	au 1/4 m. 0.340
			4	559	462	375	321	296	
			5	736	578	469	401	370	au 1/10 0.306
			6	883	693	562	481	444	au 1/6 0.283
			7	1.030	809	656	562	518	
			8	177	924	750	642	592	an 1/5 0.272
			9	325	1.040	844	722	666	
			10	472	155	937	802	739	
0.75	45 %	0.4125	1	0.163	0.128	0.104	0.089	0.082	
			2	327	257	208	178	164	
			3	490	385	312	267	246	au 1/4 0.358
			4	653	513	416	356	328	
			5	817	641	520	445	410	au 1/10 0.323
			6	980	770	624	534	492	au 1/6 0.298
			7	1.144	898	728	623	575	
			8	307	1.026	832	713	657	au 1/5 0.286
			9	470	154	937	802	739	
			10	634	283	1.041	891	821	
0.75	40 %	0.45	1	0.183	0.143	0.116	0.099	0.092	
			2	365	287	232	199	183	
			3	548	430	349	298	275	au 1/4 0.378
			4	730	573	465	398	367	
			5	913	716	581	497	458	au 1/10 0.341
			6	1.095	860	697	597	550	au 1/6 0.315
			7	278	1.003	814	696	642	
			8	460	146	930	796	734	au 1/5 0.303
			9	643	289	1.046	895	825	
			10	825	433	162	995	917	
0.75	35 %	0.4875	1	0.205	0.161	0.130	0.112	0.103	
			2	409	321	261	223	206	
			3	614	482	391	335	308	au 1/4 0.401
			4	818	642	521	446	411	
			5	1.023	803	652	558	514	au 1/10 0.361
			6	228	964	782	669	617	au 1/6 0.334
			7	432	1.124	912	781	720	
			8	637	285	1.042	892	822	au 1/5 0.321
			9	841	445	173	1.004	925	
			10	2.046	606	303	115	1.028	
0.75	30 %	0.525	1	0.230	0.180	0.146	0.125	0.115	
			2	459	360	292	250	231	
			3	689	541	439	376	346	au 1/4 0.425
			4	918	721	585	501	461	
			5	1.148	901	731	626	577	au 1/10 0.382
			6	378	1.081	877	751	692	au 1/6 0.354
			7	607	262	1.024	876	807	
			8	837	442	170	1.001	923	au 1/5 0.340
			9	2.067	622	316	127	1.038	
			10	296	802	462	252	154	
0.75	25 %	0.5625	1	0.258	0.202	0.164	0.140	0.129	
			2	515	404	328	280	259	
			3	773	607	492	421	388	
			4	1.030	809	656	562	518	

DIAMÈTRE à la base on D.	À déduire de D.	DIAMÈTRE réduit ou moyen.	HAU-TEUR	VOLUME					CÔTÉ d'équarrissage.	
				en grume	au 1/4	au 1/10	au 1/6	au 1/5		
m. 0.75	25 %	m. 0.5625	m. 5	m.c. 1.288	m.c. 1.011	m.c. 0.820	m.c. 0.702	m.c. 0.647	au 1/4	m. 0.450
			6	545	213	984	842	776	au 1/10	0.405
			7	803	415	1.148	983	906	au 1/6	0.375
			8	2.061	618	312	1.123	1.035	au 1/5	0.360
			9	318	820	477	264	165		
			10	576	2.022	641	404	294		
0.75	20 %	0.60	1	0.288	0.226	0.184	0.157	0.145		
			2	577	453	367	315	290		
			3	865	679	551	472	435	au 1/4	0.476
			4	1.154	906	735	629	580	au 1/10	0.429
			5	442	1.132	919	786	725	au 1/6	0.397
			6	731	359	1.102	944	870	au 1/5	0.381
			7	2.019	585	286	1.101	1.015		
			8	308	812	470	258	159		
			9	596	2.038	654	415	304		
			10	885	265	837	573	449		
0.75	15 %	0.6375	1	0.322	0.253	0.205	0.176	0.162		
			2	645	506	411	351	324		
			3	967	759	616	527	486	au 1/4	0.503
			4	1.289	1 012	821	703	648	au 1/10	0.453
			5	612	265	1.027	879	810	au 1/6	0.419
			6	934	518	232	1.054	972	au 1/5	0.402
			7	2.256	771	437	230	1.134		
			8	579	2.024	643	406	296		
			9	901	277	848	581	457		
			10	3.223	530	2.053	757	619		
0.75	10 %	0.675	1	0.359	0.282	0.229	0.196	0.180		
			2	718	564	457	392	361		
			3	1.077	846	686	587	541	au 1/4	0.531
			4	437	1.128	915	783	722	au 1/10	0.478
			5	796	410	1.144	979	902	au 1/6	0.442
			6	2.155	692	372	1.175	1 083	au 1/5	0.425
			7	514	973	601	370	263		
			8	873	2.255	830	566	443		
			9	3.232	537	2.059	762	624		
			10	591	819	287	958	804		
0.75	5 %	0.7125	1	0.399	0.313	0.254	0.217	0.200		
			2	798	626	508	435	401		
			3	1.197	939	762	652	601	au 1/4	0.560
			4	596	1 252	1.016	870	802	au 1/10	0.504
			5	994	566	270	1.087	1.002	au 1/6	0.466
			6	2.393	879	524	305	202	au 1/5	0.448
			7	792	2.192	778	522	403		
			8	3.191	505	2.032	740	603		
			9	590	818	287	957	804		
			10	989	3.131	541	2.174	2.004		
0.75	0 %	Cylind.	1	0.442	0.347	0.281	0.241	0.222		
			2	883	693	562	481	444		
			3	1.325	1.040	844	722	666	au 1/4	0.589
			4	766	387	1.125	963	887	au 1/10	0.530
			5	2.208	733	406	1.204	1.109	au 1/6	0.491
			6	649	2.080	687	444	331	au 1/5	0.471
			7	3.091	426	969	685	553		
			8	532	773	2.250	926	775		
			9	974	3.120	531	2.166	997		
			10	4.416	466	812	407	2.218		

D = 0ᵐ.80

DIAMÈTRE à la Base ou D.	À déduire de D.	DIAMÈTRE réduit ou moyen.	HAUTEUR	VOLUME en grume	au 1/4	au 1/10	au 1/6	au 1/5	CÔTÉ d'équarrissage.
m.		m.	m.	m.c.	m.c.	m.c.	m.c.	m.c.	
0.80	50 %	Gône.	1	0.167	0.131	0.107	0.091	0.084	
			2	335	263	243	183	168	m.
			3	502	394	320	274	252	au 1/4 0.362
			4	670	526	427	365	337	
			5	837	657	533	456	421	au 1/10 0.327
			6	1.005	789	640	548	505	au 1/6 0.302
			7	172	920	747	639	589	
			8	340	1.052	853	730	673	au 1/5 0.290
			9	507	183	960	822	757	
			10	675	345	1.067	913	841	
0.80	45 %	0.44	1	0.186	0.146	0.118	0.101	0.093	
			2	372	292	237	203	187	
			3	558	438	355	304	280	au 1/4 0.382
			4	744	584	474	405	374	
			5	929	730	592	507	467	au 1/10 0.344
			6	1.115	876	710	608	560	au 1/6 0.318
			7	301	1.021	829	709	654	
			8	487	167	947	811	747	au 1/5 0.306
			9	673	313	1.066	912	841	
			10	859	459	184	1.013	934	
0.80	40 %	0.48	1	0.208	0.163	0.132	0.113	0.104	
			2	415	326	265	226	209	
			3	623	489	397	340	313	au 1/4 0.404
			4	831	652	529	453	417	
			5	1.038	815	661	566	522	au 1/10 0.364
			6	246	978	794	679	626	au 1/6 0.336
			7	454	1.141	926	792	730	
			8	661	304	1.058	906	835	au 1/5 0.323
			9	869	467	190	1.019	939	
			10	2.077	630	323	132	1.043	
0.80	35 %	0.52	1	0.233	0.183	0.148	0.127	0.117	
			2	466	365	297	254	234	
			3	698	548	445	381	351	au 1/4 0.427
			4	931	731	593	508	468	
			5	1.164	914	741	634	585	au 1/10 0.385
			6	397	1.096	890	761	702	au 1/6 0.356
			7	629	279	1.038	888	819	
			8	862	462	186	1.015	936	au 1/5 0.342
			9	2.095	645	334	142	1.053	
			10	328	827	483	269	169	
0.80	30 %	0.56	1	0.261	0.205	0.166	0.142	0.131	
			2	522	410	333	285	263	
			3	784	615	499	427	394	au 1/4 0.453
			4	1.045	820	666	570	525	
			5	306	1.025	832	712	656	au 1/10 0.408
			6	567	281	998	854	788	au 1/6 0.377
			7	829	436	1.165	997	919	
			8	2.090	641	331	1.139	1.050	au 1/5 0.362
			9	351	846	498	282	181	
			10	612	051	664	424	313	
0.80	25 %	0.60	1	0.298	0.230	0.187	0.160	0.147	
			2	586	460	373	320	294	
			3	879	690	560	479	442	
			4	1.172	920	747	639	589	

DIAMÈTRE à la base ou **D.**	À déduire de **D.**	DIAMÈTRE réduit ou moyen.	HAUTEUR	VOLUME en grume	au 1/4	au 1/10	au 1/6	au 1/5	CÔTÉ d'équarrissage.
m. 0.80	25 %	m. 0.60	5	1.465	1.150	0.933	0.799	0.736	au 1/4 0.480
			6	758	380	1.120	959	883	
			7	2.051	610	307	1.118	1.031	au 1/10 0.432
			8	345	840	493	278	178	au 1/6 0.400
			9	638	2.071	680	438	325	
			10	931	301	867	598	472	au 1/5 0.384
0.80	20 %	0.64	1	0.328	0.258	0.209	0.179	0.165	
			2	656	515	418	358	330	
			3	985	773	627	537	495	au 1/4 0.508
			4	1.313	1.031	836	716	660	
			5	641	288	1.045	895	825	au 1/10 0.457
			6	969	546	254	1.074	989	au 1/6 0.423
			7	2.298	804	463	253	1.154	
			8	626	2.061	673	431	319	au 1/5 0.406
			9	954	319	882	610	484	
			10	3.282	577	2.091	789	649	
0.80	15 %	0.68	1	0.367	0.288	0.234	0.200	0.184	
			2	734	570	467	400	369	
			3	1.100	864	701	600	553	au 1/4 0.537
			4	467	1.152	934	800	737	
			5	834	439	1.168	1.000	921	au 1/10 0.483
			6	2.201	727	402	200	1.106	au 1/6 0.447
			7	567	2.015	635	400	290	
			8	934	303	869	599	474	au 1/5 0.429
			9	301	591	2.102	799	658	
			10	3.668	889	336	999	845	
0.80	10 %	0.72	1	0.409	0.321	0.260	0.223	0.205	
			2	817	642	521	446	411	
			3	1.226	962	781	668	616	au 1/4 0.566
			4	634	1.283	1.041	891	821	
			5	2.043	604	301	1.114	1.026	au 1/10 0.510
			6	452	925	562	337	232	au 1/6 0.472
			7	860	2.245	822	559	437	
			8	3.269	566	2.082	782	642	au 1/5 0.453
			9	678	887	342	2.005	848	
			10	4.086	3.208	603	228	2.053	
0.80	5 %	0.76	1	0.454	0.356	0.289	0.247	0.228	
			2	908	713	578	495	456	
			3	1.362	1.069	867	742	684	au 1/4 0.597
			4	815	425	1.156	990	912	
			5	2.269	781	445	1.237	1.140	au 1/10 0.538
			6	723	2.138	734	484	368	au 1/6 0.497
			7	3.177	494	2.023	732	596	
			8	631	850	313	979	824	au 1/5 0 478
			9	4.085	3.200	602	2.227	2.052	
			10	538	563	891	474	280	
0.80	0 %	Cylind.	1	0.502	0.394	0.320	0.274	0.252	
			2	1.005	789	640	548	505	
			3	507	1.183	960	822	757	au 1/4 0.628
			4	2.010	578	1.280	1.096	1.010	
			5	512	972	600	369	262	au 1/10 0.566
			6	3.014	2.366	920	643	514	au 1/6 0.523
			7	517	761	2.240	917	767	
			8	4.019	3.155	560	2.191	2.019	au 1/5 0.502
			9	522	549	880	465	272	
			10	5.024	944	3.200	739	524	

D = 0ᵐ.85

DIAMÈTRE à la base ou D.	A déduire de D.	DIAMÈTRE réduit ou moyen.	HAU-TEUR	VOLUME					CÔTÉ d'équarris-sage.	
				en grume	au 1/4	au 1/10	au 1/6	au 1/5		
m.		m.	m.	m.c.	m.c.	m.c.	m.c.	m.c.		m.
0.85	50 %	Cône.	1	0.189	0.148	0.120	0.103	0.095		
			2	378	297	241	206	190		
			3	567	445	361	309	285	au 1/4	0.385
			4	756	594	482	412	380		
			5	945	742	602	515	475	au 1/10	0.347
			6	1.134	890	723	618	570		
			7	323	1.039	843	721	665	au 1/6	0.321
			8	512	187	963	824	760	au 1/5	0.308
			9	701	336	1.084	928	855		
			10	891	484	204	1.031	950		
0.85	45 %	0.4675	1	0.210	0.165	0.134	0.114	0.105		
			2	420	329	267	229	211		
			3	630	494	401	343	316	au 1/4	0.406
			4	839	659	535	458	422		
			5	1.049	824	668	572	527	au 1/10	0.366
			6	259	988	802	686	633		
			7	469	1.153	936	801	738	au 1/6	0.338
			8	679	318	1.069	915	843	au 1/5	0.325
			9	889	483	203	1.030	949		
			10	2.098	647	337	144	1.054		
0.85	40 %	0.51	1	0.234	0.184	0.149	0.128	0.118		
			2	469	368	299	256	236		
			3	703	552	448	383	353	au 1/4	0.429
			4	938	736	597	511	471		
			5	1.172	920	747	639	589	au 1/10	0.386
			6	407	1.104	896	767	707		
			7	641	288	1.045	895	824	au 1/6	0.357
			8	875	472	195	1.022	942	au 1/5	0.343
			9	2.110	656	344	150	1.060		
			10	344	840	493	278	178		
0.85	35 %	0.5525	1	0.263	0.206	0.167	0.143	0.132		
			2	526	413	335	287	264		
			3	788	619	502	430	396	au 1/4	0.454
			4	1.051	825	670	573	528		
			5	314	1.031	837	716	660	au 1/10	0.409
			6	577	238	1.004	860	792	au 1/6	0.378
			7	839	444	172	1.003	924	au 1/5	0.363
			8	2.102	650	339	146	1.056		
			9	365	857	506	289	188		
			10	628	2.063	674	433	320		
0.85	30 %	0.595	1	0.295	0.232	0.188	0.161	0.148		
			2	590	463	376	322	296		
			3	885	695	564	482	445	au 1/4	0.481
			4	1.180	926	751	643	593		
			5	475	1.158	939	804	741	au 1/10	0.433
			6	770	389	1.127	965	889	au 1/6	0.401
			7	2.064	621	315	1.125	1.037	au 1/5	0.385
			8	359	852	503	286	185		
			9	654	2.084	691	447	334		
			10	949	315	878	608	482		
0.85	25 %	0.6375	1	0.331	0.260	0.211	0.180	0.166		
			2	662	519	421	361	332		
			3	993	779	632	541	499		
			4	1.323	1.039	843	721	665		

DIAMÈTRE à la base ou **D.**	À déduire de **D.**	DIAMÈTRE réduit ou moyen.	HAU-TEUR	VOLUME en grume	au 1/4	au 1/10	au 1/6	au 1/5	CÔTÉ d'équarrissage.
m.		m.	m.	m.c.	m.c.	m.c.	m.c.	m.c.	m.
0.85	25 %	0.6375	5	1.654	1.299	1.054	0.902	0.831	au 1/4 0.510
			6	985	558	264	1.082	997	au 1/10 0.459
			7	2.316	818	475	262	1.164	
			8	647	2.078	686	443	330	au 1/6 0.425
			9	978	337	897	623	496	
			10	3.308	597	2.107	804	662	au 1/5 0.408
0.85	20 %	0.68	1	0.371	0.291	0.236	0.202	0.186	
			2	741	582	472	404	372	
			3	1.112	873	708	606	558	au 1/4 0.539
			4	482	1.164	944	808	745	
			5	853	454	1.180	1.010	931	au 1/10 0.486
			6	2.223	745	416	212	1.117	au 1/6 0.449
			7	594	2.036	652	414	303	au 1/5 0.431
			8	964	327	888	616	489	
			9	3.335	618	2.124	818	675	
			10	705	909	360	2.020	862	
0.85	15 %	0.7225	1	0.414	0.325	0.264	0.226	0.208	
			2	828	650	527	451	416	
			3	1.242	975	791	677	624	au 1/4 0.570
			4	656	1.300	1.055	903	832	
			5	2.070	625	319	1.129	1.040	au 1/10 0.513
			6	484	950	582	354	248	au 1/6 0.475
			7	898	2.275	846	580	456	au 1/5 0.456
			8	3.312	600	2.110	806	664	
			9	726	925	373	2.031	872	
			10	4.140	3.250	637	257	2.080	
0.85	10 %	0.765	1	0.461	0.362	0.294	0.251	0.232	
			2	923	724	588	503	464	
			3	1.384	1.086	1.881	754	695	au 1/4 0.602
			4	845	448	175	1.006	927	
			5	2.306	811	469	257	1.159	au 1/10 0.542
			6	768	2.173	763	509	391	au 1/6 0.501
			7	3.229	535	2.057	760	622	au 1/5 0.481
			8	690	897	351	2.012	854	
			9	4.152	3.259	644	263	2.086	
			10	613	621	938	515	318	
0.85	5 %	0.8075	1	0.512	0.402	0.326	0.279	0.257	
			2	1.025	804	653	559	515	
			3	537	1.207	979	838	772	au 1/4 0.634
			4	2.049	609	1.305	1.117	1.030	
			5	562	2.011	632	396	287	au /10 0.571
			6	3.074	413	958	676	544	au 1/6 0.528
			7	566	815	2.284	955	802	au 1/8 0.507
			8	4.099	3.217	611	2.234	2.059	
			9	611	620	937	514	317	
			10	5.123	4.022	3.263	793	574	
0.85	0 %	Cylind.	1	0.567	0.445	0.361	0.309	0.285	
			2	1.134	890	722	618	570	
			3	701	1.336	1.084	928	855	au 1/4 0.667
			4	2.269	781	445	1.237	1.140	
			5	836	2.226	806	546	425	au 1/10 0.601
			6	3.403	671	2.167	855	710	au 1/6 0.556
			7	970	3.117	529	2.164	995	au 1/8 0.534
			8	4.537	562	890	473	2.280	
			9	5.104	4.007	3.251	783	564	
			10	672	452	612	3.092	849	

TABLE TRONCONIQUE

D = 0ᵐ.90

DIAMÈTRE à la base ou D.	A déduire de D.	DIAMÈTRE réduit ou moyen.	HAUTEUR	VOLUME en grume	au 1/4	au 1/10	au 1/6	au 1/5	CÔTÉ d'équarrissage.
m.		m.	m.	m.c.	m.c.	m.c.	m.c.	m.c.	
0.90	50 %	Cône.	1	0.212	0.166	0.135	0.116	0.106	
			2	424	333	270	231	213	m.
			3	636	499	405	347	319	au 1/4 0.408
			4	848	666	540	462	426	
			5	1.060	832	675	578	532	au 1/10 0.367
			6	272	998	810	693	639	
			7	484	1.165	945	809	745	au 1/6 0.340
			8	696	331	1.080	924	852	au 1/5 0.326
			9	908	497	215	1.040	958	
			10	2.119	664	350	155	1.065	
0.90	45 %	0.495	1	0.235	0.185	0.150	0.128	0.118	
			2	471	369	300	257	236	
			3	706	554	450	385	355	au 1/4 0.430
			4	941	739	599	513	473	
			5	1.176	923	749	641	591	au 1/10 0.387
			6	412	1.108	899	770	709	au 1/6 0.358
			7	647	293	1.049	898	827	
			8	882	477	199	1.026	946	au 1/5 0.344
			9	2.117	662	349	154	1.064	
			10	353	847	498	283	182	
0.90	40 %	0.54	1	0.263	0.206	0.167	0.143	0.132	
			2	526	413	335	287	264	
			3	788	619	502	430	396	au 1/4 0.454
			4	1.051	825	670	573	528	
			5	314	1.032	837	716	660	au 1/10 0.409
			6	577	238	1.004	860	792	au 1/6 0.379
			7	840	444	172	1.003	924	
			8	2.103	650	339	146	1.056	au 1/5 0.363
			9	365	857	507	289	188	
			10	628	2.063	674	433	320	
0.90	35 %	0.585	1	0.295	0.231	0.188	0.161	0.148	
			2	589	463	375	321	296	
			3	884	694	563	482	444	au 1/4 0.481
			4	1.178	925	751	642	592	
			5	473	1.156	938	803	740	au 1/10 0.433
			6	768	388	1.126	964	888	au 1/6 0.401
			7	2.062	619	314	1.124	1.036	
			8	357	850	501	285	184	au 1/5 0.385
			9	651	2.081	689	445	332	
			10	946	313	876	606	480	
0.90	30 %	0.63	1	0.381	0.260	0.211	0.180	0.166	
			2	661	519	421	360	332	
			3	992	779	632	541	498	au 1/4 0.509
			4	1.323	1.038	842	721	664	
			5	653	298	1.053	901	831	au 1/10 0.459
			6	984	557	264	1.081	997	au 1/6 0.425
			7	2.314	817	474	262	1.163	
			8	645	2.076	685	442	329	au 1/5 0.408
			9	976	336	895	622	495	
			10	3.306	596	2.106	802	661	
0.90	25 %	0.675	1	0.371	0.291	0.236	0.202	0.186	
			2	742	582	472	404	373	
			3	1.113	873	709	607	559	
			4	484	1.165	945	809	745	

DIAMÈTRE à la base ou **D.**	A déduire de **D.**	DIAMÈTRE réduit ou moyen.	HAU-TEUR	VOLUME					CÔTÉ d'équarrissage.	
				en grume	au 1/4	au 1/10	au 1/6	au 1/5		
m.		m.	m.	m.c.	m.c.	m.c.	m.c.	m.c.		m.
0.90	25 %	0.675	5	1.855	1.456	1.181	1.011	0.932	au 1/4	0.540
			6	2.225	747	417	213	1.118	au 1/10	0.486
			7	596	2.038	654	415	304	au 1/6	0.450
			8	967	329	890	618	491	au 1/5	0.432
			9	3.338	620	2.126	820	677		
			10	709	912	362	2.022	863		
0.90	20 %	0.72	1	0.415	0.326	0.265	0.226	0.209		
			2	831	652	529	453	417		
			3	1.246	978	794	679	626	au 1/4	0.571
			4	662	1.304	1.058	906	835	au 1/10	0.514
			5	2.077	631	323	1.132	1.044	au 1/6	0.476
			6	493	957	588	359	252	au 1/5	0.457
			7	908	2.289	852	585	461		
			8	3.323	609	2.117	812	670		
			9	739	935	381	2.038	878		
			10	4.154	3.261	646	265	2.087		
0.90	15 %	0.765	1	0.464	0.364	0.296	0.253	0.233		
			2	928	729	591	506	466		
			3	1.393	1.093	887	759	700	au 1/4	0.604
			4	857	457	1.183	1.012	933	au 1/10	0.544
			5	2.321	822	478	265	1.166	au 1/6	0.503
			6	785	2.186	774	518	399	au 1/5	0.483
			7	3.249	551	2.070	771	632		
			8	713	915	365	2.024	866		
			9	4.178	3.279	661	277	2.099		
			10	642	644	956	530	332		
0.90	10 %	0.81	1	0.517	0.406	0.329	0.282	0.260		
			2	1.034	812	659	564	520		
			3	551	1.218	988	846	780	au 1/4	0.637
			4	2.069	624	1.318	1.128	1.039	au 1/10	0.574
			5	586	2.030	647	410	299	au 1/6	0.531
			6	3.103	436	976	692	559	au 1/5	0.510
			7	620	842	2.306	973	819		
			8	4.137	3.248	635	2.255	2.079		
			9	654	654	965	537	338		
			10	5.172	4.060	3.294	819	598		
0.90	5 %	0.855	1	0.574	0.451	0.366	0.313	0.289		
			2	1.149	902	732	626	577		
			3	723	1.353	1.098	939	866	au 1/4	0.672
			4	2.298	804	463	1.252	1.154	au 1/10	0.605
			5	872	2.254	829	566	443	au 1/6	0.560
			6	3.446	705	2.195	879	731	au 1/5	0.537
			7	4.021	3.156	561	2.192	2.020		
			8	595	607	927	505	309		
			9	5.169	4.058	3.293	818	597		
			10	744	509	658	3.131	886		
0.90	0 %	Cylind.	1	0.636	0.499	0.405	0.347	0.319		
			2	1.272	998	810	693	639		
			3	908	1.497	1.215	1.040	958	au 1/4	0.707
			4	2.543	997	620	387	1.278	au 1/10	0.636
			5	3.179	2.496	2.025	733	597	au 1/6	0.589
			6	815	995	430	2.080	917	au 1/5	0.565
			7	4.451	3.494	835	426	2.236		
			8	5.087	993	3.240	773	556		
			9	723	4.492	645	3.119	875		
			10	6.358	991	4.050	466	3.195		

DIAMÈTRE à la base ou **D.**	A déduire de **D.**	DIAMÈTRE réduit ou moyen.	HAU-TEUR	VOLUME					CÔTÉ d'équarris-sage.
				en grume	au 1/4	au 1/10	au 1/6	au 1/5	

$$D = 0^m.95$$

D.	À déduire	réduit/moyen	HAUTEUR	en grume	au 1/4	au 1/10	au 1/6	au 1/5	CÔTÉ d'équarrissage
m. 0.95	50 %	m. Cône.	m. 1	m.c. 0.236	m.c. 0.185	m.c. 0.150	m.c. 0.129	m.c. 0.119	
			2	472	371	301	257	237	
			3	708	556	451	386	356	au 1/4 0.431
			4	945	742	602	515	475	
			5	1.181	927	752	644	593	au 1/10 0.388
			6	417	1.412	903	772	712	
			7	653	298	1.053	901	831	au 1/6 0.359
			8	889	483	203	1.030	949	au 1/5 0.344
			9	2.125	668	354	159	1.068	
			10	362	854	504	287	186	
0.95	45 %	0.5225	1	0.262	0.206	0.167	0.143	0.132	
			2	524	412	334	286	263	
			3	786	617	501	429	395	au 1/4 0.454
			4	1.049	823	668	572	527	
			5	311	1.029	835	714	658	au 1/10 0.409
			6	573	235	1.002	857	790	
			7	835	440	169	1.000	922	au 1/6 0.378
			8	2.097	646	336	143	1.054	au 1/5 0.363
			9	359	852	503	286	185	
			10	621	2.058	670	429	317	
0.95	40 %	0.57	1	0.293	0.230	0.187	0.160	0.147	
			2	586	460	373	319	294	
			3	878	690	560	479	441	au 1/4 0.480
			4	1.171	919	746	639	588	
			5	464	1.149	933	798	736	au 1/10 0.432
			6	757	379	1.119	958	883	
			7	2 050	609	306	1.117	1.030	au 1/6 0.400
			8	343	839	492	277	177	au 1/5 0.384
			9	635	2.069	679	437	324	
			10	928	299	865	596	471	
0.95	35 %	0.6175	1	0.328	0.258	0.209	0.179	0.165	
			2	657	515	418	358	330	
			3	985	773	627	537	495	au 1/4 0.508
			4	1.313	1.031	836	716	660	
			5	641	288	1.045	895	825	au 1/10 0.457
			6	970	546	254	1.074	989	
			7	2.298	804	464	253	1.154	au 1/6 0.423
			8	626	2.061	673	432	319	au 1/5 0.406
			9	954	319	882	610	484	
			10	3.283	577	2.091	789	649	
0.95	30 %	0.665	1	0.368	0.289	0.235	0.201	0.185	
			2	737	578	469	402	370	
			3	1.105	868	704	602	555	au 1/4 0.538
			4	474	1.157	939	803	740	
			5	842	446	1.173	1.004	925	au 1/10 0.484
			6	2.210	735	408	205	1.111	
			7	579	2.024	643	406	296	au 1/6 0.448
			8	947	314	877	607	481	au 1/5 0.430
			9	3.316	603	2.112	807	666	
			10	684	892	346	2.008	851	
0.95	25 %	0.7125	1	0.413	0.324	0.263	0.225	0.208	
			2	825	649	526	451	415	
			3	1.240	973	790	676	623	
			4	653	1.298	1.053	901	831	

DIAMÈTRE à la base ou **D.**	A déduire de **D.**	DIAMÈTRE réduit ou moyen.	HAUTEUR	VOLUME en grume	au 1/4	au 1/10	au 1/6	au 1/5	CÔTÉ d'équarrissage.
m.		m.	m.	m.c.	m.c.	m.c.	m.c.	m.c.	m.
0.95	25 %	0.7125	5	2.066	1.622	1.316	1.126	1.038	au 1/4 0.570
			6	480	947	579	352	246	au 1/10 0.513
			7	893	2.271	843	577	453	
			8	3.306	595	2.106	802	661	au 1/6 0.475
			9	719	920	369	2.028	869	au 1/5 0.456
			10	4.133	3.244	632	253	2.076	
0.95	20 %	0.76	1	0.463	0.363	0.295	0.252	0.233	
			2	926	727	590	505	465	
			3	1.389	1.090	884	757	698	au 1/4 0.603
			4	851	453	1.179	1.009	930	
			5	2.314	817	474	262	1.163	au 1/10 0.543
			6	777	2.180	769	514	395	au 1/6 0.502
			7	3.240	543	2.064	766	628	
			8	703	907	359	2.019	860	au 1/5 0.482
			9	4.166	3.270	653	271	2.093	
			10	629	633	948	523	325	
0.95	15 %	0.8075	1	0.517	0.406	0.329	0.282	0.260	
			2	1.034	812	659	564	520	
			3	552	1.218	988	846	779	au 1/4 0.637
			4	2.069	624	1.318	1.128	1.039	au 1/10 0.574
			5	586	2.030	647	410	299	
			6	3.103	436	976	692	559	au 1/6 0.531
			7	620	842	2.306	974	819	
			8	4.137	3.248	635	2.255	2.079	au 1/5 0.510
			9	655	654	965	537	338	
			10	5.172	4.060	3.294	819	598	
0.95	10 %	0.855	1	0.576	0.452	0.367	0.314	0.289	
			2	1.152	905	734	628	579	
			3	729	1.357	1.101	942	868	au 1/4 0.673
			4	2.305	809	468	1.256	1.158	
			5	881	2.262	835	571	447	au 1/10 0.606
			6	3.457	714	2.202	885	737	au 1/6 0.560
			7	4.034	3.166	569	2.199	2.026	
			8	610	619	936	513	316	au 1/5 0.538
			9	5.186	4.071	3.303	827	605	
			10	762	523	670	3.141	895	
0.95	5 %	0.9025	1	0.640	0.502	0.408	0.349	0.322	
			2	1.280	1.005	815	698	643	
			3	920	507	1.223	1.047	965	au 1/4 0.709
			4	2.560	2.010	631	396	1.286	au 1/10 0.638
			5	3.200	512	2.038	744	608	
			6	840	3.014	446	2.093	929	au 1/6 0.591
			7	4.480	517	853	442	2.251	au 1/5 0.567
			8	5.120	4.019	3.261	791	572	
			9	760	921	809	3.140	804	
			10	6.400	5.024	4.076	489	3.215	
0.95	0 %	Cylind	1	0.708	0.556	0.451	0.386	0.356	
			2	1.417	1.112	902	772	712	
			3	2.125	668	1.354	1.159	1.068	au 1/4 0.746
			4	834	2.225	805	545	424	au 1/10 0.672
			5	3.542	781	2.256	931	780	
			6	4.251	3.337	707	2.317	2.136	au 1/6 0.621
			7	959	893	3.159	703	492	
			8	5.668	4.449	610	3.090	847	au 1/5 0.597
			9	6.376	5.005	4.061	476	3.203	
			10	7.085	561	512	862	559	

D = 1m.00

DIAMÈTRE à la base ou D.	À déduire de D.	DIAMÈTRE réduit ou moyen.	HAUTEUR	VOLUME en grume	au 1/4	au 4/10	au 1/6	au 1/5	CÔTÉ d'équarrissage.
m.		m.	m.	m.c.	m.c.	m.c.	m.c.	m.c.	c.
1.00	50 %	Cône.	1	0.262	0.205	0.167	0.143	0.131	
			2	.523	411	333	285	263	
			3	785	616	500	428	394	
			4	1.047	822	667	571	526	au 1/4 0.453
			5	308	1.027	833	713	657	au 1/10 0.408
			6	570	232	1.000	856	789	au 1/6 0.378
			7	832	438	167	999	920	au 1/5 0.363
			8	2.093	643	333	1.141	1.052	
			9	355	849	500	284	183	
			10	617	2.054	667	426	315	
1.00	45 %	0.55	1	0.290	0.226	0.185	0.158	0.146	
			2	581	456	370	317	292	
			3	871	684	555	475	438	
			4	1.162	912	740	633	584	au 1/4 0.477
			5	452	1.140	925	792	730	au 1/10 0.430
			6	743	368	1.110	950	876	au 1/6 0.398
			7	2.033	596	295	1.108	1.021	au 1/5 0.382
			8	324	824	480	267	167	
			9	614	2.052	665	425	313	
			10	904	280	850	583	459	
1.00	40 %	0.60	1	0.324	0.255	0.207	0.177	0.163	
			2	649	509	413	354	326	
			3	973	764	620	531	489	
			4	1.298	1.019	827	708	652	au 1/4 0.505
			5	622	274	1.033	884	815	au 1/10 0.455
			6	947	528	240	1.061	978	au 1/6 0.421
			7	2.271	783	447	238	1.141	au 1/5 0.404
			8	596	2.038	653	415	304	
			9	920	292	860	592	467	
			10	3.245	547	2.067	769	630	
1.00	35 %	0.65	1	0.364	0.286	0.232	0.198	0.183	
			2	727	571	463	397	365	
			3	1.091	857	695	595	548	
			4	455	1.142	927	793	731	au 1/4 0.534
			5	819	428	1.158	991	914	au 1/10 0.481
			6	2.182	713	390	1.190	1.098	au 1/6 0.445
			7	546	999	622	388	279	au 1/5 0.427
			8	910	2.284	853	586	462	
			9	3.273	570	2.085	784	645	
			10	637	855	317	983	827	
1.00	30 %	0.70	1	0.408	0.320	0.260	0.223	0.205	
			2	816	641	520	415	410	
			3	1.225	961	780	668	615	
			4	633	1.282	1.040	890	820	au 1/4 0.566
			5	2.041	602	300	1.113	1.025	au 1/10 0.510
			6	449	923	560	335	230	au 1/6 0.472
			7	857	2.243	820	558	436	au 1/5 0.453
			8	3.266	563	2.080	780	641	
			9	674	884	340	2.003	846	
			10	4.082	3.204	600	225	2.051	
1.00	25 %	0.75	1	0.458	0.359	0.292	0.250	0.230	
			2	916	719	583	499	460	
			3	1.374	1.078	875	749	690	
			4	832	438	1.167	999	920	

DIAMÈTRE à la base ou **D.**	A déduire de **D.**	DIAMÈTRE réduit ou moyen.	HAUTEUR	VOLUME en grume	au 1/4	au 1/10	au 1/8	au 1/5	CÔTÉ d'équarrissage.	
m.		m.	m.	m.c.	m.c.	m.c.	m.c.	m.c.		m.
1.00	25 %	0.75	5	2.290	1.797	1.458	1.248	1.150	au 1/4	0.600
			6	748	2.157	750	498	380	au 1/10	0.540
			7	3.205	516	2.042	747	610	au 1/6	0.500
			8	663	876	333	997	840	au 1/5	0.480
			9	4.121	3.235	625	2.247	2.071		
			10	579	595	917	496	301		
1.00	20 %	0.80	1	0.513	0.403	0.327	0.280	0.258		
			2	1.026	805	653	559	515		
			3	539	1.208	980	839	773	au 1/4	0.634
			4	2.051	610	1.307	1.118	1.031	au 1/10	0.571
			5	564	2.013	633	398	288	au 1/6	0.529
			6	3.077	416	960	678	546	au 1/5	0.508
			7	590	818	2.287	957	804		
			8	4.103	3.221	613	2.237	2.061		
			9	616	623	940	516	319		
			10	5.129	4.026	3.267	796	577		
1.00	15 %	0.85	1	0.573	0.450	0.365	0.312	0.288		
			2	1.146	900	730	625	576		
			3	719	1 350	1.095	937	864	au 1/4	0.671
			4	2.292	799	460	1.250	1.152	au 1/10	0.604
			5	865	2.249	825	562	439	au 1/6	0.559
			6	3.438	699	2.190	874	727	au 1/5	0.537
			7	4.011	3.149	555	2.187	2.015		
			8	584	599	920	499	303		
			9	5.157	4.049	3.285	812	591		
			10	730	498	650	3.124	879		
1.00	10 %	0.90	1	0.638	0.501	0.407	0.348	0.321		
			2	1.277	1.002	813	696	642		
			3	915	504	1.220	1.044	962	au 1/4	0.708
			4	2.554	2.005	627	392	1.283	au 1/10	0.638
			5	3.192	506	2.038	740	604	au 1/6	0.590
			6	831	3.007	440	2.088	925	au 1/5	0.566
			7	4.469	508	847	436	2.245		
			8	5.108	4.010	3.253	784	566		
			9	746	511	660	3.132	887		
			10	6.385	5.012	4.067	481	3.208		
1.00	5 %	0.95	1	0.709	0.557	0.452	0.387	0.356		
			2	1.418	1.113	903	773	713		
			3	2.127	670	1.355	1.160	1.069	au 1/4	0.746
			4	836	2.227	807	546	425	au 1/10	0.672
			5	3.546	783	2.258	933	781	au 1/6	0.622
			6	4.255	3.840	710	2.319	2.138	au 1/5	0.597
			7	964	897	3.162	706	494		
			8	5.673	4.453	613	3.093	850		
			9	6.382	5.010	4.065	479	3.206		
			10	7.091	567	517	866	563		
1.00	0 %	Cylind.	1	0.785	0.616	0.500	0.428	0.394		
			2	1.570	1.232	1.000	856	789		
			3	2.355	849	500	1.284	1.183	au 1/4	0.785
			4	3.140	2.465	2.000	712	578	au 1/10	0.707
			5	925	3.081	500	2.140	972	au 1/6	0.654
			6	4.710	697	3.000	568	2.366	au 1/5	0.628
			7	5.495	4.314	500	996	761		
			8	6.280	930	4.000	3.423	3.155		
			9	7.065	5.546	500	851	549		
			10	850	6.162	5.000	4.279	944		

D = 1ᵐ.05

DIAMÈTRE à la base ou **D.**	À déduire de **D.**	DIAMÈTRE réduit ou moyen.	HAUTEUR	en grume	au 1/4	au 1/10	au 1/6	au 1/5	CÔTÉ d'équarrissage.
m.		m.	m.	m.c.	m.c.	m.c.	m.c.	m.c.	
1.05	50 %	Cône.	1	0.288	0.226	0.184	0.157	0.145	
			2	577	453	367	315	290	m.
			3	865	679	551	472	435	au 1/4 0.476
			4	1.154	906	735	629	580	
			5	442	1.132	919	786	725	au 1/10 0.429
			6	731	359	1.102	944	870	
			7	2.019	585	286	1.101	1.015	au 1/6 0.397
			8	308	812	470	258	159	au 1/5 0.381
			9	596	2.038	654	415	304	
			10	885	265	837	573	449	
1.05	45 %	0.5775	1	0.320	0.251	0.204	0.175	0.161	
			2	640	503	408	349	322	
			3	961	754	612	524	483	au 1/4 0.501
			4	1.281	1.005	816	698	644	
			5	601	257	1.020	873	804	au 1/10 0.452
			6	921	508	224	1.047	965	
			7	2.242	760	428	222	1.126	au 1/6 0.418
			8	562	2.011	632	397	287	au 1/5 0.401
			9	882	262	836	571	448	
			10	3.202	514	2.040	746	609	
1.05	40 %	0.63	1	0.358	0.281	0.228	0.195	0.180	
			2	715	562	456	390	359	
			3	1.073	842	684	585	539	au 1/4 0.530
			4	431	1.123	911	780	719	
			5	789	404	1.139	975	899	au 1/10 0.477
			6	2.146	685	367	1.170	1.078	
			7	504	966	595	365	258	au 1/6 0.442
			8	862	2.247	823	560	438	au 1/5 0.424
			9	3.220	527	2.051	755	617	
			10	577	808	278	950	797	
1.05	35 %	0.6825	1	0.401	0.315	0.255	0.219	0.201	
			2	802	630	511	437	403	
			3	1.203	944	766	656	604	au 1/4 0.561
			4	604	1.259	1.022	874	806	
			5	2.005	574	277	1.093	1.007	au 1/10 0.505
			6	406	889	532	312	209	
			7	807	2.203	788	530	410	au 1/6 0.467
			8	3.208	518	3.043	749	612	au 1/5 0.449
			9	609	833	399	967	813	
			10	4.010	3.148	554	2.186	2.015	
1.05	30 %	0.735	1	0.450	0.353	0.287	0.245	0.226	
			2	900	707	573	491	452	
			3	1.350	1.060	860	736	678	au 1/4 0.594
			4	800	413	1.147	981	904	
			5	2.250	766	433	1.227	1.130	au 1/10 0.535
			6	700	2.120	720	472	357	
			7	3.150	473	2.007	717	583	au 1/6 0.495
			8	600	826	293	963	809	au 1/5 0.476
			9	4.050	3.180	580	2.208	2.035	
			10	500	533	866	453	261	
1.05	25 %	0.7875	1	0.505	0.396	0.322	0.275	0.254	
			2	1.010	793	643	550	507	
			3	515	1.189	965	826	761	
			4	2.019	585	1.286	1.101	1.015	

DIAMÈTRE à la base ou D.	À déduire de D.	DIAMÈTRE réduit ou moyen.	HAU-TEUR	VOLUME					CÔTÉ d'équarris-sage.	
				en grumie	au 1/4	au 1/10	au 1/6	au 1/5		
m.		m.	m.	m.c.	m.c.	m.c.	m.c.	m.c.		m.
1.05	25 %	0.7875	5	2.524	1.982	1.608	1.376	1.268	au 1/4	0.630
			6	3.029	2.378	929	651	522	au 1/10	0.567
			7	534	774	2.251	927	775	au 1/6	0.525
			8	4.039	3.170	572	2.202	2.029	au 1/5	0.504
			9	544	567	894	477	283		
			10	5.049	963	3.216	752	536		
1.05	20 %	0.84	1	0.565	0.444	0.360	0.308	0.284	au 1/4	0.666
			2	1.131	888	720	616	568	au 1/10	0.600
			3	696	1.332	1.080	925	852	au 1/6	0.555
			4	2.262	775	441	1.213	1.136	au 1/5	0.533
			5	827	2.219	801	521	420		
			6	3.393	663	2.161	829	704		
			7	958	3.107	521	2.138	989		
			8	4.523	551	881	446	2.273		
			9	5.089	995	3.241	754	557		
			10	654	4.439	601	3.062	841		
1.05	15 %	0.8925	1	0.632	0.496	0.402	0.344	0.317	au 1/4	0.704
			2	1.264	992	805	689	635	au 1/10	0.634
			3	895	1.488	1.207	1.033	952	au 1/6	0.587
			4	2.527	984	610	378	1.270	au 1/5	0.563
			5	3.159	2.480	2.012	722	587		
			6	791	976	414	2.066	904		
			7	4.423	3.472	817	411	2.222		
			8	5.054	968	3.219	755	539		
			9	686	4.464	622	3.100	857		
			10	6.318	960	4.024	444	3.174		
1.05	10 %	0.945	1	0.704	0.553	0.448	0.384	0.354	au 1/4	0.743
			2	1.408	1.105	897	767	707	au 1/10	0.669
			3	2.112	658	1.345	1.151	1.061	au 1/6	0.619
			4	816	2.210	793	535	415	au 1/5	0.595
			5	3.520	763	2.242	919	768		
			6	4.223	3.315	690	2.302	2.122		
			7	927	868	3.138	686	476		
			8	5.631	4.421	587	3.070	829		
			9	6.335	973	4.035	454	3.183		
			10	7.039	5.526	483	837	536		
1.05	5 %	0.9975	1	0.782	0.614	0.498	0.426	0.393	au 1/4	0.783
			2	1.564	1.227	996	852	786	au 1/10	0.706
			3	2.345	841	1.494	1.279	1.178	au 1/6	0.653
			4	3.127	2.455	992	705	571	au 1/5	0.627
			5	909	3.069	2.490	2.131	964		
			6	4.691	682	988	557	2.357		
			7	5.473	4.296	3.486	983	749		
			8	6.254	910	984	3.410	3.142		
			9	7.036	5.523	4.482	836	535		
			10	818	6.137	980	4.262	928		
1.05	0 %	Cylind.	1	0.865	0.679	0.551	0.472	0.435	au 1/4	0.824
			2	1.731	1.359	1.102	944	870	au 1/10	0.742
			3	2.596	2.038	654	1.415	1.304	au 1/6	0.687
			4	3.462	718	2.205	887	739	au 1/5	0.659
			5	4.327	3.397	756	2.359	2.174		
			6	5.193	4.076	3.307	831	609		
			7	6.058	756	859	3.303	3.044		
			8	924	5.435	4.410	774	478		
			9	7.789	6.114	961	4.246	913		
			10	8.655	794	5.512	718	4.348		

D = 1ᵐ.10

DIAMÈTRE à la base ou D.	A déduire de D.	DIAMÈTRE réduit ou moyen.	HAU-TEUR	VOLUME en grume	au 1/4	au 1/10	au 1/6	au 1/5	CÔTÉ d'équarrissage.
m.		m.	m.	m.c.	m.c.	m.c.	m.c.	m.c.	m.
1.10	50 %	Cône.	1	0.317	0.249	0.202	0.173	0.159	
			2	636	497	403	345	318	
			3	950	746	605	518	477	au 1/4 0.499
			4	1.266	994	807	690	636	
			5	583	1.248	1.008	863	795	au 1/10 0.449
			6	900	491	210	1.036	954	au 1/6 0.415
			7	2.216	740	412	208	1.113	
			8	533	988	613	381	278	au 1/5 0.399
			9	850	2.237	815	553	432	
			10	3.166	485	2.017	726	591	
1.10	45 %	0.605	1	0.351	0.276	0.224	0.192	0.177	
			2	703	552	448	383	353	
			3	1.054	828	672	575	530	au 1/4 0.525
			4	406	1.104	895	766	706	
			5	757	379	1.119	958	883	au 1/10 0.473
			6	2.109	655	343	1.150	1.059	au 1/6 0.438
			7	460	931	567	341	236	
			8	812	2.207	791	533	413	au 1/5 0.420
			9	3.163	483	2.015	724	589	
			10	514	759	238	916	766	
1.10	40 %	0.66	1	0.393	0.308	0.250	0.214	0.197	
			2	785	616	500	428	394	
			3	1.178	925	750	642	592	au 1/4 0.555
			4	570	1.233	1.000	856	789	
			5	963	541	250	1.070	986	au 1/10 0.500
			6	2.356	849	500	284	1.183	au 1/6 0.463
			7	748	2.157	750	498	381	
			8	3.141	466	2.001	712	578	au 1/5 0.444
			9	533	774	251	926	775	
			10	926	3.082	501	2.140	972	
1.10	35 %	0.715	1	0.440	0.345	0.280	0.240	0.221	
			2	880	691	561	480	442	--
			3	1.320	1.036	841	720	663	au 1/4 0.588
			4	760	382	1.121	960	884	
			5	2.200	727	402	1.200	1.106	au 1/10 0.529
			6	641	2.073	682	439	327	au 1/6 0.490
			7	3.081	418	962	679	548	
			8	521	764	2.243	919	769	au 1/5 0.470
			9	961	3.109	523	2.159	990	
			10	4.401	455	803	399	2.211	
1.10	30 %	0.77	1	0.494	0.388	0.315	0.269	0.248	
			2	988	775	629	539	496	
			3	1.482	1.163	944	803	744	au 1/4 0.623
			4	976	551	1.258	1.077	993	
			5	2.470	939	573	346	1.241	au 1/10 0.561
			6	964	2.326	888	616	489	an 1/6 0.519
			7	3.457	714	2.202	885	737	
			8	951	3.102	517	2.154	985	au 1/5 0.498
			9	4.445	490	831	423	2.233	
			10	939	877	3.146	693	481	
1.10	25 %	0.825	1	0.554	0.435	0.353	0.302	0.278	
			2	1.108	870	706	604	557	
			3	662	1.305	1.059	906	835	
			4	2.216	740	412	1.208	1.113	

DIAMÈTRE à la base ou D.	A déduire de D.	DIAMÈTRE réduit ou moyen.	HAUTEUR	VOLUME en grume	au $\frac{1}{4}$	au $\frac{1}{10}$	au $\frac{1}{6}$	au $\frac{1}{5}$	CÔTÉ d'équarrissage
m.		m.	m.	m.c.	m.c.	m.c.	m.c.	m.c.	m.
1.10	25 %	0.825	5	2.770	2.175	1.765	1.510	1.392	au $\frac{1}{4}$ 0.660
			6	3.324	610	2.118	812	670	au $\frac{1}{10}$ 0.594
			7	879	3.045	470	2.114	949	au $\frac{1}{6}$ 0.550
			8	4.433	480	823	416	2.227	au $\frac{1}{5}$ 0.528
			9	987	915	3.176	718	505	
			10	5.541	4.350	529	3.020	784	
1.10	20 %	0.88	1	0.621	0.487	0.395	0.338	0.312	
			2	1.241	974	791	677	624	
			3	862	1.461	1.186	1.015	935	au $\frac{1}{4}$ 0.698
			4	2.482	949	581	353	1.247	au $\frac{1}{10}$ 0.629
			5	3.103	2.436	976	691	559	au $\frac{1}{6}$ 0.582
			6	723	923	2.372	2.030	871	au $\frac{1}{5}$ 0.558
			7	4.344	3.410	767	368	2.182	
			8	965	897	3.162	706	494	
			9	5.585	4.384	557	3.045	806	
			10	6.206	871	953	383	3.118	
1.10	15 %	0.935	1	0.693	0.544	0.442	0.378	0.348	
			2	1.387	1.089	883	756	697	
			3	2.080	633	1.325	1.134	1.045	au $\frac{1}{4}$ 0.738
			4	774	2.177	767	512	393	au $\frac{1}{10}$ 0.664
			5	3.407	722	2.208	890	742	au $\frac{1}{6}$ 0.615
			6	4.160	3.266	650	2.268	2.090	au $\frac{1}{5}$ 0.590
			7	854	810	3.092	646	439	
			8	5.547	4.354	533	3.024	787	
			9	6.241	899	975	402	3.135	
			10	934	5.443	4.416	780	484	
1.10	10 %	0.99	1	0.773	0.606	0.492	0.421	0.388	
			2	1.545	1.213	984	842	776	
			3	2.318	819	1.476	1.263	1.164	au $\frac{1}{4}$ 0.779
			4	3.090	2.426	968	685	553	au $\frac{1}{10}$ 0.701
			5	863	3.032	2.460	2.106	941	au $\frac{1}{6}$ 0.649
			6	4.635	639	952	527	2.329	au $\frac{1}{5}$ 0.623
			7	5.408	4.245	3.444	948	717	
			8	6.180	852	937	3.369	3.105	
			9	953	5.458	4.429	790	493	
			10	7.725	6.064	921	4.211	881	
1.10	5 %	1.045	1	0.858	0.674	0.547	0.468	0.431	
			2	1.716	1.347	1.093	935	862	
			3	2.574	2.021	640	1.403	1.293	au $\frac{1}{4}$ 0.821
			4	3.432	694	2.186	871	724	au $\frac{1}{10}$ 0.739
			5	4.290	3.368	733	2.339	2.155	au $\frac{1}{6}$ 0.684
			6	5.148	4.041	3.279	806	586	au $\frac{1}{5}$ 0.657
			7	6.006	715	826	3.274	3.018	
			8	864	5.388	4.372	742	449	
			9	7.722	6.062	919	4.210	880	
			10	8.580	736	5.465	077	4.011	
1.10	0 %	Cylind.	1	0.950	0.746	0.605	0.518	0.477	
			2	1.900	1.491	1.210	1.036	954	
			3	2.850	2.237	815	553	1.432	au $\frac{1}{4}$ 0.864
			4	3.799	983	2.420	2.071	909	au $\frac{1}{10}$ 0.778
			5	4.749	3.728	3.025	589	2.386	au $\frac{1}{6}$ 0.720
			6	5.699	4.474	630	3.107	863	au $\frac{1}{5}$ 0.691
			7	6.649	5.219	4.235	625	3.340	
			8	7.599	965	840	4.142	818	
			9	8.549	6.711	5.445	660	4.295	
			10	9.498	7.456	6.050	5.178	772	

$D = 1^m.15$

DIAMÈTRE à la base ou **D.**	À déduire de **D.**	DIAMÈTRE réduit ou moyen.	HAU-TEUR	VOLUME en grume	au 1/4	au 1/10	au 1/6	au 1/5	CÔTÉ d'équarrissage.
m. 1.15	50 %	m. Cône.	1	0.346	0.272	0.220	0.189	0.174	
			2	692	543	441	377	348	m.
			3	1.038	815	661	566	522	au 1/4 0.521
			4	384	1.087	882	755	695	
			5	730	358	1.102	943	869	au 1/10 0.469
			6	2.076	630	323	1.132	1.043	
			7	422	902	543	321	217	au 1/6 0.434
			8	768	2.173	763	509	·391	
			9	3.114	445	984	698	565	au 1/5 0.417
			10	461	717	2.204	886	739	
1.15	45 %	0.6325	1	0.384	0.302	0.245	0.209	0.193	
			2	768	603	489	419	386	
			3	1.152	905	734	628	579	au 1/4 0.549
			4	536	1.206	979	838	772	
			5	921	508	1.223	1.047	965	au 1/10 0.495
			6	2.305	809	468	256	1.158	
			7	689	2.111	713	466	351	au 1/6 0.458
			8	3.073	412	957	675	544	
			9	457	714	2.202	885	737	au 1/5 0.439
			10	841	3.015	447	2.094	930	
1.15	40 %	0.69	1	0 429	0.337	0.273	0.234	0 216	
			2	858	674	547	468	431	
			3	1.287	1.011	820	702	647	au 1/4 0.580
			4	716	347	1.093	936	862	
			5	2.146	684	367	1.170	1.078	au 1/10 0.523
			6	575	2.022	640	404	293	
			7	3.004	358	913	637	509	au 1/6 0.484
			8	433	695	2.187	871	725	
			9	862	3.032	460	2.105	940	au 1/5 0.464
			10	4.291	368	733	339	2.156	
1.15	35 %	0.7475	1	0.481	0.378	0.306	0.262	0.242	
			2	962	755	613	524	483	
			3	1 443	1.133	919	787	725	au 1/4 0.615
			4	924	510	1.226	1.049	967	
			5	2.405	888	532	311	1.208	au 1/10 0.553
			6	886	2.266	838	573	450	
			7	3.367	643	2.145	836	692	au 1/6 0.512
			8	848	3.021	451	2.098	933	
			9	4.329	398	757	360	2.175	au 1/5 0.492
			10	810	776	3.064	622	417	
1.15	30 %	0.805	1	0.540	0.424	0.344	0.294	0.271	
			2	1.080	848	688	589	542	
			3	620	1.271	1.032	883	814	au 1/4 0.651
			4	2.159	695	375	1.177	1.085	
			5	699	2.119	719	471	356	au 1/10 0.586
			6	3.239	543	2.063	766	627	
			7	779	966	407	2.060	899	au 1/6 0.542
			8	4.319	3.390	751	354	2.170	
			9	859	814	3.095	649	441	au 1/5 0.521
			10	5.398	4.238	438	943	712	
1.15	25 %	0.8625	1	0.606	0.475	0.386	0.330	0.304	
			2	1.211	951	771	660	609	
			3	817	426	1.157	990	913	
			4	2.422	1.902	543	1.321	1.217	

DIAMÈTRE à la base ou **D.**	à déduire de **D.**	DIAMÈTRE réduit ou moyen.	HAUTEUR	VOLUME en grume	au 1/4	au 1/10	au 1/6	au 1/5	CÔTÉ d'équarrissage.
m.		m.	m.	m.c.	m.c.	m.c.	m.c.	m.c.	m.
1.15	25 %	0.8625	5	3.028	2.377	1.929	1.651	1.521	au 1/4 0.690
			6	634	852	2.314	981	826	au 1/10 0.621
			7	4.239	3.328	700	2.311	2.130	au 1/6 0.575
			8	845	803	3.086	641	434	au 1/5 0.552
			9	5.450	4.279	472	971	738	
			10	6.056	754	857	3.301	3.043	
1.15	20 %	0.92	1	0.678	0.532	0.432	0.370	0.341	
			2	1.357	1.065	864	739	682	
			3	2.035	597	1.296	1.109	1.022	au 1/4 0.730
			4	713	2.130	728	479	363	
			5	3.391	662	2.160	849	704	au 1/10 0.657
			6	4.070	3.195	592	2.218	2.045	au 1/6 0.608
			7	748	727	3.024	588	385	
			8	5.426	4.260	456	958	726	au 1/5 0.584
			9	6.104	792	888	3.328	3.067	
			10	783	5.324	4.320	697	408	
1.15	15 %	0.9775	1	0.758	0.595	0.483	0.413	0.381	
			2	1.516	1.190	965	826	761	
			3	2.274	785	1.448	1.239	1.142	au 1/4 0.771
			4	3.031	2.380	931	653	523	
			5	789	975	2.414	2.066	904	au 1/10 0.695
			6	4.547	3.570	896	479	2.284	au 1/6 0.643
			7	5.305	4.164	3.379	892	665	
			8	6.063	759	862	3.305	3.046	au 1/5 0.617
			9	821	5.354	4.344	718	427	
			10	7.579	949	827	4.131	807	
1.15	10 %	0.035	1	0.844	0.663	0.538	0.460	0.424	
			2	1.689	1.326	1.076	921	848	
			3	2.533	988	613	1.381	1.273	au 1/4 0.814
			4	3.377	2.651	2.151	841	697	
			5	4.222	3.314	689	2.301	2.121	au 1/10 0.733
			6	5.066	977	3.227	762	545	au 1/6 0.678
			7	911	4.640	765	3.222	3.969	
			8	6.755	5.303	4.303	682	394	au 1/5 0.651
			9	7.599	965	840	4.143	4.818	
			10	8.444	6.628	5.378	603	242	
1.15	5 %	0.0925	1	0.938	0.736	0.597	0.511	0.471	
			2	1.876	1.472	1.195	1.022	942	
			3	2.813	2.209	792	534	1.413	au 1/4 0.858
			4	3.751	945	2.389	2.045	835	
			5	4.689	3.681	987	556	2.356	au 1/10 0.773
			6	5.627	4.417	3.584	3.067	827	au 1/6 0.715
			7	6.565	5.153	4.181	579	3.298	
			8	7.502	889	779	4.090	769	au 1/5 0.686
			9	8.440	6.626	5.376	601	4.240	
			10	9.378	7.362	973	5.112	712	
1.15	0 %	Cylind	1	1.038	0.815	0.661	0.566	0.522	
			2	2.076	1.630	1.322	1.132	1.043	
			3	3.114	2.445	984	698	565	au 1/4 0.903
			4	4.153	3.260	2.645	2.264	2.086	
			5	5.191	4.075	3.306	830	608	au 1/10 0.813
			6	6.229	890	967	3.396	3.129	au 1/6 0.752
			7	7.267	5.705	4.629	962	651	
			8	8.305	6.520	5.290	4.528	4.173	au 1/5 0.722
			9	9.343	7.335	951	5.093	694	
			10	10.382	8.150	6.612	659	5.216	

DIAMÈTRE à la base ou D.	A déduire de D.	DIAMÈTRE réduit ou moyen.	HAUTEUR	VOLUME en grume	au 1/4	au 1/10	au 1/6	au 1/5	CÔTÉ d'équarrissage.

$$D = 1^m.20$$

DIAMÈTRE à la base ou D.	A déduire de D.	DIAMÈTRE réduit ou moyen.	HAUTEUR	en grume	au 1/4	au 1/10	au 1/6	au 1/5	CÔTÉ d'équarrissage.
m. 1.20	50 %	m. Cône.	1	0.377	0.296	0.240	0.205	0.189	
			2	754	592	480	411	379	
			3	1.130	887	720	616	568	au 1/4 0.544 (m.)
			4	507	1.183	960	822	757	au 1/10 0.490
			5	884	479	1.200	1.027	947	au 1/6 0.453
			6	2.261	775	440	232	1.136	au 1/5 0.435
			7	638	2.071	680	438	325	
			8	3.014	366	920	643	514	
			9	391	662	2.160	849	704	
			10	768	958	400	2.054	893	
1.20	45 %	0.66	1	0.418	0.328	0.266	0.228	0.210	
			2	836	657	533	456	420	
			3	1.235	935	799	684	630	au 1/4 0.573
			4	673	1.313	1.066	912	841	au 1/10 0.516
			5	2.091	642	332	1.140	1.051	au 1/6 0.477
			6	509	970	598	368	261	au 1/5 0.458
			7	928	2.298	865	596	471	
			8	3.346	627	2.131	824	681	
			9	764	955	397	2.052	891	
			10	4.182	3.283	664	280	2.401	
1.20	40 %	0.72	1	0.467	0.367	0.298	0.255	0.235	
			2	934	734	595	509	469	
			3	1.402	1.100	893	764	704	au 1/4 0.606
			4	869	467	1.190	1.019	939	au 1/10 0.546
			5	2.336	834	488	274	1.174	au 1/6 0.505
			6	803	2.201	786	528	408	au 1/5 0.484
			7	3.271	567	2.083	783	643	
			8	738	934	381	2.038	878	
			9	4.205	3.301	678	292	2.113	
			10	672	668	976	547	347	
1.20	35 %	0.78	1	0.524	0.411	0.334	0.286	0.263	
			2	1.048	822	667	571	526	
			3	571	1.233	1.001	857	789	au 1/4 0.641
			4	2.095	645	334	1.142	1.053	au 1/10 0.578
			5	619	2.056	668	428	316	au 1/6 0.534
			6	3.143	467	2.002	713	579	au 1/5 0.513
			7	666	878	335	999	842	
			8	4.190	3.289	669	2.284	2.105	
			9	714	700	3.002	570	368	
			10	5.238	4.111	336	855	631	
1.20	30 %	0.84	1	0.588	0.461	0.374	0.320	0.295	
			2	1.176	923	749	641	591	
			3	763	1.384	1.123	961	886	au 1/4 0.679
			4	2.351	846	498	1.282	1.181	au 1/10 0.612
			5	939	2.307	872	602	477	au 1/6 0.566
			6	3.527	769	2.246	923	772	au 1/5 0.543
			7	4.115	3.230	621	2.243	2.067	
			8	702	691	995	563	363	
			9	5.290	4.153	3.370	834	658	
			10	878	614	744	3.204	953	
1.20	25 %	0.90	1	0.659	0.548	0.420	0.359	0.331	
			2	1.319	1.035	840	719	663	
			3	978	553	1.260	1.078	994	
			4	2.638	2.071	680	438	1.325	

DIAMÈTRE à la base ou D.	A déduire de D.	DIAMÈTRE réduit ou moyen.	HAUTEUR	VOLUME en grume	au 1/4	au 1/10	au 1/6	au 1/5	CÔTÉ d'équarrissage.
m.		m.	m.	m.c.	m.c.	m.c.	m.c.	m.c.	m.
1.20	25 %	0.90	5	3.297	2.588	2.100	1.797	1.656	au 1/4 0.719
			6	956	3.106	520	2.157	988	au 1/10 0.648
			7	4.616	623	940	1516	2.319	au 1/6 0.600
			8	5.275	4.141	3.360	876	650	
			9	935	659	780	3.235	982	au 1/5 0.576
			10	6.594	5.176	4.200	595	3.313	
1.20	20 %	0.96	1	0.739	0.580	0.470	0.403	0.371	
			2	1.477	1.159	941	805	742	
			3	2.216	739	1.411	1.208	1.113	au 1/4 0.761
			4	954	2.319	882	610	484	
			5	3.693	899	2.352	2.013	855	au 1/10 0.685
			6	4.431	3.478	822	416	2.226	
			7	5.170	4.058	3.293	848	597	au 1/6 0.635
			8	908	638	763	3.221	968	
			9	6.647	5.218	4.234	623	3.339	au 1/5 0.609
			10	7.385	797	704	4.026	710	
1.20	15 %	1.02	1	0.825	0.648	0.525	0.450	0.415	
			2	1.650	1.296	1.051	900	829	
			3	2.476	943	577	1.350	1.244	au 1/4 0.805
			4	3.301	2.591	2.102	799	658	
			5	4.126	3.239	628	2.249	2.073	au 1/10 0.725
			6	951	887	3.154	699	487	
			7	5.776	4.534	679	3.149	902	au 1/6 0.671
			8	6.602	5.182	4.205	599	3.317	au 1/5 0.644
			9	7.427	830	730	4.049	731	
			10	8.252	6.478	5.256	498	4.146	
1.20	10 %	1.08	1	0.919	0.722	0.586	0.501	0.462	
			2	1.839	1.443	1.171	1.002	924	
			3	2.758	2.165	757	504	1.386	au 1/4 0.850
			4	3.678	887	2.342	2.005	848	
			5	4.597	3.609	928	506	2.310	au 1/10 0.765
			6	5.516	4.330	3.514	3.007	771	
			7	6.436	5.052	4.099	508	3.233	au 1/6 0.708
			8	7.355	774	685	4.010	695	au 1/5 0.680
			9	8.275	6.496	5.270	511	4.157	
			10	9.194	7.217	856	5.012	619	
1.20	5 %	1.14	1	1.021	0 802	0.650	0.557	0.513	
			2	2.042	1.603	1.301	1.113	1.026	
			3	3.063	2.405	951	670	539	au 1/4 0.895
			4	4.085	3.206	2.602	2.227	2.052	
			5	5.106	4.008	3.252	783	565	au 1/10 0.806
			6	6.127	810	902	3.340	3.078	
			7	7.148	5.611	4.553	897	591	au 1/6 0.746
			8	8.169	6.413	5.203	4.453	4.104	au 1/5 0.716
			9	9.190	7.214	854	5.010	617	
			10	10.211	8.016	6.504	567	5.130	
1.20	0 %	Cylind.	1	1.130	0.887	0.720	0.616	0.568	
			2	2.261	1.775	1.440	1.232	1.136	
			3	3.391	2.662	2.160	849	704	au 1/4 0.942
			4	4.522	3.549	880	2.465	2.272	
			5	5.652	4.437	3.600	3.081	840	au 1/10 0.848
			6	6.782	5.324	4.320	697	3.407	
			7	7.913	6.212	5.040	4.314	975	au 1/6 0.785
			8	9.043	7.099	760	930	4.543	au 1/5 0.754
			9	10.174	7.986	6.480	5.346	5.111	
			10	11.304	8.874	7.200	6.162	679	

DIAMÈTRE à la base ou D.	A déduire de D.	DIAMÈTRE réduit ou moyen.	HAUTEUR	VOLUME en grume	au 1/4	au 1/10	au 1/6	au 1/5	CÔTÉ d'équarrissage.
					$D = 1^m.25$				
m. 1.25	50 %	m. Cône.	m. 1	m.c. 0.409	m.c. 0.321	m.c. 0.260	m.c. 0.223	m.c. 0.205	
			2	818	642	521	446	411	m.
			3	1.227	963	781	669	616	au 1/4 0.566
			4	635	1.284	1.042	892	822	au 1/10 0.510
			5	2.044	605	302	1.114	1.027	au 1/6 0.472
			6	453	926	563	337	232	au 1/5 0.453
			7	862	2.247	823	560	438	
			8	3.271	568	2.083	783	643	
			9	680	889	344	2.006	849	
			10	4.089	3.210	604	239	2.054	
1.25	45 %	0.6875	1	0.454	0.356	0.289	0.247	0.228	
			2	908	713	578	495	456	
			3	1.361	1.069	867	742	684	au 1/4 0.597
			4	815	425	1.156	990	912	au 1/10 0.538
			5	2.269	781	445	1.237	1.140	au 1/6 0.497
			6	723	2.138	734	484	368	au 1/5 0.477
			7	3.177	494	2.023	732	596	
			8	631	850	312	979	824	
			9	4.084	3.206	602	2.227	2.052	
			10	538	563	891	474	280	
1.25	40 %	0.75	1	0.507	0.398	0.323	0.276	0.255	
			2	1.014	796	646	553	509	
			3	521	1.194	969	829	764	au 1/4 0.631
			4	2.028	592	1.292	1.105	1.019	au 1/10 0.568
			5	535	990	615	382	274	au 1/6 0.526
			6	3.042	2.388	938	658	528	au 1/5 0.505
			7	549	786	2.260	935	783	
			8	4.056	3.184	583	2.211	2.038	
			9	563	582	906	487	292	
			10	5.070	980	3.229	764	547	
1.25	35 %	0.8125	1	0.568	0.446	0.362	0.310	0.286	
			2	1.137	892	724	620	571	
			3	705	1.338	1.086	929	857	au 1/4 0.668
			4	2.273	784	448	1.239	1.142	au 1/10 0.602
			5	842	2.231	810	549	428	au 1/6 0.556
			6	3.410	677	2.172	859	713	au 1/5 0.534
			7	978	3.123	534	2.169	999	
			8	4.546	569	896	478	2.284	
			9	5.115	4.015	3.258	788	570	
			10	683	461	620	3.098	855	
1.25	30 %	0.875	1	0.638	0.501	0.406	0.348	0.320	
			2	1.276	1.001	812	695	641	
			3	913	502	1.219	1.043	961	au 1/4 0.708
			4	2.551	2.003	625	391	1.282	au 1/10 0.637
			5	3.189	503	2.031	738	602	au 1/6 0.590
			6	827	3.004	437	2.086	923	au 1/5 0.566
			7	4.465	505	844	434	2.243	
			8	5.102	4.005	3 250	782	563	
			9	740	506	656	3.129	884	
			10	6.378	5.007	4.062	477	3.204	
1.25	25 %	0.9375	1	0.715	0.562	0.456	0.390	0.359	
			2	1.431	1.123	911	780	719	
			3	2.146	685	1.367	1.170	1.078	
			4	862	2.247	823	560	438	

DIAMÈTRE à la base ou **D.**	A déduire de **D.**	DIAMÈTRE réduit ou moyen.	HAUTEUR	VOLUME en grume	au 1/4	au 1/10	au 1/6	au 1/5	CÔTÉ d'équarrissage.	
m.		m.	m.	m.c.	m.c.	m.c.	m.c.	m.c.		m.
1.25	25 %	0.9375	5	3.577	2.808	2.279	1.950	1.797	au 1/4	0.749
			6	4.293	3.370	734	2.340	2.157		
			7	5.008	932	3.190	730	516	au 1/10	0.675
			8	724	4.493	646	3.120	876	au 1/6	0.624
			9	6.429	5.055	4.102	510	3.235		
			10	7.155	617	557	900	595	au 1/5	0.599
1.25	20 %	1.00	1	0.801	0.629	0.510	0.437	0.403		
			2	1.603	1.258	1.021	874	805		
			3	2.404	887	531	1.311	1.208	au 1/4	0.793
			4	3.205	2.516	2.042	747	610		
			5	4.007	3.145	552	2.184	2.013	au 1/10	0.714
			6	808	774	3.063	621	416	au 1/6	0.661
			7	5.609	4.403	573	3.058	818		
			8	6 411	5.033	4.083	495	3.221	au 1/5	0.634
			9	7.212	662	594	932	623		
			10	8.014	6.291	5.104	4.368	4.026		
1.25	15 %	1.0625	1	0.895	0.703	0.570	0.488	0.450		
			2	1.791	1.406	1.141	976	900		
			3	2.686	2.109	711	1.464	1.350	au 1/4	0.838
			4	3.582	813	2.281	952	799		
			5	4.477	3.514	852	2.441	2.249	au 1/10	0.755
			6	5.372	4.217	3.422	929	699	au 1/6	0.699
			7	6.268	920	992	3.417	3.149		
			8	7.163	5 623	4.562	905	599	au 1/5	0.671
			9	8.059	6.326	5.133	4.393	4.049		
			10	954	7.029	703	881	498		
1.25	10 %	1.125	1	0.998	0.783	0.635	0.544	0.501		
			2	1.995	1.566	1.271	1.088	1.002		
			3	2.993	2.349	906	631	504	au 1/4	0.885
			4	3.990	3.132	2.542	2.175	2.005		
			5	4.988	916	3.177	719	506	au 1/10	0.797
			6	5.986	4.699	813	3.263	3.007	au 1/6	0.737
			7	6.983	5.482	4.448	807	508		
			8	7.981	6.265	5.083	4.351	4.010	au 1/5	0.708
			9	8.978	7.048	719	894	511		
			10	9.976	831	6.354	5.438	5.012		
1.25	5 %	1.1875	1	1.108	0.870	0.706	0.604	0.557		
			2	2 216	1.740	1.411	1.208	1.113		
			3	3.324	2.609	2.117	812	670	au 1/4	0.933
			4	4.432	3.479	823	2.416	2.227		
			5	5.540	4.349	3.529	3 020	783	au 1/10	0.840
			6	6.648	5.219	4.234	624	3.340	au 1/6	0.777
			7	7.756	6.088	040	4.228	807		
			8	8.864	958	5.646	832	4.453	au 1/5	0.746
			9	9.972	7.828	6.352	5.436	5.010		
			10	11.080	8.698	7.057	6.040	567		
1.25	0 %	Cylind.	1	1.227	0.963	0.781	0.669	0.616		
			2	2.453	1.926	1.562	1.337	1.232		
			3	3.680	2.889	2.344	2.006	849	au 1/4	0.981
			4	4.906	3.851	3.125	675	2.465		
			5	6.133	4.814	906	3.343	3.081	au 1/10	0.884
			6	7.359	5.777	4.687	4.012	697	au 1/6	0.817
			7	8.586	6.740	5.469	681	4.314		
			8	9.812	7.703	6.250	5.349	930	au 1/5	0.785
			9	11.039	8.666	7.031	6.018	5.546		
			10	12.266	9.629	812	686	6.162		

9

D = 1m.30

DIAMÈTRE à la base ou D.	A déduire de D.	DIAMÈTRE réduit ou moyen.	HAUTEUR	VOLUME en grume	au 1/4	au 1/10	au 1/6	au 1/5	CÔTÉ d'équarrissage.	
m.		m.	m.	m.c.	m.c.	m.c.	m.c.	m.c.		m.
1.30	50 %	Cône.	1	0.442	0.347	0.282	0.241	0.222		
			2	884	694	563	482	444		
			3	1.327	1.041	845	723	667	au 1/4	0.589
			4	769	389	1.127	964	889		
			5	2.211	736	408	1.205	1.111	au 1/10	0.531
			6	653	2.083	690	446	333		
			7	3.096	430	972	687	555	au 1/6	0.491
			8	538	777	2.253	929	777	au 1/5	0.471
			9	980	3.124	535	2.170	2.000		
			10	4.422	471	817	411	222		
1.30	45 %	0.715	1	0.491	0.385	0.313	0.268	0.247		
			2	982	771	625	535	493		
			3	1.473	1.156	938	803	740	au 1/4	0.621
			4	963	541	1.251	1.071	986		
			5	2.454	927	563	338	1.233	au 1/10	0.559
			6	945	2.312	876	606	480		
			7	3.436	697	2.189	873	726	au 1/6	0.517
			8	927	3.083	501	2.141	973	au 1/5	0.496
			9	4.418	468	814	408	2.219		
			10	909	853	3.126	676	466		
1.30	40 %	0.78	1	0.548	0.430	0.349	0.299	0.275		
			2	1.097	861	699	598	551		
			3	645	1.291	1.048	897	826	au 1/4	0.656
			4	2.193	722	397	1.196	1.102		
			5	742	2.152	746	495	377	au 1/10	0.591
			6	3.290	583	2.096	794	653		
			7	838	3.013	445	2.092	928	au 1/6	0.547
			8	4.387	444	794	391	2.204	au 1/5	0.525
			9	935	874	3.143	690	479		
			10	5.483	4.305	493	980	755		
1.30	35 %	0.845	1	0.615	0.483	0.392	0.335	0.309		
			2	1.229	965	783	670	618		
			3	844	1.448	1.175	1.005	926	au 1/4	0.695
			4	2.459	930	566	340	1.235		
			5	3.073	2.413	958	675	544	au 1/10	0.626
			6	688	895	2.349	2.011	853		
			7	4.303	3.378	741	346	2.162	au 1/6	0.579
			8	917	860	3.132	681	471	au 1/5	0.556
			9	5.532	4.343	524	3.016	779		
			10	6.147	825	915	351	3.088		
1.30	30 %	0.91	1	0.690	0.542	0.439	0.376	0.347		
			2	1.380	1.083	879	752	693		
			3	2.070	625	1.318	1.128	1.040	au 1/4	0.736
			4	759	2.166	758	504	386		
			5	3.449	708	2.197	880	733	au 1/10	0.663
			6	4.139	3.249	636	2.256	2.080		
			7	829	791	3.076	632	426	au 1/6	0.613
			8	5.519	4.332	515	3.009	773	au 1/5	0.589
			9	6.209	874	955	385	3.119		
			10	899	5.415	4.394	761	466		
1.30	25 %	0.975	1	0.774	0.607	0.493	0.422	0.389		
			2	1.548	1.215	986	844	778		
			3	2.322	822	1.479	1.266	1.166		
			4	3.096	2.430	972	687	555		

DIAMÈTRE à la base ou **D.**	À déduire de **D.**	DIAMÈTRE réduit ou moyen.	HAUTEUR	VOLUME en grume	au $\frac{1}{4}$	au $\frac{1}{10}$	au $\frac{1}{6}$	au $\frac{1}{5}$	CÔTÉ d'équarrissage.
m. 1.30	25 %	m. 0.975	m.	m.c.	m.c.	m.c.	m.c.	m.c.	m.
			5	3.869	3.037	2.465	2.109	1.944	au 1/4 0.779
			6	4.643	645	958	531	2.333	
			7	5.417	4.252	3.450	953	722	au 1/10 0.702
			8	6.191	860	943	3.375	3.110	au 1/6 0.649
			9	965	5.467	4.436	797	499	
			10	7.739	6 075	929	4.219	888	au 1/5 0.623
1.30	20 %	1.04	1	0.867	0.680	0.552	0.472	0.435	
			2	1.733	1.361	1.104	945	471	
			3	2.600	2.041	656	1.417	1.306	au 1/4 0.825
			4	3.467	722	2.208	890	742	
			5	4.334	3.402	760	2.362	2.177	au 1/10 0.743
			6	5.200	4.082	3.312	835	613	au 1/6 0.687
			7	6.067	763	864	3.307	3.048	
			8	934	5.443	4.417	780	484	au 1/5 0.660
			9	7.801	6.124	969	4.252	919	
			10	8.667	804	5.521	725	4.355	
1.30	15 %	1.105	1	0.968	0.760	0.617	0.528	0.487	
			2	1.937	1.520	1.234	1.056	973	
			3	2.905	2.281	851	584	1.460	au 1/4 0.872
			4	3.874	3.041	2.467	2.112	946	
			5	4.842	801	3.084	640	2.433	au 1/10 0.785
			6	5.811	4.561	701	3.168	919	au 1/6 0.727
			7	6.779	5.322	4.318	696	3.406	
			8	7.748	6.082	935	4.224	892	au 1/5 0.697
			9	8.716	842	5.552	751	4.379	
			10	9.685	7.602	6.168	5.279	866	
1.30	10 %	1.17	1	1.079	0.847	0.687	0.588	0.542	
			2	2.158	1.694	1.375	1.176	1.084	
			3	3.237	2.541	2.062	765	626	au 1/4 0.920
			4	4.316	3 388	749	2.353	2.168	
			5	5.395	4.235	3.436	941	710	au 1/10 0.829
			6	6.474	5.082	4.124	3.529	3.253	au 1/6 0.767
			7	7.553	929	811	4.117	795	
			8	8.632	6.776	5.498	706	4.337	au 1/5 0.736
			9	9.711	7.623	6.185	5.294	879	
			10	10.790	8.470	873	882	5.421	
1.30	5 %	1.235	1	1.198	0.941	0.763	0.653	0.602	
			2	2.397	1.881	1.527	1.307	1.204	
			3	3.595	2.822	2.290	960	806	au 1/4 0.970
			4	4.794	3.763	3.053	2.613	2.408	
			5	5.992	4.704	817	3.266	3.010	au 1/10 0.873
			6	7.190	5.644	4.580	920	612	au 1/6 0.808
			7	8.389	6.585	5.343	4.573	4.215	
			8	9.587	7.526	6.107	5.226	817	au 1/5 0.776
			9	10.786	8.467	870	880	5.419	
			10	11.984	9.407	7.633	6.533	6.021	
1.30	0 %	Cylind.	1	1.327	1.041	0 845	0.723	0.667	
			2	2.653	2.083	1.690	1.446	1.333	
			3	3.980	3.124	2.535	2.170	2.000	au 1/4 1.020
			4	5.307	4.166	3.380	893	666	
			5	6.633	5.207	4.225	3.616	3.333	au 1/10 0.919
			6	7.960	6.249	5.070	4.339	4.000	au 1/6 0.850
			7	9.287	7.290	915	5.062	666	
			8	10.613	8.331	6.760	786	5.332	au 1/5 0 816
			9	11.940	9.373	7.605	6.509	999	
			10	13.266	10.414	8.450	7.232	6.665	

TABLE IV.

Cette Table est basée sur le rapport 3.14:1 comme tous les calculs de cet ouvrage. Voir au chapitre IV notre dissertation sur les divers rapports de la circonférence au diamètre.

TABLE GÉNÉRALE

DES CÔTÉS D'ÉQUARRISSAGE.

SURFACE carrée soit VOL. ÉQUARRI d'un m. de haut.	RACINE carrée ou CÔTÉ d'équarrissage.	SURFACE carrée soit VOL. ÉQUARRI d'un m. de haut.	RACINE carrée ou CÔTÉ d'équarrissage.	SURFACE carrée soit VOL. ÉQUARRI d'un m. de haut.	RACINE carrée ou CÔTÉ d'équarrissage.
m.	m.	m.	m.	m.	m.
0.000 900	0.030	0.006 400	0.080	0.016 900	0.130
0 961	31	6 561	81	17 161	31
1 024	32	6 724	82	17 424	32
1 089	33	6 889	83	17 689	33
1 156	34	7 056	84	17 956	34
1 225	35	7 225	85	18 225	35
1 296	36	7 396	86	18 496	36
1 369	37	7 569	87	18 769	37
1 444	38	7 744	88	19 044	38
1 521	39	7 921	89	19 321	39
0.001 600	0.040	0.008 100	0.090	0.019 600	0.140
1 681	41	8 281	91	19 881	41
1 764	42	8 464	92	20 164	42
1 849	43	8 649	93	20 449	43
1 936	44	8 836	94	20 736	44
2 025	45	9 025	95	21 025	45
2 116	46	9 216	96	21 316	46
2 209	47	9 409	97	21 609	47
2 304	48	9 604	98	21 904	48
2 401	49	9 801	99	22 201	49
0.002 500	0.050	0.010 000	0.100	0.022 500	0.150
2 601	51	10 201	01	22 801	51
2 704	52	10 404	02	23 104	52
2 809	53	10 609	03	23 409	53
2 916	54	10 816	04	23 716	54
3 025	55	11 025	05	24 025	55
3 196	56	11 236	06	24 336	56
3 249	57	11 449	07	24 649	57
3 364	58	11 664	08	24 964	58
3 481	59	11 881	09	25 281	59
0.003 600	0.060	0.012 100	0.110	0.025 600	0.160
3 721	61	12 321	11	25 921	61
3 844	62	12 544	12	26 244	62
3 969	63	12 769	13	26 569	63
4 096	64	12 996	14	26 896	64
4 225	65	13 225	15	27 225	65
4 356	66	13 456	16	27 556	66
4 489	67	13 689	17	27 889	67
4 624	68	13 924	18	28 224	68
4 761	69	14 161	19	28 561	69
0.004 900	0.070	0.014 400	0.120	0.028 900	0.170
5 041	71	14 641	21	29 241	71
5 184	72	14 884	22	29 584	72
5 329	73	15 129	23	29 929	73
5 476	74	15 376	24	30 276	74
5 625	75	15 625	25	30 625	75
5 776	76	15 876	26	30 976	76
5 929	77	16 129	27	31 329	77
6 084	78	16 384	28	31 684	78
6 241	79	16 641	29	32 041	79

TABLE III.

SURFACE carrée soit VOL. ÉQUARRI d'un m. de haut.	RACINE carrée ou CÔTÉ d'équarrissage.	SURFACE carrée soit VOL. ÉQUARRI d'un m. de haut.	RACINE carrée ou CÔTÉ d'équarrissage.	SURFACE carrée soit VOL. ÉQUARRI d'un m. de haut.	RACINE carrée ou CÔTÉ d'équarrissage.
m.	m.	m.	m.	m.	m.
0.032 400	0.180	0.057 600	0.240	0.090 000	0.300
32 761	81	58 081	41	90 601	01
33 124	82	58 564	42	91 204	02
33 489	83	59 049	43	91 809	03
33 856	84	59 536	44	92 416	04
34 225	85	60 025	45	93 025	05
34 596	86	60 516	46	93 636	06
34 969	87	61 009	47	94 249	07
35 344	88	61 504	48	94 854	08
35 721	89	62 001	49	95 481	09
0.036 100	0.190	0.062 500	0.250	0.096 100	0.310
36 481	91	63 001	51	96 721	11
36 864	92	63 504	52	97 344	12
37 249	93	64 009	53	97 969	13
37 636	94	64 516	54	98 596	14
38 025	95	65 025	55	99 225	15
38 416	96	65 536	56	99 856	16
38 809	97	66 049	57	100 489	17
39 204	98	66 564	58	101 124	18
39 601	99	67 081	59	101 761	19
0.040 000	0.200	0.067 600	0.260	0.102 400	0.320
40 401	01	68 121	61	103 041	21
40 804	02	68 644	62	103 684	22
41 209	03	69 169	63	104 329	23
41 616	04	69 696	64	104 976	24
42 025	05	70 225	65	105 625	25
42 436	06	70 756	66	106 276	26
42 849	07	71 289	67	106 929	27
43 264	08	71 824	68	107 584	28
43 681	09	72 361	69	108 241	29
0.044 100	0.210	0.072 900	0.270	0.108 900	0.330
44 521	11	73 441	71	109 561	31
44 944	12	73 984	72	110 224	32
45 369	13	74 529	73	110 889	33
45 796	14	75 076	74	111 556	34
46 225	15	75 625	75	112 225	35
46 656	16	76 176	76	112 896	36
47 089	17	76 729	77	113 569	37
47 524	18	77 284	78	114 244	38
47 961	19	77 841	79	114 921	39
0.048 400	0.220	0.078 400	0.280	0.115 600	0.340
48 841	21	78 961	81	116 281	41
49 284	22	79 524	82	116 964	42
49 729	23	80 089	83	117 49	43
50 176	24	80 656	84	118 336	44
50 625	25	81 225	85	119 025	45
51 076	26	81 796	86	119 716	46
51 529	27	82 369	87	120 409	47
51 984	28	82 944	88	121 104	48
52 441	29	83 521	89	121 801	49
0.052 900	0.230	0.084 100	0.290	0.122 500	0.350
53 361	31	84 681	91	123 201	51
53 824	32	85 264	92	123 904	52
54 289	33	85 849	93	124 609	53
54 756	34	86 436	94	125 316	54
55 225	35	87 025	95	126 025	55
55 696	36	87 616	96	126 736	56
56 169	37	88 209	97	127 449	57
56 644	38	88 804	98	128 164	58
57 121	39	89 401	99	128 881	59

SURFACE carrée soit VOL. ÉQUARRI d'un m. de haut.	RACINE carrée ou CÔTÉ d'équarrissage.	SURFACE carrée soit VOL. ÉQUARRI d'un m. de haut.	RACINE carrée ou CÔTÉ d'équarrissage.	SURFACE carrée soit VOL. ÉQUARRI d'un m. de haut.	RACINE carrée ou CÔTÉ d'équarrissage.
m.	m.	m.	m.	m	m.
0.129 600	0.360	0.176 400	0.420	0.230 400	0.480
130 321	61	177 241	21	231 361	81
131 014	62	178 084	22	232 324	82
131 769	63	178 929	23	233 289	83
132 496	64	179 776	24	234 256	84
133 225	65	180 625	25	235 225	85
133 956	66	181 476	26	236 196	86
134 689	67	182 329	27	237 169	87
135 424	68	183 184	28	238 144	88
136 161	69	184 041	29	239 121	89
0.136 900	0.370	0.184 900	0.430	0.240 100	0.490
137 641	71	185 761	31	241 081	91
138 384	72	186 624	32	242 064	92
139 129	73	187 489	33	243 049	93
139 876	74	188 356	34	244 036	94
140 625	75	189 225	35	245 025	95
141 376	76	190 096	36	246 016	96
142 129	77	190 969	37	247 009	97
142 884	78	191 844	38	248 004	98
143 641	79	192 721	39	249 001	99
0.144 400	0.380	0.193 600	0.440	0.250 000	0.500
145 161	81	194 481	41	251 001	01
145 924	82	195 364	42	252 004	02
146 689	83	196 249	43	253 009	03
147 456	84	197 136	44	254 016	04
148 225	85	198 025	45	255 025	05
148 996	86	198 916	46	256 036	06
149 769	87	199 809	47	257 049	07
150 544	88	200 704	48	258 064	08
151 321	89	201 601	49	259 081	09
0.152 100	0.390	0.202 500	0.450	0.260 100	0.510
152 881	91	203 401	51	261 121	11
153 664	92	204 304	52	262 144	12
154 449	93	205 209	53	263 169	13
155 236	94	206 116	54	264 196	14
156 025	95	207 025	55	265 225	15
156 816	96	207 936	56	266 256	16
157 609	97	208 849	57	267 289	17
158 404	98	209 764	58	268 324	18
159 201	99	210 681	59	269 361	19
0.160 000	0.400	0.211 600	0.460	0.270 400	0.520
160 801	01	212 521	61	271 441	21
161 604	02	213 444	62	272 484	22
162 409	03	214 369	63	273 529	23
163 216	04	215 296	64	274 576	24
164 025	05	216 225	65	275 625	25
164 836	06	217 156	66	276 676	26
165 649	07	218 089	67	277 729	27
166 464	08	219 024	68	278 784	28
167 281	09	219 961	69	279 841	29
0.168 100	0.410	0.220 900	0.470	0.280 900	0.530
168 921	11	221 841	71	281 961	31
169 744	12	222 784	72	283 024	32
170 569	13	223 729	73	284 089	33
171 396	14	224 676	74	285 156	34
172 225	15	225 625	75	286 225	35
173 056	16	226 576	76	287 299	36
173 889	17	227 529	77	288 369	37
174 724	18	228 484	78	289 444	38
175 561	19	229 441	79	290 521	39

SURFACE carrée soit VOL. ÉQUARRI d'un m. de haut.	RACINE carrée ou CÔTÉ d'équarrissage.	SURFACE carrée soit VOL. ÉQUARRI d'un m. de haut.	RACINE carrée ou CÔTÉ d'équarrissage.	SURFACE carrée soit VOL. ÉQUARRI d'un m. de haut.	RACINE carrée ou CÔTÉ d'équarrissage.
m.	m.	m.	m.	m.	m.
0.291 600	0.540	0.360 000	0.600	0.435 600	0.660
292 681	41	361 201	01	436 921	61
293 764	42	362 404	02	438 244	62
294 849	43	363 609	03	439 569	63
295 936	44	364 816	04	440 896	64
297 025	45	366 025	05	442 225	65
298 116	46	367 236	06	443 556	66
299 209	47	368 449	07	444 889	67
300 304	48	369 664	08	446 224	68
301 401	49	370 881	09	447 561	69
0.302 500	0.550	0.372 100	0.610	0.448 900	0.670
303 601	51	373 321	11	450 241	71
304 704	52	374 544	12	451 584	72
305 809	53	375 769	13	452 929	73
306 916	54	376 996	14	454 276	74
308 025	55	378 225	15	455 625	75
309 136	56	379 456	16	456 976	76
310 249	57	380 689	17	458 329	77
311 364	58	381 924	18	459 684	78
312 481	59	383 161	19	461 041	79
0.313 600	0.560	0.384 400	0.620	0.462 400	0.680
314 721	61	385 641	21	463 761	81
315 844	62	386 884	22	465 124	82
316 969	63	388 129	23	466 489	83
318 096	64	389 376	24	467 856	84
319 225	65	390 625	25	469 225	85
320 356	66	391 876	26	470 596	86
321 489	67	393 129	27	471 969	87
322 624	68	394 384	28	473 344	88
323 761	69	395 641	29	474 721	89
0.324 900	0.570	0.396 900	0.630	0.476 100	0.690
326 041	71	398 161	31	477 481	91
327 184	72	399 424	32	478 864	92
328 329	73	400 689	33	480 249	93
329 476	74	401 956	34	481 636	94
330 625	75	403 225	35	483 025	95
331 776	76	404 496	36	484 416	96
332 929	77	405 769	37	485 809	97
334 084	78	407 044	38	487 204	98
335 241	79	408 321	39	488 601	99
0.336 400	0.580	0.409 600	0.640	0.490 000	0.700
337 561	81	410 881	41	491 401	01
338 724	82	412 164	42	492 804	02
339 889	83	413 449	43	494 209	03
341 056	84	414 736	44	495 616	04
342 225	85	416 025	45	497 025	05
343 396	86	417 316	46	498 436	06
344 569	87	418 609	47	499 849	07
345 744	88	419 904	48	501 264	08
346 921	89	421 201	49	502 681	09
0.348 100	0.590	0.422 500	0.650	0.504 100	0.710
349 281	91	423 801	51	505 521	11
350 464	92	425 104	52	506 944	12
351 649	93	426 409	53	508 369	13
352 836	94	427 716	54	509 796	14
354 025	95	429 025	55	511 225	15
355 216	96	430 336	56	512 656	16
356 409	97	431 649	57	514 089	17
357 604	98	432 964	58	515 524	18
358 801	99	434 281	59	516 961	19

SURFACE carrée soit VOL. ÉQUARRI d'un m. de haut.	RACINE carrée ou CÔTÉ d'équarrissage.	SURFACE carrée soit VOL. ÉQUARRI d'un m. de haut.	RACINE carrée ou CÔTÉ d'équarrissage.	SURFACE carrée soit VOL. ÉQUARRI d'un m. de haut.	RACINE carrée ou CÔTÉ d'équarrissage.
m.	m.	m.	m.	m.	m.
0.518 400	0.720	0.608 400	0.780	0.705 600	0.840
519 841	21	609 961	81	707 281	41
521 284	22	611 524	82	708 964	42
522 729	23	613 089	83	710 649	43
524 176	24	614 656	84	712 336	44
525 625	25	616 225	85	714 025	45
527 076	26	617 796	86	715 716	46
528 529	27	619 369	87	717 409	47
529 984	28	620 944	88	719 104	48
531 441	29	622 521	89	720 801	49
0.532 900	0.730	0.624 100	0.790	0.722 500	0.850
534 361	31	625 681	91	724 201	51
535 824	32	627 264	92	725 904	52
537 289	33	628 849	93	727 609	53
538 756	34	630 436	94	729 316	54
540 225	35	632 025	95	731 025	55
541 696	36	633 616	96	732 736	56
543 169	37	635 209	97	734 449	57
544 644	38	636 804	98	736 164	58
546 121	39	638 401	99	737 881	59
0.547 600	0.740	0.640 000	0.800	0.739 600	0.860
549 081	41	641 601	01	741 321	61
550 564	42	643 204	02	743 044	62
552 049	43	644 809	03	744 769	63
553 536	44	646 416	04	746 496	64
555 025	45	648 025	05	748 225	65
556 516	46	649 636	06	749 956	66
558 009	47	651 249	07	751 689	67
559 504	48	652 864	08	753 424	68
561 001	49	654 481	09	755 161	69
0.562 500	0.750	0.656 100	0.810	0.756 900	0.870
564 001	51	657 721	11	758 641	71
565 504	52	659 344	12	760 384	72
567 009	53	660 969	13	762 129	73
568 516	54	662 596	14	763 876	74
570 025	55	664 225	15	765 625	75
571 536	56	665 856	16	767 376	76
573 049	57	667 489	17	769 129	77
574 564	58	669 124	18	770 884	78
576 081	59	670 761	19	772 641	79
0.577 600	0.760	0.672 400	0.820	0.774 400	0.880
579 121	61	674 041	21	776 161	81
580 644	62	675 684	22	777 924	82
582 169	63	677 329	23	779 689	83
583 696	64	678 976	24	781 456	84
585 225	65	680 625	25	783 225	85
586 756	66	682 276	26	784 996	86
588 289	67	683 929	27	786 769	87
589 824	68	685 584	28	788 544	88
591 361	69	687 241	29	790 321	89
0.592 900	0.770	0.688 900	0.830	0.792 100	0.890
594 441	71	690 561	31	793 881	91
595 984	72	692 224	32	795 664	92
597 529	73	693 889	33	797 449	93
599 076	74	695 556	34	799 236	94
600 625	75	697 225	35	801 025	95
602 176	76	698 896	36	802 816	96
603 729	77	700 569	37	804 609	97
605 284	78	702 244	38	806 404	98
606 841	79	703 921	39	808 201	99

SURFACE carrée soit VOL. ÉQUARRI d'un m. de haut.	RACINE carrée ou CÔTÉ d'équarrissage.	SURFACE carrée soit VOL. ÉQUARRI d'un m. de haut.	RACINE carrée ou CÔTÉ d'équarrissage.	SURFACE carrée soit VOL. ÉQUARRI d'un m. de haut.	RACINE carrée ou CÔTÉ d'équarrissage.
m.	m.	m.	m.	m.	m.
0.810 000	0.900	0.883 600	0.940	0.960 400	0.980
811 801	01	885 481	41	962 361	81
813 604	02	887 364	42	964 324	82
815 409	03	889 249	43	966 289	83
817 216	04	891 136	44	968 256	84
819 025	05	893 025	45	970 225	85
820 836	06	894 916	46	972 196	86
822 649	07	896 809	47	974 169	87
824 464	08	898 704	48	976 144	88
826 281	09	900 601	49	978 121	89
0.828 100	0.910	0.902 500	0.950	0.980 100	0.990
829 921	11	904 401	51	982 081	91
831 744	12	906 304	52	984 064	92
333 569	13	908 209	53	986 049	93
835 396	14	910 116	54	988 036	94
837 225	15	912 025	55	990 025	95
839 056	16	913 936	56	992 016	96
840 889	17	915 849	57	994 009	97
842 724	18	917 764	58	996 004	98
844 561	19	919 681	59	998 001	99
0.846 400	0.920	0.921 600	0.960	1.000 000	1.000
848 241	21	923 521	61	002 001	01
850 084	22	925 444	62	004 004	02
851 929	23	927 369	63	006 009	03
853 776	24	929 296	64	008 016	04
855 625	25	931 225	65	010 025	05
857 476	26	933 156	66	012 036	06
859 329	27	935 089	67	014 049	07
861 184	28	937 024	68	016 064	08
863 041	29	938 961	69	018 081	09
0.864 900	0.930	0.940 900	0.970	1.020 100	1.010
866 761	31	942 841	71	022 121	11
868 624	32	944 784	72	024 144	12
870 489	33	946 729	73	026 169	13
872 356	34	948 676	74	028 196	14
874 225	35	950 625	75	030 225	15
876 096	36	952 576	76	032 256	16
877 969	37	954 529	77	034 289	17
879 844	38	956 484	78	036 324	18
881 721	39	958 441	79	038 361	19
				1.040 400	1.020

TABLE III.

Pour l'usage de cette Table et ses applications, voyez le chapitre VII.

CONCORDANCE

DU DIAMÈTRE ET DE LA CIRCONFÉRENCE.

DIA-MÈTRE.	CIRCON-FÉRENCE.	DIA-MÈTRE.	CIRCON-FÉRENCE.	DIA-MÈTRE.	CIRCON-FÉRENCE.	DIA-MÈTRE.	CIRCON-FÉRENCE.
m	m.	m.	m.	m.	m.	m.	m.
0.01 = 0.0314		0.51 = 1.6014		1.01 = 3.1714		1.51 = 4.7414	
0.02 = 0.0628		0.52 = 1.6328		1.02 = 3.2028		1.52 = 4.7728	
0.03 = 0.0942		0.53 = 1.6642		1.03 = 3.2342		1.53 = 4.8042	
0.04 = 0.1256		0.54 = 1.6956		1.04 = 3.2656		1.54 = 4.8356	
0.05 = 0.1570		0.55 = 1.7270		1.05 = 3.2970		1.55 = 4.8670	
0.06 = 0.1884		0.56 = 1.7584		1.06 = 3.3284		1.56 = 4.8984	
0.07 = 0.2198		0.57 = 1.7898		1.07 = 3.3598		1.57 = 4.9298	
0.08 = 0.2512		0.58 = 1.8212		1.08 = 3.3912		1.58 = 4.9612	
0.09 = 0.2826		0.59 = 1.8526		1.09 = 3.4226		1.59 = 4.9926	
0.10 = 0.3140		0.60 = 1.8840		1.10 = 3.4540		1.60 = 5.0240	
0.11 = 0.3454		0.61 = 1.9154		1.11 = 3.4854		1.61 = 5.0554	
0.12 = 0.3768		0.62 = 1.9468		1.12 = 3.5168		1.62 = 5.0868	
0.13 = 0.4082		0.63 = 1.9782		1.13 = 3.5482		1.63 = 5.1182	
0.14 = 0.4396		0.64 = 2.0096		1.14 = 3.5796		1.64 = 5.1496	
0.15 = 0.4710		0.65 = 2.0410		1.15 = 3.6110		1.65 = 5.1810	
0.16 = 0.5024		0.66 = 2.0724		1.16 = 3.6424		1.66 = 5.2124	
0.17 = 0.5338		0.67 = 2.1038		1.17 = 3.6738		1.67 = 5.2438	
0.18 = 0.5652		0.68 = 2.1352		1.18 = 3.7052		1.68 = 5.2752	
0.19 = 0.5966		0.69 = 2.1666		1.19 = 3.7366		1.69 = 5.3066	
0.20 = 0.6280		0.70 = 2.1980		1.20 = 3.7680		1.70 = 5.3380	
0.21 = 0.6594		0.71 = 2.2294		1.21 = 3.7994		1.71 = 5.3694	
0.22 = 0.6908		0.72 = 2.2608		1.22 = 3.8308		1.72 = 5.4008	
0.23 = 0.7222		0.73 = 2.2922		1.23 = 3.8622		1.73 = 5.4322	
0.24 = 0.7536		0.74 = 2.3236		1.24 = 3.8936		1.74 = 5.4636	
0.25 = 0.7850		0.75 = 2.3550		1.25 = 3.9250		1.75 = 5.4950	
0.26 = 0.8164		0.76 = 2.3864		1.26 = 3.9564		1.76 = 5.5264	
0.27 = 0.8478		0.77 = 2.4178		1.27 = 3.9878		1.77 = 5.5578	
0.28 = 0.8792		0.78 = 2.4492		1.28 = 4.0192		1.78 = 5.5892	
0.29 = 0.9106		0.79 = 2.4806		1.29 = 4.0506		1.79 = 5.6206	
0.30 = 0.9420		0.80 = 2.5120		1.30 = 4.0820		1.80 = 5.6520	
0.31 = 0.9734		0.81 = 2.5434		1.31 = 4.1134		1.81 = 5.6834	
0.32 = 1.0048		0.82 = 2.5748		1.32 = 4.1448		1.82 = 5.7148	
0.33 = 1.0362		0.83 = 2.6062		1.33 = 4.1762		1.83 = 5.7462	
0.34 = 1.0676		0.84 = 2.6376		1.34 = 4.2076		1.84 = 5.7776	
0.35 = 1.0990		0.85 = 2.6690		1.35 = 4.2390		1.85 = 5.8090	
0.36 = 1.1304		0.86 = 2.7004		1.36 = 4.2704		1.86 = 5.8404	
0.37 = 1.1618		0.87 = 2.7318		1.37 = 4.3018		1.87 = 5.8718	
0.38 = 1.1932		0.88 = 2.7632		1.38 = 4.3332		1.88 = 5.9032	
0.39 = 1.2246		0.89 = 2.7946		1.39 = 4.3646		1.89 = 5.9346	
0.40 = 1.2560		0.90 = 2.8260		1.40 = 4.3960		1.90 = 5.9660	
0.41 = 1.2874		0.91 = 2.8574		1.41 = 4.4274		1.91 = 5.9974	
0.42 = 1.3188		0.92 = 2.8888		1.42 = 4.4588		1.92 = 6.0288	
0.43 = 1.3502		0.93 = 2.9202		1.43 = 4.4902		1.93 = 6.0602	
0.44 = 1.3816		0.94 = 2.9516		1.44 = 4.5216		1.94 = 6.0916	
0.45 = 1.4130		0.95 = 2.9830		1.45 = 4.5530		1.95 = 6.1230	
0.46 = 1.4444		0.96 = 3.0144		1.46 = 4.5844		1.96 = 6.1544	
0.47 = 1.4758		0.97 = 3.0458		1.47 = 4.6158		1.97 = 6.1858	
0.48 = 1.5072		0.98 = 3.0772		1.48 = 4.6472		1.98 = 6.2172	
0.49 = 1.5386		0.99 = 3.1086		1.49 = 4.6786		1.99 = 6.2486	
0.50 = 1.5700		1.00 = 3.1400		1.50 = 4.7100		2.00 = 6.2800	

TABLE V.

Nous n'avons admis que deux décimales dans cette Table, à l'exemple de divers auteurs. Mais on trouvera ces diamètres moyens avec leurs décimales complètes dans notre Table des cinq cubatures.

DIAMÈTRE MOYEN

DÉDUIT DU DIAMÈTRE A LA BASE.

DIAMÈTRE à la base.	DIAMÈTRE MOYEN D'APRÈS CELUI DE LA BASE réduit de :										
	50 %	45 %	40 %	35 %	30 %	25 %	20 %	15 %	10 %	5 %	0 %
	réduit à :										
	50 %	55 %	60 %	65 %	70 %	75 %	80 %	85 %	90 %	95 %	100 %
m.	c.	c.	c.	c.	c.	c.	m. c.	m. c.	m. c.	m. c.	m. c.
0.10	05	05	06	06	07	07	08	08	09	09	10
0.15	07	08	09	10	10	11	12	13	13	14	15
0.20	10	11	12	13	14	15	16	17	18	19	20
0.25	12	14	15	16	17	19	20	21	22	24	25
0 30	15	16	18	19	21	22	24	25	27	28	30
0.35	17	19	21	23	24	26	28	30	31	33	35
0.40	20	22	24	26	28	30	32	34	36	38	40
0.45	22	25	27	29	31	34	36	38	40	43	45
0.50	25	27	30	32	35	37	40	42	45	47	50
0.55	27	30	33	36	38	41	44	47	49	52	55
0.60	30	33	36	39	42	45	48	51	54	57	60
0.65	32	36	39	42	45	49	52	55	58	62	65
0.70	35	38	42	45	49	52	56	59	63	66	70
0.75	37	41	45	49	52	56	60	64	67	71	75
0.80	40	44	48	52	56	60	64	68	72	76	80
0.85	42	47	51	55	59	64	68	72	76	81	85
0.90	45	49	54	58	63	67	72	76	81	85	90
0.95	47	52	57	62	66	71	76	81	85	90	95
1.00	50	55	60	65	70	75	80	85	90	95	1.00
1.05	52	58	63	68	73	79	84	89	94	1.00	1.05
1.10	55	60	66	71	77	82	88	93	99	1.04	1.10
1.15	57	63	69	75	80	86	92	98	1.03	1.09	1.15
1.20	60	66	72	78	84	90	96	1.02	1.08	1.14	1.20
1.25	62	69	75	81	87	94	1.00	1.06	1.12	1.19	1.25
1.30	65	71	78	84	91	97	1.04	1.10	1.17	1.23	1.30

TABLE VI.

SPÉCIMEN DE TABLES SPÉCIALES DE CUBAGE

A ÉTABLIR AVEC LA TABLE FONDAMENTALE.

Forêt domaniale de Jailloux.

Canton d'Orcière.

DIAMÈTRE à la base ou **D.**	NOMBRE d'arbres expérimentés.	DIAMÈTRE AU MILIEU.		DIAMÈTRE AU MILIEU.	HAUTEUR.	HAUTEUR.	VOLUME tron-conique en grume.
		Moyenne des expériences		Moyenne adoptée.	Moyenne des expériences	Moyenne adoptée.	
m. c.		c.		c.	m.	m.	m.c.
0.20	»	»	»	15	»	16	0.293
0.25	2	19	75 %	19	17	18	0.527
0.30	»	»	»	75 % de D. { 22	»	20	0.793
0.35	2	25	72 -	26	21	21	1.159
0.40	1	30	75 -	30	29	22	1.611
0.45	4	32	71 -	31	23	23	1.853
0.50	3	35	70 -	70 — 35	25	24	2.449
0.55	2	36	65 -	36	26	25	2.780
0.60	3	39	65 -	39	31	26	3.404
0.65	3	45	70 -	65 — 42	32	27	4.113
0.70	3	45	65 -	45	28	28	4.909
0.75	5	48	64 -	49	34	29	5.979
0.80	3	48	60 -	48	33	30	6.230
0.85	3	50	60 -	51	30	31	7.267
0.90	3	54	60 -	60 — 54	32	32	8.410
0.95	2	59	60 -	57	32	33	9.663
1.00	1	56	56 -	55	31	34	9.875
1.05	»	»	»	58	»	34	10.944
1.10	2	62	57 -	55 — 60	37	34	11.833
1.15	»	»	»	63	»	34	12.999
1.20	1	67	56 -	66	38	34	14.220

TABLE VII.

Voir au chapitre VIII l'utilité et la composition de cette Table.

PRIX COMPARÉ DU MÈTRE CUBE

SUIVANT LES DIVERSES CUBATURES.

1/5	1/6	1/10	1/4	GRUME.
f. s.	f. c.	f. c.	f. c.	f. c.
10 »	9.22	7.89	6.40	5.02
10.50	9.78	8.28	6.72	5.28
11 »	10.14	8.68	7.04	5.53
11.50	10.60	9.07	7.36	5.78
12 »	11.06	9.47	7.68	6.03
12.50	11.52	9.86	8. »	6.28
13 »	11.98	10.25	8.32	6.53
13.50	12.44	10.65	8.64	6.78
14 »	12.90	11.04	8.96	7.03
14.50	13.36	11.44	9.28	7.28
15 »	13.82	11.83	9.60	7.54
15.50	14.28	12.23	9.92	7.79
16 »	14.75	12.62	10.24	8.04
16.50	15.21	13.01	10.56	8.29
17 »	15.67	13.41	10.88	8.54
17.50	16.13	13.80	11.20	8.79
18 »	16.59	14.20	11.52	9.04
18.50	17.05	14.59	11.84	9.29
19 »	17.51	14.99	12.16	9.55
19.50	17.97	15.38	12.48	9.80
20 »	18.43	15.78	12.80	10.05
20.50	19.89	16.17	13.12	10.30
21 »	19.85	16.56	13.44	10.55
21.50	19.81	16.96	13.76	10.80
22 »	20.28	17.35	14.08	11.05
22.50	20.74	17.75	14.40	11.30
23 »	21.20	18.14	14.72	11.56
23.50	21.66	18.54	15.04	11.81
24 »	22.12	18.93	15.36	12.06
24.50	22.58	19.32	15.68	12.31
25 »	23.04	19.72	16 »	12.56
25.50	23.50	20.11	16.32	12.81
26 »	23.96	20.51	16.64	13.06
26.50	24.42	20.90	16.96	13.31
27 »	24.88	21.30	17.28	13.56
27.50	25.34	21.69	17.60	13.82
28 »	25.80	22.09	17.92	14.07
28.50	26.27	22.48	18.24	14.32
29 »	26.73	22.87	18.56	14.57
29.50	27.19	23.27	18.88	14.82
30 »	27.65	23.66	19.20	15.07
30.50	28.11	24.06	19.52	15.32
31 »	28.57	24.45	19.84	15.57
31.50	29.03	24.85	20.16	15.83

1/5	1/6	1/10	1/4	GRUME
f. c.	f. c.	f. c.	f. c.	f. c.
32 »	29.49	25.24	20.48	16.08
32.50	29.95	25.63	20.80	16.33
33 »	30.41	26.03	21.12	16.58
33.50	30.87	26.42	21.44	16.83
34 »	31.33	26.82	21.76	17.08
34.50	31.80	27.21	22.08	17.33
35 »	32.26	27.61	22.40	17.58
35.50	32.72	28 »	22.72	17.84
36 »	33.18	28.40	23.04	18.09
36.50	33.64	28.79	23.36	18.34
37 »	34.10	29.18	23.68	18.59
37.50	34.56	29.58	24 »	18.84
38 »	35.02	29.97	24.32	19.09
38.50	35.48	30.37	24.64	19.34
39 »	35.94	30.76	24.96	19.59
39.50	36.40	31.16	25.28	19.84
40 »	36.86	31.55	25.60	20.10
40.50	37.32	31.95	25.92	20.35
41 »	37.79	32.34	26.24	20.60
41.50	38.25	32.73	26.56	20.85
42 »	38.71	33.13	26.88	21.10
42.50	39.17	33.52	27.20	21.35
43 »	39.63	33.92	27.52	21.60
43.50	40.69	34.31	27.84	21.85
44 »	40.55	34.71	28.16	22.11
44.50	41.01	35.10	28.48	22.36
45 »	41.47	35.49	28.80	22.61
45.50	41.93	35.89	29.12	22.86
46 »	42.39	36.28	29.44	23.11
46.50	42.85	36.68	29.76	23.36
47 »	43.32	37.07	30.08	23.61
47.50	43.78	37.47	30.40	23.86
48 »	44.24	37.86	30.72	24.12
48.50	44.70	38.26	31.04	24.37
49 »	45.16	38.65	31.36	24.62
49.50	45.62	39.04	31.68	24.87
50 »	46.08	39.44	32 »	25.12
50.50	46.54	39.83	32.32	25.37
51 »	47 »	40.23	32.64	25.62
51.50	47.46	40.62	32.96	25.87
52 »	47.92	41.02	33.28	26.12
52.50	48.38	41.41	33.60	26.38
53 »	48.84	41.80	33.92	26.63
53.50	49.31	42.20	34.24	26.88

1/5	1/6	1/10	1/4	GRUME.
f. c.	f. c.	f. c.	f. c.	f. c.
54 »	49.77	42.59	34.56	27.13
54.50	50.23	42.99	34.88	27.38
55 »	50.69	43.38	35.20	27.63
55.50	51.15	43.78	35.52	27.88
56 »	51.61	44.17	35.84	28.13
56.50	52.07	44.57	36.16	28.39
57 »	52.53	44.96	36.48	28.64
57.50	52.99	45.35	36.80	28.89
58 »	53.45	45.75	37.12	29.14
58.50	53.91	46.14	37.44	29.39
59 »	54.37	46.54	37.76	29.64
59.50	54.84	46.93	38.08	29.89
60 »	55.30	47.33	38.40	30.14
60.50	55.76	47.72	38.72	30.40
61 »	56.22	48.11	39.04	30.65
61.50	56.68	48.51	39.36	30.90
62 »	57.14	48.90	39.68	31.15
62.50	57.60	49.30	40 »	31.40
63 »	58.06	49.69	40.32	31.65
63.50	58.52	50.09	40.64	31.90
64 »	58.98	50.48	40.96	32.15
64.50	59 44	50.88	41.28	32.40
65 »	59.90	51.27	41.60	32.66
65.50	60.36	51.66	41.92	32.91
66 »	60.83	52.06	42.24	33.16
66.50	61.29	52.45	42.56	33.41
67 »	61.75	52.85	42.88	33.66
67.50	62.21	53.24	43 20	33.91
68 »	62.67	53.64	43.52	34.16
68.50	63.13	54 03	43.84	34.41
69 »	63.59	54.43	44.16	34.67
69.50	64.05	54.82	44.48	34.92
70 »	64.51	55.21	44.80	35.17
70.50	64.97	55.61	45.12	35.42
71 »	65.43	56 »	45.44	35.67
71.50	65.89	56.40	45.76	35.92
72 »	66.36	56.79	46.08	36.17
72.50	66.82	57.19	46.40	36.42
73 »	67.28	57.58	46.72	36.68
73.50	67.74	57.97	47.04	36.93
74 »	68.20	58.37	47.36	37.18
74.50	68.66	58.76	47.68	37.43
75 »	69.12	59.16	48 »	37.68
75.50	69.58	59.55	48.32	37.93
76 »	70.04	59.95	48.64	38.18
76.50	70.50	60 34	48.96	38.43

1/5	1/6	1/10	1/4	GRUME
f. c.	f. c.	f. c.	f. c.	f. c.
77 »	70.96	60.74	49.28	38.68
77.50	71.42	61.13	49.60	38.94
78 »	71.88	61.52	49.92	39.19
78.50	72.35	61.92	50.24	39.44
79 »	72.81	62.31	50.56	39.69
79.50	73.27	62.71	50.88	39.94
80 »	73.73	63.10	51.20	40.19
80.50	74.19	63.50	51.52	40.44
81 »	74.65	63.89	51.84	40.69
81.50	75.11	64.28	52.16	40.95
82 »	75.57	64.68	52.48	41.20
82.50	76.03	65.07	52.80	41.45
83 »	76.49	65.47	53.12	41.70
83.50	76.95	65.86	53.44	41.95
84 »	77.41	66.26	53.76	42.20
84.50	77.88	66.65	54.08	42.45
85 »	78.34	67.05	54.40	42.70
85.50	78.80	67.44	54.72	42.96
86 »	79.26	67.83	55.04	43.21
86.50	79.72	68.23	55.36	43.46
87 »	80.18	68.62	55.68	43.71
87.50	80.64	69.02	56 »	43.96
88 »	81.10	69.41	56.32	44.21
88.50	81.56	69.81	56.64	44.46
89 »	82.02	70.20	56.96	44.71
89.50	82.48	70.59	57.28	44 96
90 »	82.94	70.99	57.60	45.22
90.50	83.40	71.38	57.92	45.47
91 »	83.87	71.78	58.24	45.72
91.50	84.33	72.17	58.56	45.97
92 »	84.79	72.57	58.88	46.22
92.50	85.25	72.96	59.20	46.47
93 »	85.71	73.36	59.52	46.72
93.50	86.17	73.75	59.84	46.97
94 »	86.63	74.14	60.16	47.23
94.50	87.09	74.54	60.48	47.48
95 »	87.55	74.93	60.80	47.73
95.50	88.01	75.33	61.12	47.98
96 »	88.47	75.72	61.44	48.23
96.50	88.93	76.12	61.76	48.48
97 »	89.40	76.51	62.08	48.73
97.50	89.86	76.91	62.40	48.98
98 »	90.32	77 30	62.72	49.24
98.50	90.78	77.69	63.04	49.49
99 »	91.24	78.09	63.26	49.74
99.50	91.70	78.48	63.68	49.99
100 »	92.16	78.88	64 »	50.24

TABLE VIII.

Voir le chapitre VIII.

PRIX ET VOLUMES COMPARÉS

DU STÈRE ET DU MOULE.

Prix comparés.

MOULE.	STÈRE.	MOULE.	STÈRE.	MOULE.	STÈRE.	MOULE.	STÈRE.
f. c.	f. c.	f. c.	f. c.	f. c.	f. c.	f. c.	f. c.
5 »	2.28	21.50	9.81	38 »	17.34	54 »	24 64
5.50	2.51	22 »	10 04	38.50	17.56	54.50	24.86
6 »	2.74	22 50	10.27	39 »	17.79	55 »	25.09
6.50	2.97	23 »	10.49	39.50	18.02	55.50	25.32
7 »	3.19	23.50	10.72			56 »	25.55
7.50	3.42	24 »	10.95			56.50	25.78
8 »	3.65	24.50	11.18	40 »	18.25	57 »	26.00
8.50	3.88	25 »	11.41	40.50	18.48	57.50	26.23
9 »	4.11	25.50	11.63	41 »	18.71	58 »	26.46
9.50	4.33	26 »	11.86	41.50	18.93	58.50	26.69
		26.50	12.09	42 »	19.16	59 »	26.92
10 »	4.56	27 »	12.32	42.50	19.39	59.50	27.15
10.50	4.79	27.50	12.55	43 »	19.62		
11 »	5.02	28 »	12.77	43.50	19.85		
11.50	5.25	28.50	13 »	44 »	20.07		
12 »	5.47	29 »	13.23	44.50	20.30	60 »	27.37
12.50	5.70	29.50	13.46	45 »	20.53	60.50	27.60
13 »	5.93			45.50	20.76	61 »	27.83
13.50	6.16			46 »	20.99	61.50	28.06
14 »	6.39	30 »	13.69	46.50	21.21	62 »	28.29
14.50	6.62	30.50	13.91	47 »	21.44	62.50	28.51
15 »	6.84	31 »	14.14	47.50	21.67	63 »	28.74
15.50	7.07	31.50	14.37	48 »	21.90	63.50	28.97
16 »	7.30	32 »	14.60	48.50	22.13	64 »	29.20
16.50	7.53	32.50	14.83	49 »	22.35	64.50	29.43
17 »	7.76	33 »	15.06	49.50	22.58	65 »	29.65
17.50	7.98	33.50	15.28			65.50	29.88
18 »	8.21	34 »	15.51			66 »	30.11
18.50	8.44	34.50	15.74	50 »	22.81	66.50	30.34
19 »	8.67	35 »	15.97	50.50	23.04	67 »	30.57
19.50	8.90	35.50	16.20	51 »	23.27	67.50	30 80
		36 »	16.42	51.50	23.50	68 »	31.02
20 »	9.12	36.50	16 65	52 »	23.72	68 50	31.25
20.50	9.35	37 »	16 88	52.50	23.95	69 »	31 48
21 »	9.58	37.50	17.11	53 »	24.18	69.50	31.71
				53.50	24.41	70 »	31.94

Volumes comparés.

MOULE.		STÈRE.	MOULE.		STÈRE.
1	=	2 1919	1	=	0 4562
2	=	4 3838	2	=	0 9124
3	=	6 5757	3	=	1 3686
4	=	8 7676	4	=	1 8248
5	=	10 9595	5	=	2 2810
6	=	13 1514	6	=	2 7372
7	=	15 3433	7	=	3 1934
8	=	17 5352	8	=	3 6496
9	=	19 7271	9	=	4 1058
10	=	21 9190	10	=	4 5620
20	=	43 8380	20	=	9 1240
30	=	65 7570	30	=	13 6860

TABLE IX.

Voir au chapitre IX l'explication des bases adoptées pour la construction de la Table ci-contre.

La grosseur des arbres est indiquée par la circonférence et par le diamètre : par la circonférence parce que les arbres que l'on rencontre dans les taillis sous futaie se mesurent le plus souvent avec le ruban ou la chaine métrique ; par le diamètre pour que l'on puisse retrouver dans la table fondamentale les volumes qui ont servi de points de départ. Les colonnes 2, 3 et 4 sont donc purement justificatives ; car on n'a pas à se préoccuper ici de la décroissance ; il suffit de connaitre la circonférence à la base et la hauteur pour appliquer le tarif.

Du bois d'œuvre on a passé au bois de feu par le facteur 1.45 pour les bois droits et par le facteur 1.70 pour les bois tors. On a aussi déduit du volume en grume le volume du branchage. Le facteur du produit moyen est 1.30. Le produit faible, dont le facteur est 1, peut se lire dans la colonne du bois d'œuvre, en prenant les mètres cubes pour des stères. Le produit fort, facteur 1.60, se calcule aisément avec le produit moyen que l'on augmente de 23 p. 100 ou d'un quart approximativement.

Les arbres de grosseur intermédiaire doivent se rattacher à chaque classe, suivant l'indication inscrite en travers dans la première colonne : par exemple, la classe des 0.75 comprendra les arbres de 0.61 à 0.85.

Les brins qui ne se rattachent pas à la classe 0.50 sont ordinairement évalués à l'hectare avec le taillis. Pour le cas où l'on voudrait se rendre compte plus exactement de leur volume, voici un petit tableau montrant le nombre de baliveaux qui entrent dans un stère selon leur circonférence et leur hauteur.

CIRCON-FÉRENCE moyenne	HAUTEUR.	NOMBRE de brins pour former un stère.	CIRCON-FÉRENCE moyenne.	HAUTEUR	NOMBRE de brins pour former un stère.	CIRCON-FÉRENCE moyenne.	HAUTEUR.	NOMBRE de brins pour former un stère.	OBSERVATIONS.
m.	m.	m.	m.	m.	m.	m.	m.	m.	
	3	70		3	33		3	19	D'après M. Noirot-Bonnet que nous avons suivi, il entre dans un stère théoriquement :
	4	52		4	25		4	14	
	5	42		5	20		5	12	256 billes de 0.20
	6	35		6	16		6	10	110 — de 0.30
	7	30		7	13		7	8	62 — de 0.40
0.20	8	26	0.30	8	12	0.40	8	7	et réellement :
	9	23		9	11		9	6	210 billes de 0.20
	10	21		10	10		10	6	99 — de 0.30
	11	19		11	9		11	5	58 — de 0.40
	12	18		12	8		12	4	On peut compter 10 à 15 fagots par stère.

TABLE DE CUBAGE

POUR LES COUPES DE TAILLIS SOUS FUTAIE.

GROSSEUR à la base.		GROSSEUR moyenne.		HAUTEUR.	VOLUME TRONCONIQUE DE LA TIGE. Cubée en bois d'œuvre — Grume	Cubée en bois de feu. Bois droits.	Bois tors.	CIME et BRANCHES. — Produit moyen.	RAMILLES — Fagots de 0.60 de tour sur 1.20 de haut.
Circonférence.	Diamètre	Circonférence.	Diamètre						
m.	m.	m.	m.	m.	m.c.	st.	st.	st.	
0.36		0.466	0.15	3	0.053	0.077	0.090	0.068	
		—	—	4	0.071	0.103	0.121	0.092	
		—	—	5	0.088	0.128	0.150	0.114	
		0.453	0.14	6	0.093	0.135	0.158	0.121	
		—	—	7	0.108	0.157	0.184	0.140	
0.50	0.16	—	—	8	0.124	0.179	0.211	0.161	1/2 à 1
		0.440	0.14	9	0.139	0.202	0.236	0.181	
		—	—	10	0.155	0.225	0.264	0.201	
		—	—	11	0.170	0.246	0.289	0.221	
0.60		0.426	0.14	12	0.186	0.270	0.316	0.242	
		—	—	13	0.201	0.291	0.342	0.261	
		—	—	14	0.217	0.315	0.369	0.282	
		0.700	0.22	3	0.114	0.165	0.194	0.148	
		—	—	4	0.152	0.220	0.258	0.198	
0.61		—	—	5	0.190	0.275	0.323	0.247	
		0.680	0.22	6	0.229	0.332	0.389	0.298	
		—	—	7	0.267	0.387	0.454	0.347	
		—	—	8	0.305	0.442	0.518	0.396	
0.75	0.24	0.660	0.21	9	0.314	0.455	0.534	0.408	2 à 3
		—	—	10	0.349	0.506	0.593	0.454	
		—	—	11	0.383	0.555	0.651	0.498	
0.85		0.640	0.20	12	0.382	0.554	0.649	0.497	
		—	—	13	0.414	0.600	0.704	0.538	
		—	—	14	0.445	0.645	0.756	0.578	
		0.620	0.20	15	0.477	0.692	0.811	0.620	
		0.933	0.30	3	0.212	0.307	0.360	0.276	
		—	—	4	0.283	0.410	0.481	0.368	
0.86		—	—	5	0.354	0.513	0.602	0.460	
		0.907	0.28	6	0.398	0.577	0.677	0.517	
		—	—	7	0.464	0.673	0.789	0.603	
		—	—	8	0.530	0.768	0.901	0.689	
1.00	0.32	0.880	0.28	9	0.558	0.809	0.949	0.725	4 à 6
		—	—	10	0.620	0.899	1.054	0.806	
		—	—	11	0.682	0.989	1.159	0.887	
		0.853	0.27	12	0.695	1.008	1.181	0.903	
1.10		—	—	13	0.752	1.090	1.278	0.978	
		—	—	14	0.810	1.174	1.377	1.053	
		0.827	0.26	15	0.810	1.174	1.377	1.053	
		—	—	16	0.864	1.253	1.469	1.123	

TABLE IX.

GROSSEUR à la base.		GROSSEUR moyenne.		HAUTEUR.	VOLUME TRONCONIQUE DE LA TIGE.			CIME et BRANCHES.	RAMILLES.
Circonférence.	Diamètre	Circonférence.	Diamètre		Cubée en bois d'œuvre — Grume.	Cubée en bois de feu. Bois droits.	Bois tors.	Produit moyen.	Fagots de 0.60 de tour sur 1.20 de haut.
m.	m.	m.	m.	m.	m.c.	st.	st.	st.	
1.11		1.166	0.37	3	0.323	0.463	0.549	0.420	
		–	–	4	0.431	0.625	0.733	0.560	
		–	–	5	0.539	0.782	0.916	0.701	
		1.134	0.36	6	0.613	0.889	1.042	0.797	
		–	–	7	0.715	1.038	1.215	0.929	
1.25	0.40	–	–	8	0 817	1.185	1.389	1.062	6 à 9
		1,100	0.35	9	0.871	1.263	1.481	1.132	
		–	–	10	0.968	1.404	1.646	1.258	
		–	–	11	1.065	1.544	1.810	1.384	
1.35		1.066	0.34	12	1.100	1.595	1.870	1.430	
		–	–	13	1.192	1.728	2.026	1.550	
		–	–	14	1.284	1.862	2.183	1.669	
		1.034	0.33	15	1.301	1.886	2.212	1.691	
		–	–	16	1.388	2.013	2.360	1.804	
		–	–	17	1.475	2.139	2.507	1.917	
1.36		1.399	0.45	3	0.478	0.693	0.813	0.621	
		–	–	4	0.637	0.924	1.083	0.828	
		–	–	5	0.796	1.154	1.353	1.035	
		1.360	0.43	6	0.875	1.269	1.487	1.137	
		–	–	7	1.021	1.480	1.736	1.327	
		–	–	8	1.166	1.691	1.922	1.516	
1.50	0.48	1.320	0.42	9	1.255	1.820	2.133	1.631	8 à 12
		–	–	10	1.394	2.021	2.370	1.812	
		–	–	11	1.534	2.224	2.608	1.994	
1.60		1.279	0.41	12	1.599	2.319	2.718	2.079	
		–	–	13	1.732	2.511	2.944	2.252	
		–	–	14	1.865	2.704	3.170	2.424	
		1 240	0.39	15	1.823	2.643	3.099	2.370	
		–	–	16	1.944	2.819	3.305	2.527	
		–	–	17	2.066	2.996	3.512	2.686	
		1.200	0 38	18	2.087	3.026	3.548	2.713	
1.61		1.633	0.52	3	0.638	0.925	1.085	0.829	
		–	–	4	0.851	1.234	1.447	1.106	
		–	–	5	1.063	1.541	1.807	1.382	
		1 587	0.51	6	1.229	1.782	2.089	1.598	
		–	–	7	1.434	2.079	2.438	1.864	
		–	–	8	1.639	2.377	2.786	2.131	
1.75	0.56	1.540	0.49	9	1:708	2.477	2.904	2.220	10 à 15
		–	–	10	1.898	2.752	3.227	2.467	
		–	–	11	2.087	3.026	3.548	2.713	
		1.493	0.48	12	2.190	3.175	3.723	2.847	
1.85		–	–	13	2.373	3.441	4.034	3.085	
		–	–	14	2.556	3.706	4.345	3.323	
		1.447	0.46	15	2.531	3.670	4.303	3.290	
		–	–	16	2.700	3.915	4.590	3.510	
		–	–	17	2.868	4.159	4.876	3.728	
		1.400	0.45	18	2.918	4.231	4.961	3.793	
		–	–	19	3.080	4.466	5 236	4.004	

| GROSSEUR à la base. | | GROSSEUR moyenne. | | HAUTEUR. | VOLUME TRONCONIQUE DE LA TIGE. | | | CIME et BRANCHES. | RAMILLES |
Circonférence.	Diamètre.	Circonférence.	Diamètre		Cubée en bois d'œuvre — Grume	Cubée en bois de feu. Bois droits.	Bois tors.	Produit moyen.	Fagots de 0.60 de tour. sur 1.20 de haut.
m.	m.	m.	m.	m	m c.	st.	st.	st.	
		1.866	0.59	3	0.822	1.192	1.397	1.069	
		—	—	4	1.096	1.589	1.863	1.425	
		—	—	5	1.370	1.986	2.329	1.781	
		1.814	0.58	6	1.590	2.305	2.703	2.067	
1.86		—	—	7	1.855	2.690	3.153	2.411	
		—	—	8	2.120	3.074	3.604	2.756	
		1.760	0.56	9	2.231	3.235	3.793	2.900	
		—	—	10	2.479	3.595	4.214	3.223	
2.00	0.64	—	—	11	2.726	3.953	4.634	3.544	12 à 18
		1.706	0.54	12	2.778	4.028	4.723	3.611	
		—	—	13	3.010	4.364	5.117	3.913	
2.10		—	—	14	3.241	4.700	5.510	4.213	
		1.654	0.53	15	3.355	4.865	5.703	4.361	
		—	—	16	3.579	5.190	6.084	4.653	
		—	—	17	3.802	5.513	6.463	4.943	
		1.600	0.51	18	3.755	5.445	6.383	4.881	
		—	—	19	3.963	5.746	6.737	5.152	
		—	—	20	4.172	6.049	7.092	5.424	
		2.099	0.67	3	1.059	1.536	1.800	1.377	
		—	—	4	1.412	2.047	2.400	1.836	
		—	—	5	1.765	2.559	3.000	2.294	
		2.041	0.65	6	1.998	2.897	3.397	2.597	
2.11		—	—	7	2.331	3.380	3.963	3.030	
		—	—	8	2.664	3.863	4.529	3.463	
		1.980	0.63	9	2.823	4.093	4.799	3.670	
		—	—	10	3.137	4.549	5.333	4.078	
2.25	0.72	—	—	11	3.451	5.004	5.867	4.486	14 à 21
		1.919	0.61	12	3.543	5.137	6.023	4.606	
		—	—	13	3.838	5.565	6.525	4.989	
2.35		—	—	14	4.134	5.994	7.028	5.374	
		1.861	0.59	15	4.165	6.039	7.080	5.414	
		—	—	16	4.443	6.442	7.553	5.776	
		—	—	17	4.721	6.845	8.026	6.137	
		1.800	0.57	18	4.697	6.811	7.985	6.106	
		—	—	19	4.958	7.189	8.429	6.445	
		—	—	20	5.219	7.568	8.872	6.785	
		2.332	0.74	3	1.292	1.873	2.196	1.680	
		—	—	4	1.723	2.498	2.929	2.240	
		—	—	5	2.154	3.123	3.662	2.800	
		2.267	0.72	6	2.452	3.555	4.168	3.188	
2.36		—	—	7	2.860	4.147	4.862	3.718	
		—	—	8	3.169	4.740	5.557	4.250	
		2.200	0.70	9	3.485	5.053	5.924	4.870	
		—	—	10	3.873	5.616	6.584	5.035	
2.50	0.80	—	—	11	4.260	6.177	7.242	5.538	16 à 24
		2.132	0.68	12	4.401	6.381	7.482	5.721	
		—	—	13	4.768	6.914	8.106	6.198	
2.60		—	—	14	5.135	7.446	8.729	6.675	
		2.067	0.66	15	5.206	7.549	8.850	6.768	
		—	—	16	5.553	8.052	9.440	7.219	
		—	—	17	5.900	8.555	10.030	7.670	
		2.000	0.64	18	5.908	8.567	10.044	7.680	
		—	—	19	6.236	9.042	10.601	8.107	
		—	—	20	6.565	9.519	11.160	8.534	

GROSSEUR à la base.		GROSSEUR moyenne.		HAUTEUR.	VOLUME TRONCONIQUE DE LA TIGE.			CIME et BRANCHES.	RAMILLES.
					Cubée en bois d'œuvre.	Cubée en bois de feu.			Fagots de 0.60 de tour sur 1.20 de haut.
Circonférence.	Diamètre.	Circonférence.	Diamètre.		Grume.	Bois droits.	Bois tors.	Produit moyen.	
m.	m.	m.	m.	m.	m.c.	st.	st.	st.	
		2.866	0.81	3	1.549	2.246	2.633	2.014	
		—	—	4	2.065	2.994	3.510	2.684	
		—	—	5	2.582	3.744	4.389	3.357	
		2.594	0.79	6	2.952	4.280	5.018	3.838	
		—	—	7	3.444	4.994	5.855	4.477	
2.61		—	—	8	3.936	5.707	6.691	5.117	
		2.580	0.77	9	4.217	6.115	7.169	5.482	
		—	—	10	4.686	6.795	7.966	6.092	
2.75	0.88	—	—	11	5.155	7.475	8.764	6.701	18 à 27
		2.346	0.75	12	5.352	7.760	9.098	6.958	
2.85		—	—	13	5.798	8.407	9.857	7.537	
		—	—	14	6.244	9.054	10.615	8.117	
		2.274	0.73	15	6.363	9.226	10.817	8.272	
		—	—	16	6.787	9.841	11.538	8.823	
		—	—	17	7.242	10.457	12.260	9.376	
		2.200	0.70	18	7.076	10.260	12.029	9.199	
		—	—	19	7.469	10.830	12.697	9.710	
		—	—	20	7.863	11.401	13.367	10.222	
		2.799	0.89	3	1.869	2.710	3.177	2.430	
		—	—	4	2.492	3.613	4.234	3.240	
		—	—	5	3.115	4.517	5.295	4.049	
		2.721	0.87	6	3.578	5.188	6.083	4.651	
		—	—	7	4.174	6.052	7.096	5.426	
2.88		—	—	8	4.770	6.916	8.109	6.201	
		2.640	0.84	9	5.019	7.278	8.532	6.525	
		—	—	10	5.577	8.087	9.481	7.250	
3.00	0.96	—	—	11	6.134	8.894	10.428	7.974	20 à 30
		2.559	0.81	12	6.251	9.064	10.627	8.126	
3.10		—	—	13	6.772	9.819	11.512	8.804	
		—	—	14	7.293	10.575	12.398	9.481	
		2.481	0.79	15	7.462	10.820	12.685	9.701	
		—	—	16	7.960	11.542	13.532	10.348	
		—	—	17	8.457	12.263	14.377	10.994	
		2.400	0.76	18	8.350	12.107	14.195	10.855	
		—	—	19	8.814	12.780	14.984	11.458	
		—	—	20	9.278	13.453	15.773	12.061	
		3.032	0.97	3	2.220	3.219	3.774	2.886	
		—	—	4	2.960	4.292	5.032	3.848	
		—	—	5	3.699	5.364	6.288	4.809	
		2.948	0.94	6	4.177	6.057	7.101	5.430	
		—	—	7	4.874	7.067	8.269	6.336	
3.11		—	—	8	5.570	8.076	9.469	7.241	
		2.860	0.91	9	5.890	8.540	10.013	7.657	
		—	—	10	6.545	9.490	11.126	8.508	
3.25	1.04	—	—	11	7.199	10.439	12.238	9.359	20 à 30
		2.772	0.88	12	7.375	10.694	12.537	9.587	
3.35		—	—	13	7.990	11.585	13.583	10.387	
		—	—	14	8.604	12.476	14.629	11.185	
		2.688	0.86	15	8.836	12.812	15.021	11.487	
		—	—	16	9.425	13.666	16.022	12.252	
		—	—	17	10.014	14.520	17.024	13.018	
		2.600	0.83	18	9.942	14.416	16.901	12.925	
		—	—	19	10.494	15.216	17.840	13.642	
		—	—	20	11.046	16.017	18.778	14.360	

GROSSEUR à la base		GROSSEUR moyenne		HAUTEUR	VOLUME TRONCONIQUE DE LA TIGE			CIME et BRANCHES	RAMILLES
					Cubée en bois d'œuvre —	Cubée en bois de feu.			Fagots de 0.60 de tour sur 1.20 de haut.
Circonférence.	Diamètre	Circonférence.	Diamètre		Grume.	Bois droits.	Bois torts.	Produit moyen.	
m.	m.	m.	m.	m	m.c.	st.	st.	st.	
		3.265	1.04	3	2.552	3.700	4.338	3.318	
		—	—	4	3.403	4.934	5.785	4.424	
		—	—	5	4.254	6.168	7.232	5.530	
		3 174	1.01	6	4 824	6.995	8.201	6.271	
3.36		—	—	7	5.628	8.161	9.568	7.316	
		—	—	8	6.342	9 196	10 781	8.245	
		3.080	0.98	9	6.831	10.085	11.613	8 880	
		—	—	10	7.590	11.005	12.903	9.867	
3.50	1.12	—	—	11	8.349	12.106	14.193	10 854	20 à 30
		2.985	0.95	12	8.592	12.458	14.606	11.170	
		—	—	13	9.308	12.597	15 824	12.100	
3.60		—	—	14	10 024	14.535	17.041	13.031	
		2.894	0.92	15	10.123	14.678	17.209	13.160	
		—	—	16	10.798	15.657	18.357	14.037	
		—	—	17	11.473	16.636	19.504	14.915	
		2.800	0 89	18	11.442	16.591	19.451	14 875	
		—	—	19	12.077	17.512	20.531	15.700	
		—	—	20	12.713	18.434	21.612	16.527	
		3.499	1.11	3	2 908	4.217	4 944	3.780	
		—	—	4	3 877	5.622	6.591	5.040	
		—	—	5	4.847	7.028	8.240	6.301	
		3.401	1 08	6	5.516	7.998	9.377	7.171	
3.61		—	—	7	6.436	9.332	10.941	8.367	
		—	—	8	7.355	10.665	12.503	9.561	
		3.300	1 05	9	7.842	11.371	13.331	10.195	
		—	—	10	8 713	12 634	14.812	11.327	
3.75	1.20	—	—	11	9.519	13 846	16.233	12.414	20 à 30
		3.199	1.02	12	9.902	14.358	16.833	12.873	
		—	—	13	10.727	15.554	18 236	13.945	
		—	—	14	11.553	16.752	19.640	15.019	
3.85		3.101	0.99	15	11.714	16.985	19.914	15.228	
		—	—	16	12 195	18 118	21.241	16.243	
		—	—	17	13 276	19.250	22.569	17.259	
		3.000	0.96	18	13.214	19 276	22 600	17.282	
		—	—	19	14.032	20.346	23.854	18.242	
		—	—	20	14.771	21.418	25.111	19.202	

FIN DES TABLES

ERRATA.

Page 24, 3e colonne de l'en-tête du tableau, *au lieu de* : Et mille volumes, pareils au prix élevé, *lisez* : Et mille volumes pareils, au prix élevé.

Page 25, ligne 5, *au lieu de* : 3.152857, *lisez* : 3.142857.

Page 26, ligne 8, colonne 5 du tableau, *au lieu de* : 3.112857, *lisez* : 3.142857.

Page 46, ligne 8, *au lieu de* : sont tous de 12 à 13 centimes au-dessus des nôtres, *lisez* : sont tous de quelques centimes au-dessous des nôtres.

TABLE DES MATIÈRES.

CHAPITRE VI.

CHAPITRE VII.

CHAPITRE VIII.

CHAPITRE IX.

CHAPITRE X.

CHAPITRE XI.

CHAPITRE XII.

TABLE I.

TABLE II.

TABLE III.

TABLE IV.

TABLE V.

TABLE VI.

TABLE VII.

TABLE VIII.

TABLE IX.

Paris. — Imprimé par E. Thunot et C°, rue Racine, 26.

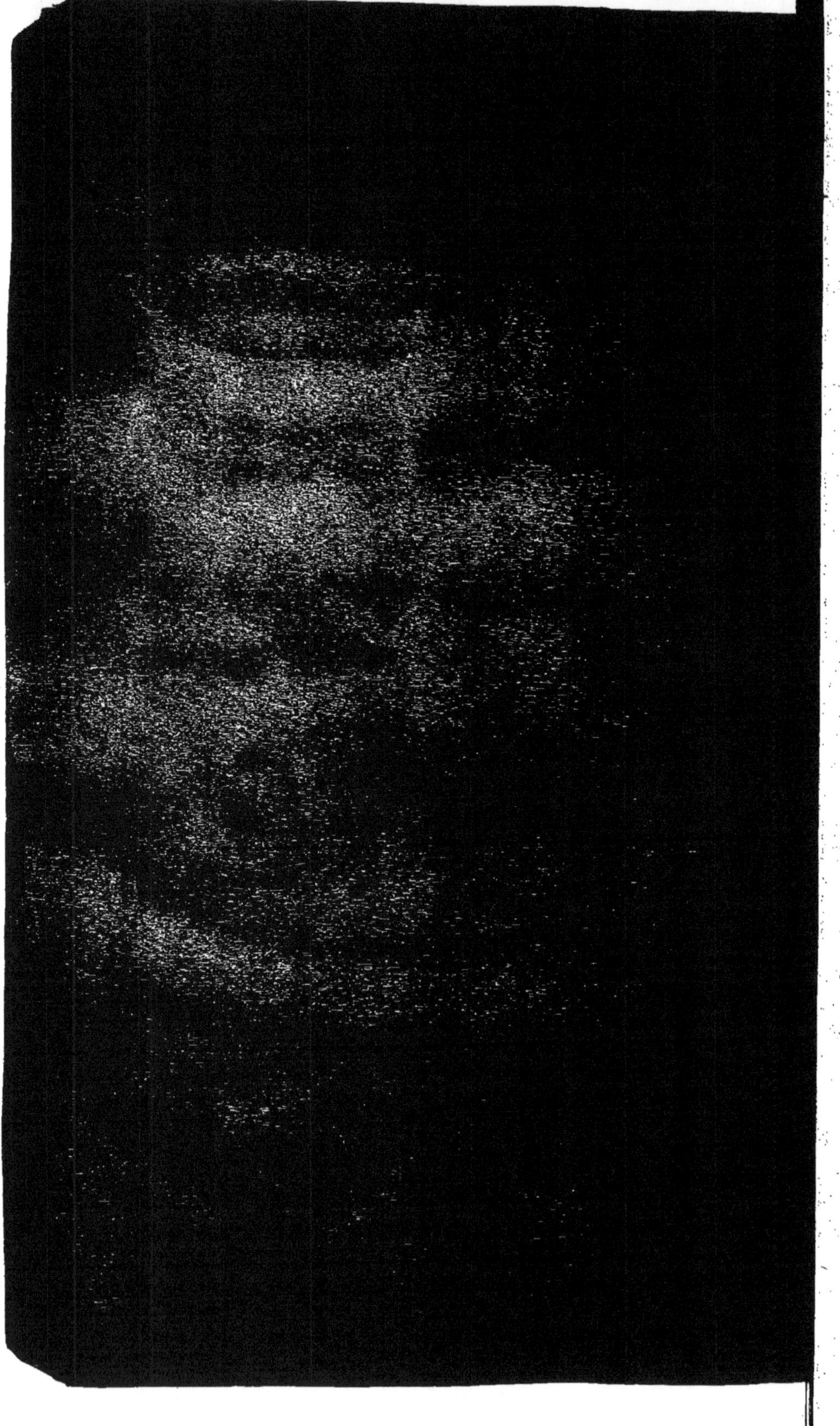

www.ingramcontent.com/pod-product-compliance
Ingram Content Group UK Ltd.
Pitfield, Milton Keynes, MK11 3LW, UK
UKHW022331090726
13658UKWH00001B/208